江戸の祭礼と寺社文化

滝口正哉

目 次

序 章 近世都市江戸の寺社世界 1
第一章 天下祭と江戸 13
一 山王祭と神田祭 13
二 祭礼行列と将軍上覧 24
三 山車と附祭 31
第二章 天下祭の文化的効果 45
一 祭礼番附の刊行 45
二 取り締まる人々 52
三 祭礼を取り巻く人々 58
四 室内文芸の発展 68

第三章　大規模化する寺社の祭礼……81
一　庶民が熱狂した大祭　81
二　根津権現と赤坂氷川明神　92
三　永代橋崩落事件　100
第四章　寺社参詣の発達……107
一　斎藤幸孝・月岑父子と『江戸名所図会』　107
二　武家社会と行楽　119
三　地方出身者の江戸観光　130
第五章　多様化する庶民信仰……139
一　新たな信仰機能の登場　139
二　富士講・大山講と流行神　155
三　絵馬の奉納と絵馬堂　161
四　千社札の誕生　170
第六章　盛り場化する寺社境内……177

一　開帳の賑わい　177
二　一獲千金の夢・富突（富くじ）　188
三　勧進相撲　197
四　勧進能　204
五　江戸屈指の盛り場浅草寺　212

終　章　寺社から社寺へ──存在意義の変化……221
一　江戸から東京へ　221
二　神仏分離と廃仏毀釈　224
三　娯楽場所の変化　229

参考文献
あとがき

江戸の祭礼と寺社文化

郵便はがき

料金受取人払郵便

麹町支店承認

8124

差出有効期限
平成31年２月
15日まで

102-8790

104

東京都千代田区飯田橋4-4-8
東京中央ビル406
株式会社 同成社
読者カード係 行

ご購読ありがとうございます。このハガキをお送りくださった方には今後小社の出版案内を差し上げます。また、出版案内の送付を希望されない場合は右記□欄にチェックを入れてご返送ください。 □

お名前《ふりがな》　　歳　　男・女

〒　　TEL

ご住所

ご職業

お読みになっている新聞・雑誌名

〔新聞名〕　　〔雑誌名〕

お買上げ書店名

〔市町村〕　　〔書店名〕

愛読者カード

お買上の
タイトル

本書の出版を何でお知りになりましたか？

イ．書店で　　ロ．新聞・雑誌の広告で（誌名　　）
ハ．人に勧められて　　ニ．書評・紹介記事をみて（誌名　　）
ホ．その他（　　）

この本についてのご感想・ご意見をお書き下さい。

注文書

年　月　日

書　名	税込価格	冊　数

★お支払いは代金引き替えの着払いでお願いいたします。また、注文書籍の合計金額（税込価格）が10,000円未満のときは荷造送料として410円をご負担いただき、10,000円を越える場合は無料です。

序　章　近世都市江戸の寺社世界

江戸の終焉から一五〇年

寺院や神社と日本人との関わり方が変化しているとの指摘は、平成になってからでもずいぶんと語られ、議論されてきた。僧侶や神職が常駐しない寺院・神社が増えているほか、ことに近年では地方を中心に集落の高齢化や過疎化、地域共同体の希薄化などによって無縁墓が増え、経営を維持できなくなっている寺院が増加している。また、宗派や国籍を問わず永代供養を引き受ける寺院や、遺骨を郵送で受け付ける送骨サービスに乗り出すところも現れた。こうした現象は江戸時代以来長らく続いてきた檀家制度が、もはや時代にそぐわないものになってきていることを示している。そして神社においても、巫女さん体験講座や、特定のアニメとコラボレートしたイベントを行い、それにちなんだお守り・絵馬やグッズを販売するなど、「座して待つ」受け身の姿勢から変わろうとしているところも増えつつある。

特定の寺院・神社（以下本書では寺社と総称する）が名所として観光地化していく現象や、何らかのご利益をうたうことも江戸時代からみられるが、近年はパワースポットとして一躍脚光を浴びる寺社が次々と登場しているほか、御朱印を集めて巡る若者も増えてきている。しかし、お札やお守りを得るだけだとか、写真を撮るだけで本堂・本殿は素通りする人々や、そもそも寺院と神社の区別すらつかず、参詣客が寺院で堂々と柏手を打つ光景を目の当たりにすることも少なくない。さらにあろうことか、御朱印帳をインターネットのオークションサイトで転売する者が現れるなど、本末転倒の現象が話題となっている。

その一方で、正月の初詣には多くの人々が寺社を訪れ、地域の祭礼には神輿や山車が巡行し、露店が建ち並んで賑わい、お盆や彼岸のたびに人々が墓参りに向かうといった光景は、日本社会のなかに今も色濃く残されている。

選択できる宗教が限られ、神仏習合が一般的で、なおかつ檀家制度が全国的に普及していた江戸時代が終焉を迎えてから一五〇年。この間に日本人は寺社との接し方や捉え方を徐々に変えてきていることは紛れもない事実であり、いま寺社世界は大きな曲がり角に直面している。

そもそも江戸時代の寺社には、大まかにいうと、まず①役所として寺請制度による身元保証、往来手形の発行などがあり、他に②祈願の場として日常の祈願、特定の目的による祈祷や現世利益《げんぜりやく》を求める行為の対象が、③人生儀礼・供養の場として宮参り・七五三・厄除け・葬式・法要などが、④祭礼の場として氏子町々の祭礼組織による執行が、⑤集会の場として講・寄合・紛争解決の相談などが、そして⑥一部の寺院には駆け込みの場として駆け込み人の抱え置きがみられ、さらに⑦行き倒れ人・捨て子収容の場であるなど、多彩な社会的機能を有していた。

　また、封建社会であった江戸時代、各階層では特徴的な年中行事が行われていた。年中行事とは、一年ごとに同じ日、もしくは同じ暦によって決められた日に、同じ様式の習慣的な営みが繰り返される一連の行事をいい、個人的に繰り返す行事というよりは、むしろ家族や村落・町内・地域など集団ごとのしきたりとして、共通に営まれるものを意味している。職種によって一年の過ごし方が異なり、内容にも差異が出てくるが、行事を実行し、参加することによって、共通の目的や祈願を実現するという意義をもつ年中行事に、寺社の果たした役割は大きい。寺社の年中行事は、仏教や神道の教義や宗教上の立場、縁起などに基づいて独自の行事や祭などを行い、それを庶民が生活のなかに取り入れていった。

　一方、江戸の町は第一次産業（農・林・漁業）従事者がきわめて少ない一方で、商業などそれ以外の産業従事者を多く抱えた都市であり、従来から民俗学が捉えてきた農業を中心とした生活リズムとは異なり、比較的早い段階から都市特有の年中行事が成立していた。その特徴の一つとしては、人々の生活に必要な行事のほかに、信仰やそれに関わるイベント要素の強い行事が通年的に行われ、それらは、寺社を舞台に行われることが多い点があげられよう。

　ところで、江戸はこれまで一〇〇万人を超す人口を抱える近世日本最大の政治都市として、その首都機能などを含めた「都市としての江戸」という捉え方に注目が集まっていた。しかし、実際には武家と町人とが人口的にほぼ拮抗するとともに、文化的・地域的にも特徴ある社会を形成しており、江戸東京を考える上で「郷土としての江戸」の視点は必要不可欠の要素となっている。

そこで本書では近世都市江戸の社会や文化を紐解く一つの切り口として寺社に注目し、諸史料をもとにその文化的展開と意義を考察してみたいと思う。そこで本章では、まず江戸の寺社の基本的なところを確認していきたい。

キリシタン禁令と寺請制度

わが国では天正十五年（一五八七）六月に豊臣秀吉がバテレン追放令を発令し、キリスト教を邪教として宣教師は二〇日間以内に国外退去することと定めたが、まもなく空文化し、キリスト教布教を事実上黙認する時代が続いていた。これに対して江戸幕府は、家ごとあるいは個人ごとに信仰する宗教を調査する宗門改を徹底させることで宗教統制を図ろうとしていた。幕府はまず慶長十七年（一六一二）、直轄地にキリスト教禁教令を発令し、翌年からこれが全国規模で実施されるようになっていく。この間、幕府は元和八年（一六二二）に元幕臣の原主水胤信（洗礼名ジョアン）ら信徒五五名の処刑を断行するなどの措置をとるが、全国各地で宗門改とこれにともなう宗旨人別帳の作成が毎年実施されたわけではなく、また宗門改の実務についても、必ず僧侶が担当したということでもなく、村役人による俗請なども少なくなかった。やがてこうした不徹底が寛永十四年（一六三七）に島原・天草で三万七〇〇〇人余の百姓が蜂起する事態を引き起こすこととなった。いわゆる島原の乱（近年では「島原天草一揆」と呼ばれる場合が多い）である。彼らはキリシタンと非キリシタンとの混成集団であったが、一揆を主導したキリシタンたちの大部分は、一度は棄教した経験をもつ「立ち帰り」だった。

幕府は同十六年にポルトガルとの貿易を絶つことを決意し、鎖国を目指すことになるが、同時にこれを機に各地域でさまざまなかたちで行われていた宗門改を、寺請による民衆統制策として徹底化させていくようになる。具体的には万治二年（一六五九）に諸藩へ檀那寺確認を指示し、寛文四年（一六六四）には諸藩へ宗門改役設置を、そして寛文十一年（一六七一）には幕府直轄地へ宗旨人別帳作成をそれぞれ指示する法令が続けて出されている。近年の研究では、こうした上からの法令によって同時かつ全国画一的に寺請制度が成立したわけではなく、一六四〇〜五〇年代に幕府諸藩によって各地域の社会状況に則した宗門改の模索がなされ、最終的には一六六〇年前後に相次いで起きた「崩れ」といわれる集団露顕事件が決定打となり、全国で毎年恒常的に寺請による宗門改が行われるようになったことが明らかになってきている。

これによって江戸の住民は、いずれかの檀家に属し人別把握されることになった。その一方で、寺院は檀家を重要な経営基盤とするに至ったのである。

なお、幕府はキリシタンばかりでなく、他の邪教に対しても取り締まる姿勢を示していた。最も代表的なのが日蓮宗不受不施派で、彼らは日蓮宗の信者以外から施しを受けず（不受）、他宗の信者には施しをしない（不施）という教義を堅持していた。古くは文禄四年（一五九五）に豊臣秀吉が亡き母大政所の回向のために千僧供養会を催した際に、京都妙覚寺の日奥《にちおう》が不受不施義を主張して出仕を拒否した事件が起こり、以後江戸幕府でもこれを邪教として弾圧する方針をとった。寛文五年（一六六五）には多くの不受不施派の僧侶が流罪に処され、以後も幕府は禁令を出してこれを取り締まるとともに、元禄十一年（一六九八）には「悲田宗」を称する不受不施派の谷中感応寺（のち天王寺と改称）や碑文谷法華寺（のち円融寺と改称）などが天台宗に改宗させられている。

寺社の本末制度

寺院は室町時代には宗派ごとに本末関係が構築されていくようになるが、制度として本格的に定着させたのは、幕府の発布した寺院法度だろう。当初は各宗派の本山に出されていたが、寛文五年（一六六五）七月に宗派・寺院の枠を超えた諸宗寺院法度を出し、本末制度の強化を図っている。ここで幕府は各宗派がもっていた政治的・経済的な特権を取り上げ、本山に末寺住職の任免権を与えるとともに、末寺は本山の命令に絶対服従することとし、宗派の修行や教学の場は本山が提供して一定期間の服務を義務付け、さらに僧侶の僧階の格付けは本山の権限で行うことなどを定めている。

また幕府は寛永九・十年（一六三二・三三）に本末帳の作成を命じ、本末制度の実態把握にあたっている。その後も元禄五・十年（一六九二・九七）、延享二年（一七四五）、宝暦十年（一七六〇）、天明六年（一七八六）～寛政二年（一七九〇）、文政五年（一八二二）、天保五年（一八三四）にそれぞれ各宗派に対して提出を命じているが、本山側もこれを末寺支配の基盤を固める好機と捉え、末寺からの収奪を強化していった。そして本末帳に記載されることが寺請寺院の条件となるに及んで、檀家を経営基盤とする末寺と、末寺からの収奪を経営や宗門の軸に据える構造が成立していったのである。そして寛永八年（一六三一）、幕府は増加し続ける寺院への対策として、新しく寺院を建立することを禁ずる法令（新地建立禁止令）を出すと、のち元禄元年（一六八八）にはこれを根拠にこの法令施行以前に建立された寺院を「古跡寺院」、それ以後建立の寺院を「新地寺院」と位置付け、以後新地寺院の損壊・焼失時の再興を基本的に認めないこととしている。

一方、神職も寛文五年（一六六五）の諸社禰宜神主法度発布を契機に、「神祇管領長上」を称する吉田家に編成されていく。すなわち、この法令で神職が位階を受ける場合は、公家の取り次ぎを経て勅許を受けることが必要となり、これには特定の公家への「つて」と多大な出費がともなう。これでは大多数の神職は位階を得られないわけだが、さらにこの条文には「無位之社人可着白張、其外之装束者以吉田之許状可着之事」（位階をもたない神職は白張を着用し、その他の装束は吉田家の許状を得た上で着用しなければならない）とあり、吉田家の発給する許状（神道裁許状）を得られなければ、下賤の服とされた白張を着用しなければならないとされたのである。この条文は位階よりも軽微な負担で獲得できる吉田家の許状を求める神職を一気に増やすこととなり、諸国の神職の多くがその統括者（本所）たる吉田家と関係をもつようになっていった。吉田家はこれを好機として、諸国の神社に神位を授与する「宗源宣旨」とともに神社・神職の序列化を図っていったのである。その後、十八世紀中頃に神祇伯の白川家が諸国を巡回して「宮守」

のような専業の神職でない者たちを配下に編成するようになると、以後は両家が神社・神職の序列化を競うようになっていった。

ところで、寺院における各宗派の本山は京都周辺に拠点を置くことが多く、江戸には触頭寺院を設置し寺社奉行との折衝や法令・通達の窓口として機能させていた。また江戸では寛永寺・増上寺が将軍家の菩提寺として特別な存在であった。寛永寺は寛永二年（一六二五）、天海によって江戸城の鬼門にあたる上野の地に建立された天台寺院で、比叡山延暦寺に倣って山号を東叡山と号した。寺域三六万五〇〇〇坪余、寺領一万一七九〇石を有し、承応三年（一六五四）に後水尾天皇第三皇子の守澄（尊敬）法親王が入山して以降は皇族が住職となった。そして歴代法親王は輪王寺宮の称号を勅許されて、日光山・比叡山を合わせた三山の住職となることにより、寛永寺が事実上の天台宗の総本山となったのである。

また増上寺は中世以来の浄土宗寺院で、戦国期には同宗の学問所となっていたのを、徳川家康が菩提所に定め、慶長三年（一五九八）に芝に移転したのちは関東十八檀林の筆頭となり、教学のみならず宗門行政の実権を掌握した。増上寺は幕末には寺域二〇万坪余、寺領一万七四〇石を有し、将軍家の御霊屋と大伽藍、そして最盛期には三〇〇〇人の学徒を抱える大寺院となり、本山の知恩院を凌ぐ寺勢を誇った。

両寺院の江戸における勢力は非常に大きく、浅草寺などは天正十八年（一五九〇）の家康入国直後に徳川家の祈願所に定められて五〇〇石の寺領を得、境内に東照宮を造営するなど、将軍家の厚遇を受けていたが、後述のように貞享四年（一六八五）に当時の別当宣存が綱吉の忌避に触れて罷免されると、以後は寛永寺の支配下に組み込まれ、人事や経営にまつわる収益構造をはじめ、あらゆる面においてその支配を受けることとなったのである。同様に明暦三年（一六五七）の大火の死者約一〇万八〇〇〇人の霊を供養する目的で建立され、以後は出開帳などで賑わった本所東両国の回向院も増上寺の末寺としてその支配を受けた有力寺院である。この他にも江戸には新義真言宗の護国寺、日蓮宗の池上本門寺、浅草・築地の東西本願寺、駒込の吉祥寺（曹洞宗）など各宗派の有力寺院が揃っており、中小の寺院を末寺に組み込んでいった。

なお、当時の江戸における寺社世界は仏も神も淵源をたずねるとみな同体であるという神仏習合思想が一般的であり、この世の神々は、人間を救い教化するため、仏や菩薩がいろいろな姿であらわれた化身であるとし、その本来の姿である仏・菩薩のことを本地仏という。これを本地垂迹説《ほんじすいじゃくせつ》といい、祭神に本地仏が設定されることが多かった。なお、こうした混在的状況が江戸東京で改められるのは、明治元年（一八六八）の神仏分離令以降のことである。

御府内寺社の分布

江戸の寺社の多くは、天正十八年（一五九〇）に徳川家康が関東に拠点を移す時点ですでに江戸城の周辺にあった寺社と、家康の江戸入国以後に新しく建立された寺社とに大別できる。前者は和田倉に吉祥寺、麹町貝塚に増上寺があったのをはじめ、平川・局沢・貝塚・清水谷などに多く、後者は徳川家の移転にともなって旧領から移った寺社か、あるいは寛永期頃までに新たに誕生したものである。ことに江戸の大寺や名刹はこの時期に江戸の中心部に建立されたものが多く、城郭の建設にともなって郊外などに移転させられ、明暦三年（一六五七）の大火はさらに移転を進める機会を生み出していった。その後も寺社の移転は続き、大火のたびに徐々に江戸周縁部に移されていったのである。例えば、現千代田区域をとってみても、一八九の寺院が成立し、当初神田は神田北寺町および神田山（駿河台）に、麹町は清水谷と番町に寺院が集中していたが、幕末までに麹町の三寺院を除く一八六寺が移転しているのである（『千代田区史』）。そして中心部の寺院の多くが浅草・駒込・小石川・牛込・三田の辺りに移っていった。

また江戸の神社としては、山王権現や神田明神などの大規模なものもあったが、それ以上に稲荷が多いのが大きな特徴であった。「武家ハ屋敷毎に鎮守の社あり、市中には一町に三五社勧請せさる事なし」（『東都歳事記』）や、「諺に江戸に多きを云て伊勢屋稲荷に犬の糞と云也」（『守貞謾稿』）などと紹介されているように、江戸には武家屋敷ごと、町内ごと、長屋ごとに稲荷が勧請されている場合が多く、これに大きな寺院や神社の境内に末社として勧請されている神仏を加えれば、江戸には檀家と檀那寺という寺請制度の枠を超えたさまざまな神仏が、人々の現世における諸願を叶える存在として機能していたといえるだろう。

江戸時代中期以降、六地蔵・六阿弥陀や七福神めぐりなど、さまざまな巡拝コースが誕生し、天保九年（一八三八）刊行の『東都歳事記』では、巻末に「江戸三十三所観音参」「山の手三十三所観音参」「九品仏参」「江戸南方四十八所地蔵尊参」「江戸十ヶ所祖師参」「弁財天百社参」など二六もの巡拝コースが紹介されている。それと同時に『江戸名所図会』で紹介されている名所の大半が御府内および近郊の寺社であることを考えれば、江戸の寺社には江戸の住民のみならず地方から来た人々をも受け入れる観光・行楽地として機能していた側面があったといえるだろう。

ところで、寺社は門前のほかに、境内にも町屋をもつ場合が少なくなかった。延享二年（一七四五）、寺社門前町屋四四〇ヶ所、境内町屋二二七ヶ所が町奉行支配に組み込まれるようになるが、その後も町屋は寺社の内外に増加していった。その背景には、寺社境内では、縁日や年中行事・法事などで信者を集める他に、開帳・相撲・富突・寄席・宮地芝居・見世物といった各種の興行が行われ、多様な人々を吸引する機能をもつ寺社も少なくなかった実態がある。境内の町場化・盛り場化はこうした集客力のある寺社にとりわけ多くみられる傾向にあり、例えば江戸時代後期の浅草寺の各子院では、長屋経営をしていたことが明らかになっている（『浅草寺日記』）。

このように、江戸の寺社は地域社会との多角的な関係の上に成り立っていたのである。そこで以下各章では、江戸の寺社が庶民世界に果たした多彩な役割について詳細に検討していくこととしたい。

第一章　天下祭と江戸

一　山王祭と神田祭

1　山王権現の由緒

江戸の寺社の果たした文化的な展開について考えるとき、真っ先に取り上げるべきは、祭礼である。なかでも山王権現（現日枝神社）の山王祭と、神田明神（現神田神社）の神田祭は「天下祭」と称される江戸最大規模の祭礼だった。まずはそのあたりから話を進めていきたい。

山王権現は江戸城の主人である徳川将軍家歴代の産土神《うぶすながみ》である。その由緒は、文明十年（一四七八）、太田道灌が江戸城築城の際に川越の無量寿寺境内の山王社を勧請したことに由来するといわれる。しかし、その一方で、紀伊国熊野地方の豪族米良家に伝来した米良家文書のなかにみえる貞治元年（一三六二）の旦那願文に「江戸郷山王宮」とあることから、室町時代前期にはすでに存在していたとする向きもある。

いずれにせよ、その後、天正十八年（一五九〇）八月に徳川家康が入国すると、当時江戸城内の梅林坂にあった同社を産土神としたのである。

山王権現は江戸城拡張にともない、寛永頃（一六二四～四四）までに半蔵門外（貝塚）に移り、その後明暦の大火で類焼したため、万治二年（一六五九）に永田馬場の現在地（千代田区永田町二丁目）に遷座した。この地は外堀沿いに位置し、江戸城の裏鬼門に当たるため、江戸城鎮護の役割も担っていた。

同社の祭神は大山咋神《おおやまくいのかみ》を主祭神とし、相殿として一の宮は国常立尊《くにのとこたちのみこと》（本地仏：薬師如来）、二の宮は足仲彦尊《たらしなかつひこのみこと》（仲哀天皇、本地仏：聖観世音菩薩）、三の宮は伊弉冉尊《いざなみのみこと》（本地仏：十一面観世音菩薩）が祀られており、それゆえ祭礼の際には神輿が一の宮から三の宮の合計三基出ている。なお、当時同社境内は神仏習合の状態であり、同社の運営は神主の樹下《じゅげ》氏以下の神職と、これとは別に別当寺院で天台宗寛永寺末寺の勧理院が当たっていた。

山王権現の神領は、徳川家康が天正十九年（一五九一）に江戸城内に五石を寄進したのが最初である。その後元和三年（一六一七）十一月十三日、二代将軍秀忠はこれと引き換えに麻布郷（代々木村）に一〇〇石を寄進し、さらに三代将軍家光は寛永十二年（一六三五）六月十七日、堀之内村に一九七石余、阿佐ヶ谷村に一八七石余、天沼村に一一九石余の合計五〇〇石を寄進したため、以後同社は明治維新まで六〇〇石の神領を安堵されている。ことに家光は江戸城西の丸で生まれたため、同社を産土神と捉える意識が強く、それがこのような神領の加増に表れているとともに、山王祭が将軍の上覧を受ける別格の存在に位置付けられたと考えられるのである。

ちなみに、明治維新後は神仏分離を経て日枝神社と改称し、明治元年（一八六八）十一月、准勅祭社に指定され、同五年に東京府の府社となる。その後同十五年に官幣中社に列し、大正元年（一九一二）には官幣大社に昇格している。

2　山王祭の歴史的推移

山王祭は隔年の六月十五日に行われたが、山王権現の氏子町（表1参照）は二つの地域に大別できる。一つは麹町・元飯田町で、江戸城の西側の武家地に囲まれた地域である。またもう一方は日本橋・京橋周辺で、江戸屈指の商業地域として白木屋や越後屋三井家など大店が多いのが特徴であった。江戸時代後期には合計一六〇余の氏子町が参加した山王祭は、江戸で最大規模を誇る祭礼だったのである。

次に山王祭の歴史をたどると、元和元年（一六一五）にはじめて江戸城内に行列が入ったといわれるが、寛永十二年（一六三五）に家光が城内の櫓から上覧したのが最古の記録である。

大規模な祭礼として整備されたのは寛永頃からといわれ、延宝九年（一六八一）からは神田祭と隔年交代となった。これによって以後は子・寅・辰・午・申・戌年の各六月十五日に行われることとなったが、毎回必ず将軍の上覧があったというわけではなく、時には将軍世嗣（次期将軍とされている人物）が上覧することもあった。

表 1　山王祭の山車と氏子町

番付	氏子町
1 番	大伝馬町
2 番	南伝馬町
3 番	麹町一～十三丁目・平河町・山元町
(御雇祭)	※新肴町・弥左衛門町・本材木町一～四丁目が太神楽を出す。
4 番	山王町・南大坂町・丸屋町
5 番	小舟町・堀留町一・二丁目、堀江町 ※ただし、この 4 町は初穂銀を納めるのみで、山車は出さない。
6 番	桶町
7 番	本町一～四丁目、岩槻町、本革屋町、金吹町
8 番	駿河町・品川町・品川町裏河岸・北鞘町・本両替町
9 番	瀬戸物町・伊勢町・本小田原町
10 番	室町一～三丁目・本船町・安針町・本町三丁目裏河岸
11 番	本石町一～四丁目
12 番	西河岸町
13 番	本銀町一～四丁目、元乗物町・新革屋町・新石町一丁目
14 番	神田鍛冶町・神田鍋町
15 番	須田町・通新石町・連雀町
16 番	鎌倉町・三河町一丁目
17 番	小網町
18 番	新材木町
19 番	新乗物町
20 番	堺町・葺屋町・住吉町・難波町・高砂町
21 番	新大坂町・田所町・通油町
22 番	富沢町・長谷川町
23 番	銀座一～四丁目
24 番	通一～四丁目・呉服町・元大工町
25 番	檜物町・上槇町
26 番	本材木町一～四丁目
27 番	青物町・万町・元四日市町・佐内町
28 番	大鋸町・本材木町五～七丁目
29 番	長崎町・霊岸島町・東湊町
30 番	榑正町・南油町・川瀬石町・小松町・音羽町・平松町・新右衛門町
31 番	箔屋町・岩倉町・下槇町・福島町
32 番	本八丁堀一～五丁目
33 番	本湊町
34 番	南紺屋町・西紺屋町・弓町
35 番	竹川町・出雲町・芝口一丁目西側
36 番	弥左衛門町・新肴町
37 番	本材木町八丁目・柳町・具足町・水谷町
38 番	南鍋町・山下町
39 番	数寄屋町
40 番	霊岸島四日市町・霊岸島塩町・箱崎町一丁目・北新堀町・大川端南新堀一・二丁目
41 番	五郎兵衛町・北紺屋町
42 番	元飯田町
43 番	南大工町
44 番	常盤町
45 番	霊岸島銀町分

註：『東都歳事記』より作成。

祭礼前日に当たる十四日は宵宮といい、神主や僧は祝詞《のりと》・神楽《かぐら》・読経《どきょう》などを行い、各氏子町は行列を揃えて近辺を練り歩いた。また祭礼翌日の十六日には、氏子たちは御礼参りとしてそれぞれ祭礼装束を身にまとい、同社に参詣して祭礼が無事に終わった報告をするのが慣例だった。

図1は江戸の代表的な名所を方角ごとに紹介した書で、ここでは「山王」として山王権現も紹介されている。同社を「江戸第一の大社」とし、祭礼についても「東都一の大祭」と記しているところに、当時の人々の認識をうかがうことができる。

また、茅場町の薬師堂は山王権現の御旅所で、山王祭では神輿三基の渡御があった（図2参照）。境内には天神社のほかさまざまな祠があり、薬師の縁日に当たる毎月八日・十二日には植木市が出て賑わった。

図1　山王（『江戸方角名所杖』初編）

そして図3は山王祭の行列の先頭が糀町（麹町）一丁目付近の半蔵門から江戸城内に入ろうとするさまを描いたもので、手前は一番大伝馬町の「諫鼓鶏《かんこどり》」の山車、奥に小さく描か

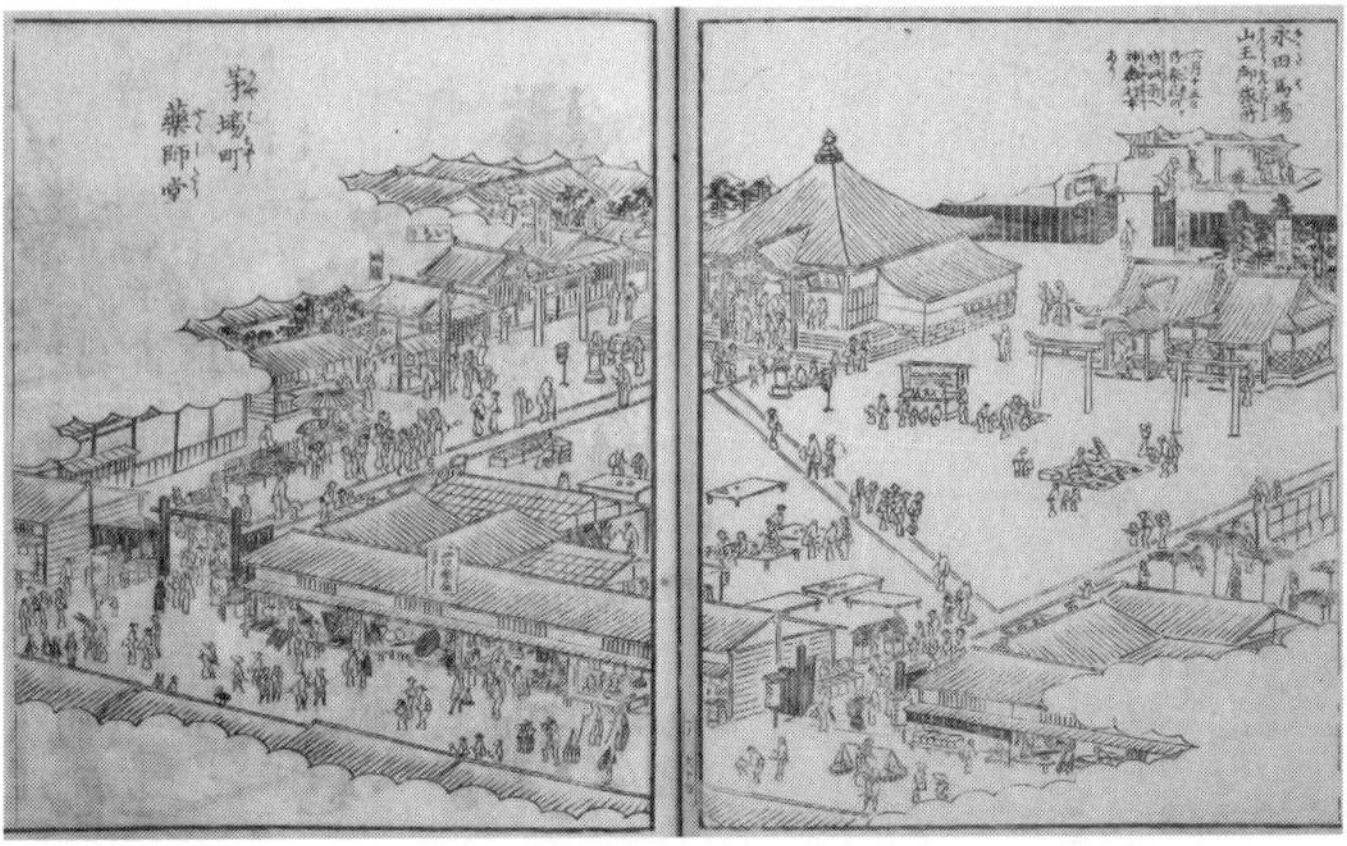

図 2　永田馬場山王御旅所（『江戸名所図会』）

図 3　歌川広重「名所江戸百景　糀町一丁目山王祭ねり込」

れているのは二番南伝馬町の猿の山車である。両町は神田祭でもそれぞれ一番・二番を務める由緒があり、鶏と猿は天下祭のシンボルの一つになっていた。

　祭礼は時代が下るにつれて次第に華美になる傾向にあり、寛政改革や天保改革では風紀上の問題や、祭礼費用節減の目的から規模を縮小させられているが、一貫して江戸最大の行事であることには変わりなかった。しかし、政情不安定な幕末になると祭礼は将軍上覧が中止される場合や、神輿のみの上覧となる年などもあり、混乱のなか明治維新を迎えた。

すなわち、万延元年（一八六〇）の山王祭では、久しぶりに旧来通り山車や附祭《つけまつり》、御雇祭の独楽《こま》廻しなどが出て、行列が江戸城内に入った。そしてアメリカ公使館通訳のヒュースケン他七名の異国人が大手門と常盤橋門の中間に位置する作事方定小屋（現大手町一丁目）で祭礼行列の見物をしている。

また、文久二年（一八六二）の山王祭は将軍の上覧はなかったものの、祭礼行列の巡行は予定通り行われている（『藤岡屋日記』）。図4は二代歌川広重が江戸の名所を描いたシリーズの一枚で、霞ヶ関を紹介した錦絵だが、手前にみえる「蘭陵王」の三層構造からなる江戸型山車は、この年に二十一番の田所町・通油町・新大坂町から実際に出されていた山車で、現在は埼玉県加須市に残っている。なお、後方には二十二番の富沢町・長谷川町による月に薄の武蔵野の山車や、「四季の学《まねび》」の附祭が小さく描かれている。この錦絵は文久二年の山王祭を当て込んで出され

図4　二代歌川広重「江戸名勝図会　霞ヶ関」

たわけだが、図らずもこれが山車・附祭をともない、行列が江戸城内に入る最後の行列となったのである。

3　神田明神の由緒

神田明神は天平二年（七三〇）に武蔵国豊島郡芝崎村に大巳貴命《おおなむちのみこと》が祀られたことに由来する。その後天慶三年（九四〇）に平将門が関東で反乱を起こし、討伐されると、この付近に将門の首級が飛来したといわれ、その霊を祀る塚ができた。ところが、やがて周辺で天変地異が頻発したため、地元の人々はそれが将門の神威であるとして恐れるようになった。

そこに通りかかったのが時宗の遊行僧他阿《たあ》真教《しんきょう》（一二三七〜一三一九）で、彼は念仏によりこの霊を慰め、以後この地に時宗の芝崎道場が設けられたといわれる。これがやがて別当寺院の日輪寺となり、神田明神では延慶二年（一三〇九）に将門を祭神に併せて祀るようになったのである。

その後神田明神は太田道灌や後北条氏など、時の領主の保護を受けていったが、徳川家康が江戸に入り、幕府を開くようになると、神田明神は江戸城の拡張にともなって、まず慶長八年（一六〇三）に駿河台に移され、さらに元和二年（一六一六）に現在地である神田川の北側高台の地（千代田区外神田二丁目）に遷座することとなり、翌年幕府から神領として三〇石を与えられている。

なお、別当の日輪寺は神田明神移転の際に切り離されて柳原に移転し、さらに浅草に移ったが、神田祭の際には神輿が出る前に日輪寺住職の読経があり、住職交代の際にも神田明神に挨拶に訪れるなど、江戸時代を通じて双方の交流は続いていたようである。

ところで、神田明神は地域的にみると南側に湯島聖堂・昌平坂学問所や、幕臣の稽古場である桜馬場のほか、東側に外神田の町人地を控え、周辺には旗本屋敷や町屋が混在していたが、高台は湯島・不忍池方面に続いており、北側には妻恋稲荷や湯島天神といった江戸の行楽地域が続いていた。図5は境内の全景を描いたもので、神田明神は崖上に位置していて、ここの茶屋は東の街並みを眼下に望める景勝地として知られていた。また、門前では固い地盤を利用して地下室を設け、自家製の味噌甘酒を売る店が二軒あった。このように、境内・門前は常に参詣客で賑わっており、江戸庶民にとってなじみの深い神社だった。

神田明神は維新後、神田神社に改称するが、同社は明治元年（一八六八）十一月八日に神祇官から准勅祭神社とされ、次いで同五年五月八日に府社となり、祭神は大己貴命はそのままに、同七年八月に平将門を別祠に移し、代わりに大洗磯《いそ》

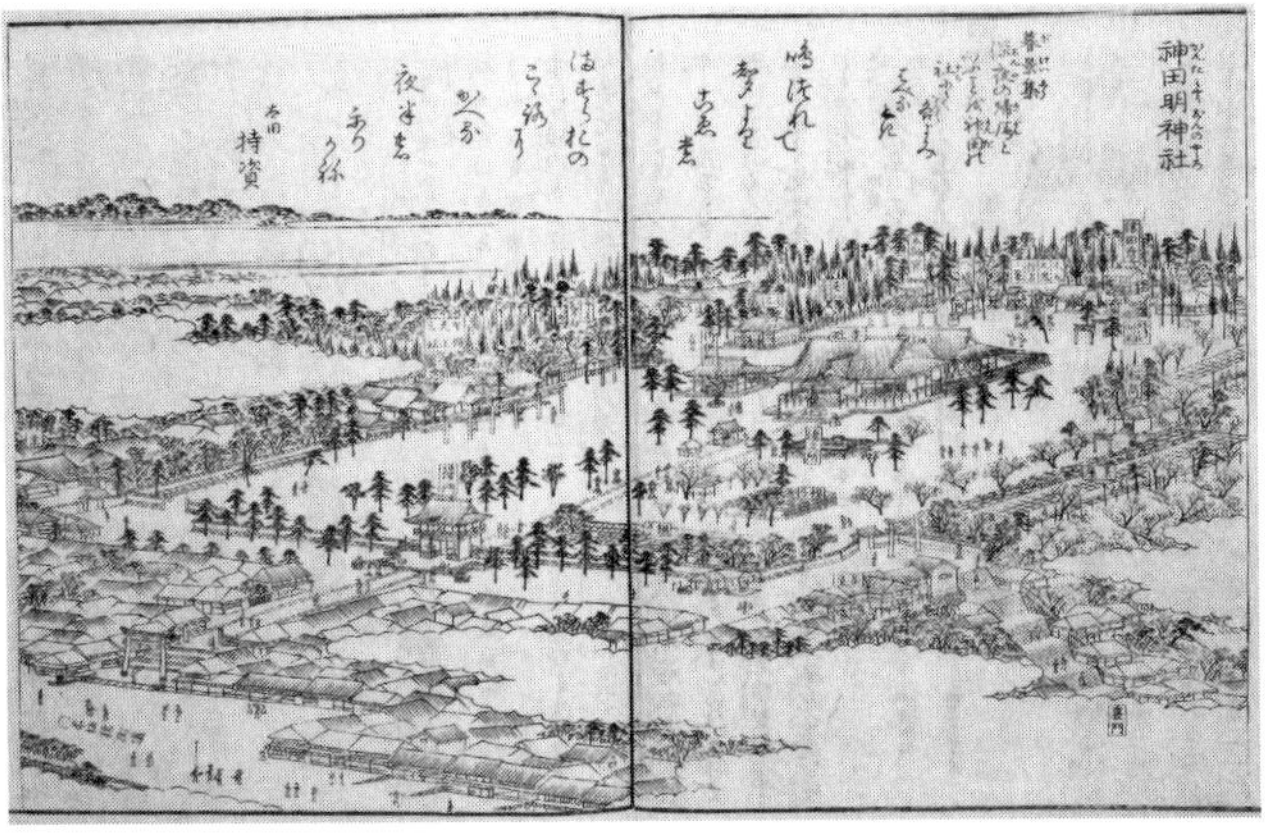

図5　神田明神社（『江戸名所図会』）

前《さき》神社の少彦名命《すくなひこなのみこと》を分霊した。そして同年九月十九日には天皇の行幸があり、御幣物を賜っている。これは天皇家にとっての逆臣である平将門を祀ることに対する配慮であったという。

4　神田祭の歴史的推移

神田明神は江戸城からみると艮《うしとら》の鬼門に当たることから、その守護神に位置付けられ、将軍家の信仰を集めた山王権現に対して、「江戸の総鎮守」とされた。そして九月十五日の祭礼でも、山王祭同様に江戸城内で将軍の上覧を受ける別格の待遇を受けたのである。

氏子町（表2参照）は外堀の一部を形成する神田川を挟んだ南側（内神田）と北側（外神田）、すなわち神田を中心とする地域に分布していた。

神田祭が江戸城に入って将軍の上覧をはじめて受けたのは元禄元年（一六八八）のことで、山王祭と隔年交代と定められた延宝九年（一六八一）よりも後のことであった。

以後祭礼は丑・卯・巳・未・酉・亥の九月十五日に行われたが、前日の宵宮と、翌日の御礼参りは山王祭同様である。また、祭礼のない年は「蔭祭《かげまつり》」といって、神輿や山車などの巡行はないものの、氏子町では祭礼のときのように軒先に挑灯を出し、神酒所に大きな幟を立て、酒樽や蒸籠を積み上げ、さまざまな飾り付けをした。

なお、神田明神では、大永五年（一五二五）、小田原の北条氏綱が関東の支配を確立した記念として神事能が催された。それ以来祭礼翌日の十六日に神事能を行うのが慣例だったが、享保三年（一七一八）を最後に運営難で休止したとも、同六年に舞台や道具を納めた蔵が類焼したため、以後中断となったともいわれている。

神田祭も幕末になると上覧のない年や規模を縮小されることがしばしばあった。文久元年（一八六一）の祭礼は従来通り行われ、将軍上覧が日暮れ時になるほどの大行列になったようで（『斎藤月岑日記』）、翌

表2　神田祭の山車と氏子町

番付	氏子町
1番	大伝馬町
2番	南伝馬町
(御雇祭)	※新肴町・弥左衛門町・本材木町一～四丁目が太神楽を出す。
3番	神田旅籠町一丁目
4番	神田旅籠町二丁目
5番	鍋町
6番	通新石町
7番	須田町一丁目
8番	須田町二丁目
9番	連雀町
10番	三河町一丁目
11番	豊島町・湯島町・金澤町
12番	岩井町
13番	橋本町一丁目
14番	橋本町二丁目
15番	佐久間町一・二丁目
16番	佐久間町三・四丁目、富松町
17番	久右衛門町一・二丁目
18番	多町一丁目
19番	多町二丁目
20番	永富町一～四丁目
21番	竪大工町
22番	蝋燭町、関口町
23番	明神西町
24番	新銀町
25番	新石町一丁目
26番	新革屋町
27番	鍛冶町一・二丁目
28番	元乗物町
29番	横大工町
30番	雉子町
31番	三河町四丁目
32番	明神下御台所町
33番	皆川町二・三丁目
34番	塗師町
35番	白壁町
36番	松田町

註：『東都歳事記』より作成。

年は神田祭は蔭祭だったものの、山車や踊り屋台などが出て、前日から賑わったという（『武江年表』）。しかし二度の将軍上洛があった文久三年、神田祭は翌々年に延期となっている。慶応元年（一八六五）は幕府軍の進発のため、仮の祭典のみで神輿も出ず、恒例の巡行はなかったが、一部の氏子町では数台の山車やねり物などが出たという。そして江戸時代最後の同三年の神田祭は、道筋改正があり、行列は神輿のみとされてしまった。

二　祭礼行列と将軍上覧

1　天下祭の大行列

山王祭・神田祭の祭礼行列の構成は大別して、神輿・山車・附祭からなる。各氏子町では祭礼費用を地主・家主から徴収し、町名主が段取りから警備・取り締りまでを行っていた。各氏子町は山王祭が四五番組、神田祭が三六番組に編成され、それぞれが山車を出すが、双方の氏子町に当たる一番大伝馬町と二番南伝馬町は共通であった。

附祭は当番となる町が臨時で仕立てた余興の出し物をいう。踊り屋台・地走り踊り・練り物の三種からなるといわれ、芸能を伴い、江戸の人々になじみ深い古典を題材としたり、歌舞伎などの流行物を取り入れさまざまな仮装をして練り歩くのを大きな特徴としている。寛政・天保の両改革では厳しく取り締まられ、数が制限されたため、氏子町のなかで当番制をとるようになり、ことに天保改革後の神田祭ではくじに当たった年番町三ヶ町がこれを担当することとなった。

これらの祭礼行列は出し物が多いゆえに非常に長いものとなったが、山王祭の行列は山車行列のあとに神輿三基が続く形式であった。そしてもう一方の神田祭の場合は当初山王祭同様の形式だったものを、天明三年（一七八三）に神主芝崎氏の願いで山車行列の途中に二基の神輿をはさむ形式に改めている。

2　坂・城門の通行

ところで、図6は山王祭、図7は神田祭の天保初年（一八三〇年代前半）の巡行路について、『東都歳事記』の記載をもとに図示したものである。将軍の上覧が天下祭だけに限定される特権だったということからもわかるように、江戸城の内堀・外堀の各所に設置された見附（城門と橋）を何ヶ所も通行する場面が天下祭を象徴的に表していた。例えば図8は、山車や附祭を仕立てた山王祭の行列が山下門をくぐり、西側の佐賀藩鍋島家上屋敷の手前を右手の堀沿いに進むさまを描いている。両祭礼をモチーフにした錦絵や挿絵類では城門が描かれる場合が多く、江戸の中心部を巡行する山王・神田の両祭礼は、行列が数々の城門をくぐることで知られていたのである。

山王祭・神田祭は規模の上でも長い行列を仕立てる江戸最大のイベントだったが、年々巨大化していく山車や附祭の飾り物が巡行ルート上にいくつも存在する城門をくぐるには、かなりの工夫が必要となった。

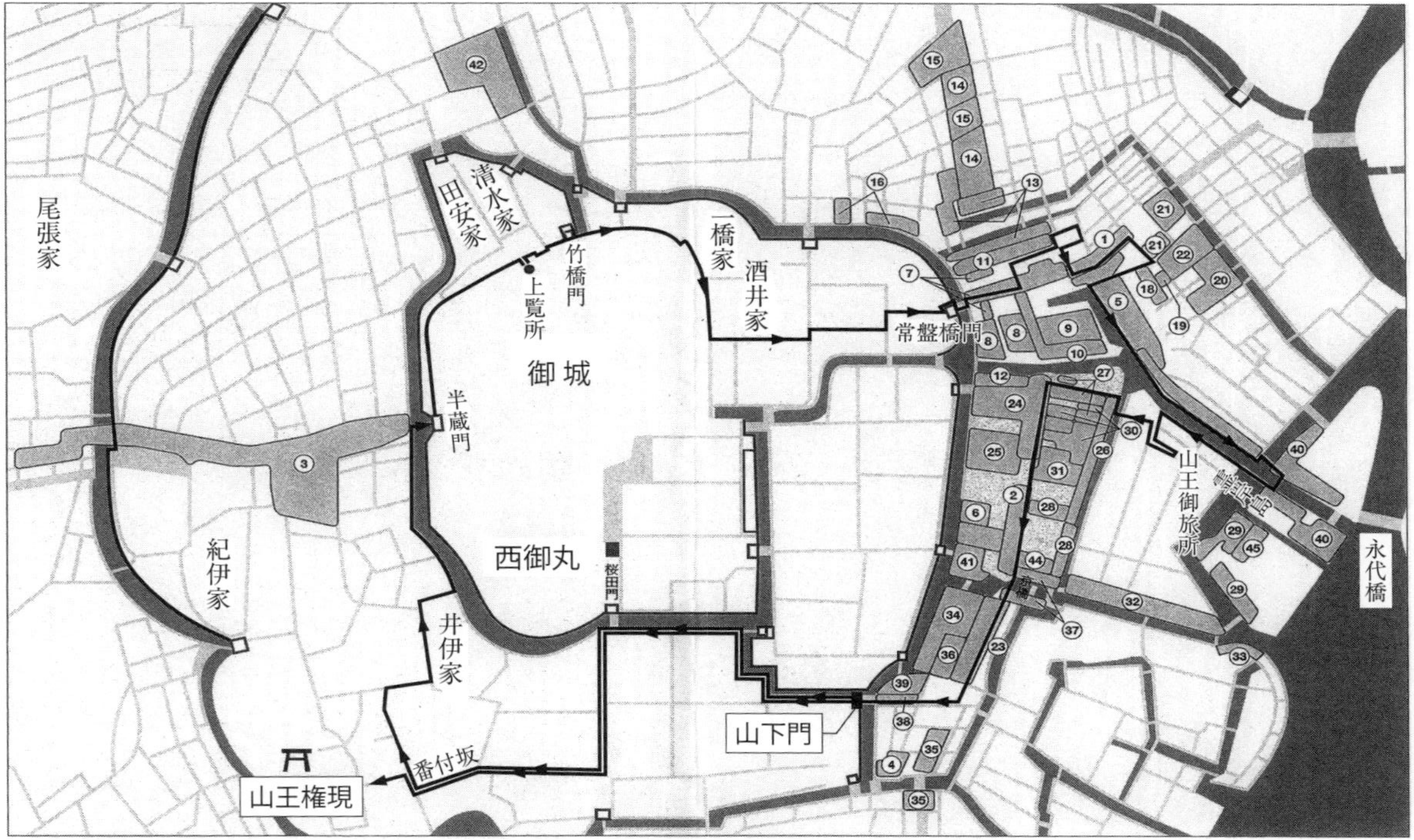

図 6　山王祭の巡行ルートと氏子町

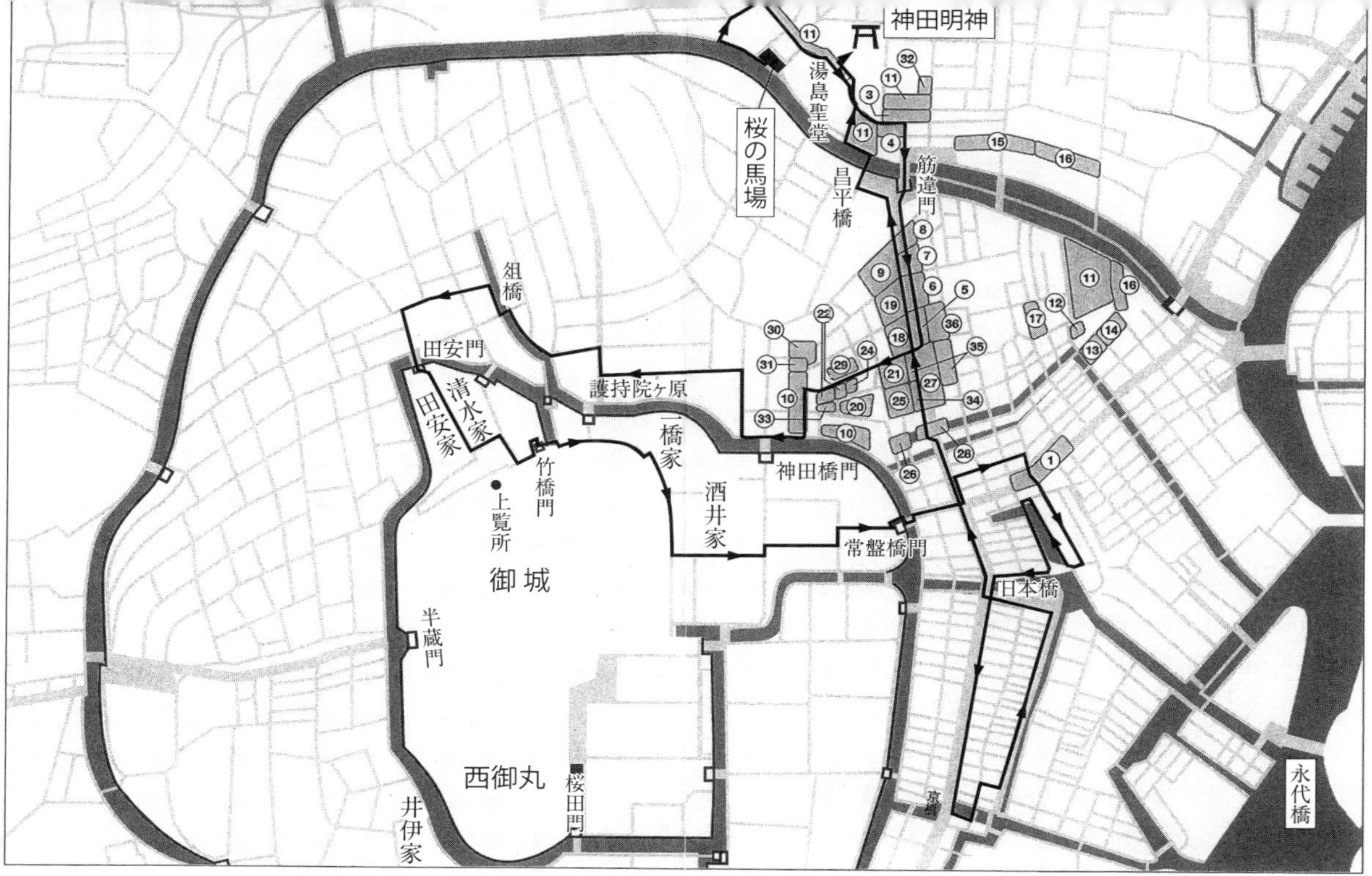

図７　神田祭の巡行ルートと氏子町

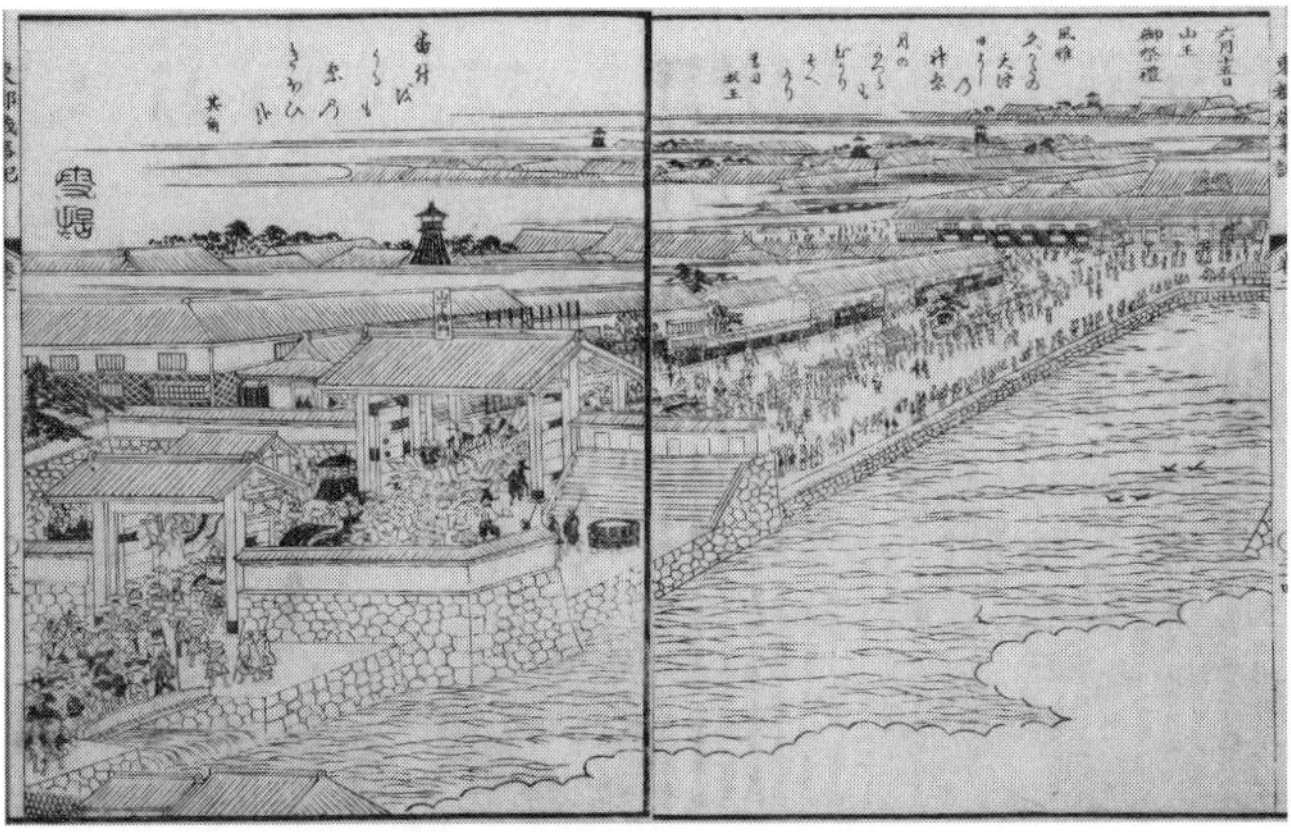

図 8　山王御祭礼（『東都歳事記』）

図 9　三代歌川広重「古今東京名所　神田祭礼九段坂田安御門ねり込」

そこで生み出されたのが、伸縮可能な三層構造の「江戸型山車」だった。後述のように、二層目の部分を上下に畳んだかたちで城門をくぐる工夫がなされていたのである。

また、神田祭における元飯田町の中坂のように、山車が急坂を上りきれないこともあり、巡行路の途上にしばしばみられる坂も難所として知られていた。例えば、現在の千代田区永田町一丁目にある茱萸《ぐみ》坂は当時「番附坂」と呼ばれていた。これは『新撰東京名所図会』に「昔時山王の祭礼には、必ず此ところにて、花車の番付札ありて其の行列をあらためしよりいう。」と紹介されているように、この急坂を前に山車などの行列の再確認をする場面となっていたことを示している。

また図9は明治初期に刊行された、江戸東京の代表的な風景の今昔を紹介した錦絵シリーズの一枚で、神田祭の一番大伝馬町の「諫鼓鶏」の山車を率いて中坂を上った一行が、九段坂上を画面右手の田安門に向って横切る光景を描いている。神田祭の行列は田安門から江戸城内に入るのが通例となっており、この場面は祭礼の見せ場の一つになっていた。

このように、両祭礼にとって城門や坂は巡行ルートの難所として重要な意味をもっていたわけである。それと同時に、天下祭の行列は大名小路（現在の大手町・丸の内あたり）・駿河台・霞ヶ関周辺など、武家屋敷で囲まれた地域も巡行していた。例えば霞ヶ関などは、中世以来の東国の名所であるとともに、江戸屈指の眺望を誇る場所で、周囲には福岡藩黒田家や広島藩浅野家の上屋敷などもあった。それゆえに、大名屋敷に囲まれた急な坂を町人たちの大行列が上がっていくさまは、祭礼の大きな見どころの一つとなっていた。つまり、江戸の町人を主体に構成されている祭礼行列は、巡行を通して武家社会に向かって町人文化が彼らをしのぐほどに成熟したことを表現する場でもあったのである。

3　さまざまな参加者

祭礼行列の構成をみるとき、それは参加者と傍観者に識別できることがわかる。まず参加者としては、祭礼費用を出資し、正装して供奉する地主・家持や家主の存在がある。例えば神田塗師町《ぬしちょう》で金物問屋を営む家持（居付地主）紀伊国屋長三郎（一八一九〜八六）は、毎年金九両一分を祭礼積金として計上していた。彼は神田明神の氏子町の正規の構成員であるから、祭礼費用を負担するのは当然だが、これに警固や練り子として地借・店借が多数参加するほか、山車の組立てや引き廻しに従事する鳶や、附祭に氏子町域以外からも参加する芸人たちの各存在があった。

それと同時に、この祭礼行列を見物する多数の人々の存在も忘れてはならない。これらの人々のなかには、町内の職人層・小商人層の青年を中心とする組織で、氏子の青年組織としての性格を併せもつ若者と呼ばれる者たちや、店の宣伝効果を意図して寄附し、祭礼当日は店先に桟敷席を設けて得意客などを饗応する大店などの存在があった。そしてその周辺には祭礼文化をさまざまなかたちで受容する多くの江戸庶民がいるという、重層的な構造があった。これらの点についてはのちほど詳述したいが、天下祭はまさに江戸全体を巻き込む一大イベントだったのである。

三　山車と附祭

1　江戸型山車の登場

祭礼は氏神を乗せた神輿が氏子町を渡御するのが本来的なあり方だが、山王祭や神田祭など大規模な祭礼には、氏子町から多くの山車が出された。山車は元来神の依代《よりしろ》の役割があったが、江戸時代、「出し」や「車楽」と表記されることが多く、近代になってから「山車」と一般的に表記されるようになった。山車は各氏子町の出し物として次第に造り物や人形を用いた大掛かりなものに発展していった。

山車の形態には吹貫型、一本柱の万度型・笠鉾型、大きな台車を用いた造り物型、江戸型などがあるが、元来は長い柄の先に町名などを墨書した箱型行灯を人が捧げもつ万度（万灯）が主流だった。その後装飾が増えて捧げもてなくなると、台車に乗せて引くようになり、安政年間（一八五四〜六〇）頃から山王祭・神田祭ではその進化形として江戸型山車が現れ、山車の主流をなすようになっていった。

江戸型山車とは、前掲の図4に示したように、二輪の台車の上に三層の櫓を設け、四方に幕をめぐらし、一層目に囃子座、最上部に人形を据えたもので、櫓構造をもつ。これらは多くの山車が芝車町から調達した牛によって引かれ、人形が上昇・下降のできる三層せり出し型が特徴だった。ただし、幕末においてもすべての山車が江戸型山車となったわけではないようで、一番の大伝馬町と二番の南伝馬町の山車は吹貫

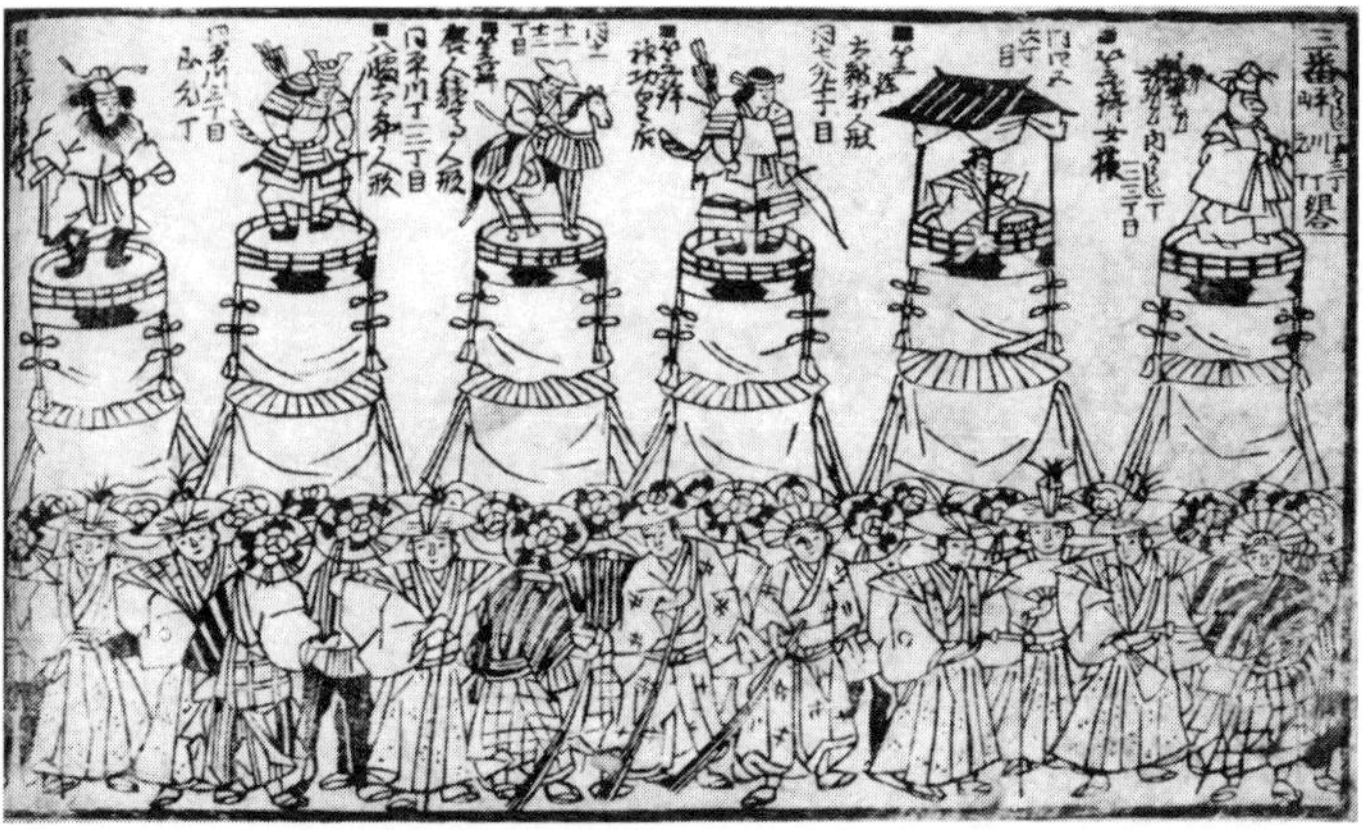

図10　「山王御祭礼御免番附」（天保９年）に描かれた麹町組合の山車

型のままであるし、一本柱の笠鉾型のものなどは、城門をくぐる際に柱を後方に倒して通行していたようである。

「出し」とは本来、頂部の部分名称をいうことからもわかるように、一番上に飾られる山車人形は遠くからも目立つため、各氏子町のシンボルと認識された。その制作に当たったのは人形師で、原舟月・松雲斎徳山・仲秀英・古川長延といった名工が現われた。彼らは雛人形や五月人形を制作する一方で、数々の精緻な山車人形を生み出していったのである。

図10は天保九年（一八三八）の山王祭の出し物を紹介した祭礼番附のうち、三番の麹町組合の山車である。麹町は他の氏子町と違って六本の山車が出されることで知られる。右から順に、麹町一～三丁目の「女猿」、同四～六丁目の「太鼓打人形」、同七～十丁目の「神功皇后《じんぐうこうごう》」、同十一～十三丁目の「唐人競馬人形」、麹町平川町一・二丁目の「八幡太郎人形」、麹町平川町三丁目・同山本町の「鍾馗《しょうき》」の山車で、このように一つの氏子番組で複数の山車を出す地域もあったのである。

また江戸型山車は最大で七～八メートルほどの高さになり、山車人形が町屋や武家屋敷の屋根を見下ろしながら巡行するさまは、かなり遠くからも確認できたと思われる。

2　山車人形「てけてん小僧」

かつて天下祭で使用されていた山車人形のうち、現存するものも少なくない。千代田区教育委員会所蔵の二体の山車人形は「てけてん小僧」の名で地元に伝えられ、かつて麹町五丁目（現千代田区麹町三丁目）で山王祭に使用されていた。人形の収められている箱にはそれぞれ「原舟月作　人形頭　麹町五丁目」、「紀元弐千五百四十弐年　明治十五年第六月新調箱　鉾人形頭箱　麹町五丁目」と書かれていて、この人形の頭二体のほかに、手一対・足二対・太鼓・撥二本・太鼓の台からなっている。また手の胴体との接合部分には「明治三十六年六月修理　麹町七丁目　玉村伊三郎」の墨書がある。あいにく胴体や衣装は残っていないが、子供顔の人形の頭には顔が上下する工夫が施されていて、これがからくり人形であることがわかる。

筆者はかつてこの「てけてん小僧」を千代田区が有形民俗文化財に指定する際の調査を行った。その際にまず注目したのは、この山車人形が図10などに描かれている「太鼓打人形」に相当するのではないかという点だった。そこで各年の祭礼番附を確認すると、麹町五丁目は毎回四・六丁目と共同で山車を出していたことが明らかとなった。表3をみると、享和二年（一八〇二）・文化三年（一八〇六）に「禿太鼓打人

表 3　山王祭における麹町四・五・六丁目の山車

実施年	使用された山車人形	太鼓打人形使用町	馬乗人形使用町
寛政 4 年（1792）	桜に流鏑馬	麹町七〜十丁目（太鼓打人形）	—
寛政 6 年（1794）	桜の立木に馬乗小僧人形	—	—
寛政 10 年（1798）	流鏑馬	—	—
寛政 12 年（1800）	流鏑馬	—	—
享和 2 年（1802）	禿太鼓打人形	—	麹町七〜十丁目（小栗馬乗）
		—	麹町十一〜十三丁目（唐人曲馬）
文化 3 年（1806）	禿太鼓打人形	—	麹町七〜十丁目（小栗馬乗）
		—	麹町十一〜十三丁目（唐人曲馬）
文化 5 年（1808）	馬乗人形	麹町平河町一・二丁目（太鼓打人形）	麹町十一〜十三丁目（馬乗唐人）
文化 9 年（1812）	高　砂	—	—
文化 11 年（1814）	八幡太郎	—	麹町十一〜十三丁目（馬乗人形）
文化 13 年（1816）	太鼓打人形	—	麹町十一〜十三丁目（馬乗唐人人形）
文政 7 年（1824）	馬乗人形	麹町平河町一・二丁目（太鼓打人形）	—
文政 9 年（1826）	雅楽太鼓	—	麹町十一〜十三丁目（馬乗人形）
文政 11 年（1828）	不明	—	—
天保 3 年（1832）	太鼓打人形	麹町平河町一・二丁目（童子太鼓打人形）	麹町十一〜十三丁目（馬乗人形）
天保 5 年（1834）	馬乗人形	—	—
天保 7 年（1836）	馬乗人形	麹町平河町一・二丁目（童子太鼓打人形）	—
天保 9 年（1838）	太鼓打人形	—	—
天保 11 年（1840）	馬乗人形	麹町平河町一・二丁目（童子太鼓打人形）	—
天保 13 年（1842）	馬乗人形	—	—
天保 15 年（1844）	桜木に太鼓打	麹町平河町一・二丁目（童子太鼓打）	麹町十一〜十三丁目（唐人競馬）
弘化 3 年（1846）	馬乗人形	—	—
嘉永 5 年（1852）	馬乗人形	麹町平河町一・二丁目（童子太鼓打人形）	—
嘉永 7 年（1854）	馬乗人形	—	—

実施年	使用された山車人形	太鼓打人形使用町	馬乗人形使用町
安政3年（1856）	唐子太鼓打人形	麹町平河町一・二丁目（太鼓打人形）	麹町十一〜十三丁目（唐人競馬人形）
万延元年（1860）	馬乗小僧人形	麹町平河町一・二丁目（産子太鼓打の人形）	—
文久2年（1862）	唐子太鼓打人形	—	麹町十一〜十三丁目（唐人競馬乗人形）
明治6年（1873）	土佐坊（麹町四丁目）	—	—
	小僧の太鼓たたき（麹町五丁目）	—	—

註：各年の祭礼番付をもとに作成。

形」、文化十三年・天保三年（一八三二）・同九年に「太鼓打人形」、文政九年（一八二六）の「雅楽太鼓」、同十五年に「桜木に太鼓打」、安政三年（一八五六）・文久二年（一八六二）には「唐子太鼓打人形」が曳き出されているのである。また、太鼓を用いた人形以外では、「流鏑馬」「馬乗人形」「馬乗小僧人形」と、いずれも馬に乗る人形が出されていた。右の表からは、この太鼓打人形系・馬乗人形系の山車人形が麹町の他の地区でも時折出されていたこともわかり、麹町四〜六丁目の代表的な山車人形であると同時に、麹町の他の町にも貸し出していた実態をうかがうことができる。

そして維新後の明治六年（一八七三）の番附では、麹町四丁目が「土佐坊」、五丁目が「小僧の太鼓たたき」となっている。このことから、江戸時代は麹町四〜六丁目で太鼓打人形系・馬乗人形系の山車を共有していたのが、維新後に四丁目に馬乗人形系の「土佐坊」が、五丁目に太鼓打人形系の「小僧の太鼓たたき」が分けて伝えられたのだと考えられる。

この「てけてん小僧」については、貴重な証言が残されている。人形問屋吉徳の十代目で人形研究家の山田徳兵衛は「神田の熊坂は目が動き、山王のてけてん小僧は、裃を着た子供で、太鼓をたたいた。」と述べている。

からくり人形の作例が少ない天下祭において、この人形が神田祭の「熊坂」に並び称される存在であり、袴を着た子供姿の人形が太鼓を叩いた光景が髣髴とされる。

また戦前のこの人形を知る方によれば、一・五～二メートルの高欄に乗せてからくりの紐を引き、人形に太鼓を叩かせたという。もともと麹町では祭礼道具や山車人形などを町内の住民の蔵に保管していたようだが、戦後からは近くの平河天満宮の神楽殿の地下倉庫に預けるようになったという。そして祭礼のたびにこれらを出すことを繰り返すなかで、昭和五十七年（一九八二）に倉庫内の古いものを整理してたまたま発見したのが、この「てけてん小僧」一式なのであった。

3　余興としての附祭・御雇祭

両祭礼では、毎回定番の山車のほかに、さらに余興として造り物や練り物・仮装行列などを出すことが多かった。これが附祭で、十八世紀中頃から山王祭四十五番組、神田祭三十六番組の町々から山車に付属する出し物として登場するようになった。

附祭は本来臨時的なものだったが、氏子たちは山車の内容が固定化していくにともなって、その時々の流行やニュースを盛り込み、毎回趣向を変えられる附祭に力を注ぐようになっていった。附祭は寛政三年（一七九一）に氏子町々から世話番町三ヶ所を出すことと定められ、当初は一ヶ所一品で踊り二品、太神楽《だいかぐら》一品という規定だったが、次第に守られなくなり、一ヶ所で数品の出し物が出されるようになった。

山王祭の附祭の名物に麹町の象があった。図11にみえるのがそれである。ただし、これは造り物であって、象の足の下には人間の足がみえている。享保十三年（一七二八）にベトナムから長崎に渡来した象が将軍への献上のため、翌年五月に江戸にやってきた際、陸路行列を仕立てて話題になったが、麹町の象はこれを模倣したものといわれ、異国人に扮した装いとともに登場するのが定番になっていた。

一方、御雇祭は両祭礼において幕府が氏子以外の町に命じて出される出し物で、当初プロの独楽廻しと太神楽を雇って演じられていたため、この称があった。しかし、やがて大奥の好みに応じるなどして出し物が変わり、氏子町の者たちが自ら行う部分を豊富に含んだ附祭に類似したものになっていったようである。

天保十二年（一八四一）の神田祭から御雇祭として独楽廻しが始まった。当初は浅草田原町の松井源水が独楽廻しを務めていたが、弘化四年（一八四七）からは源水の弟子、源弥

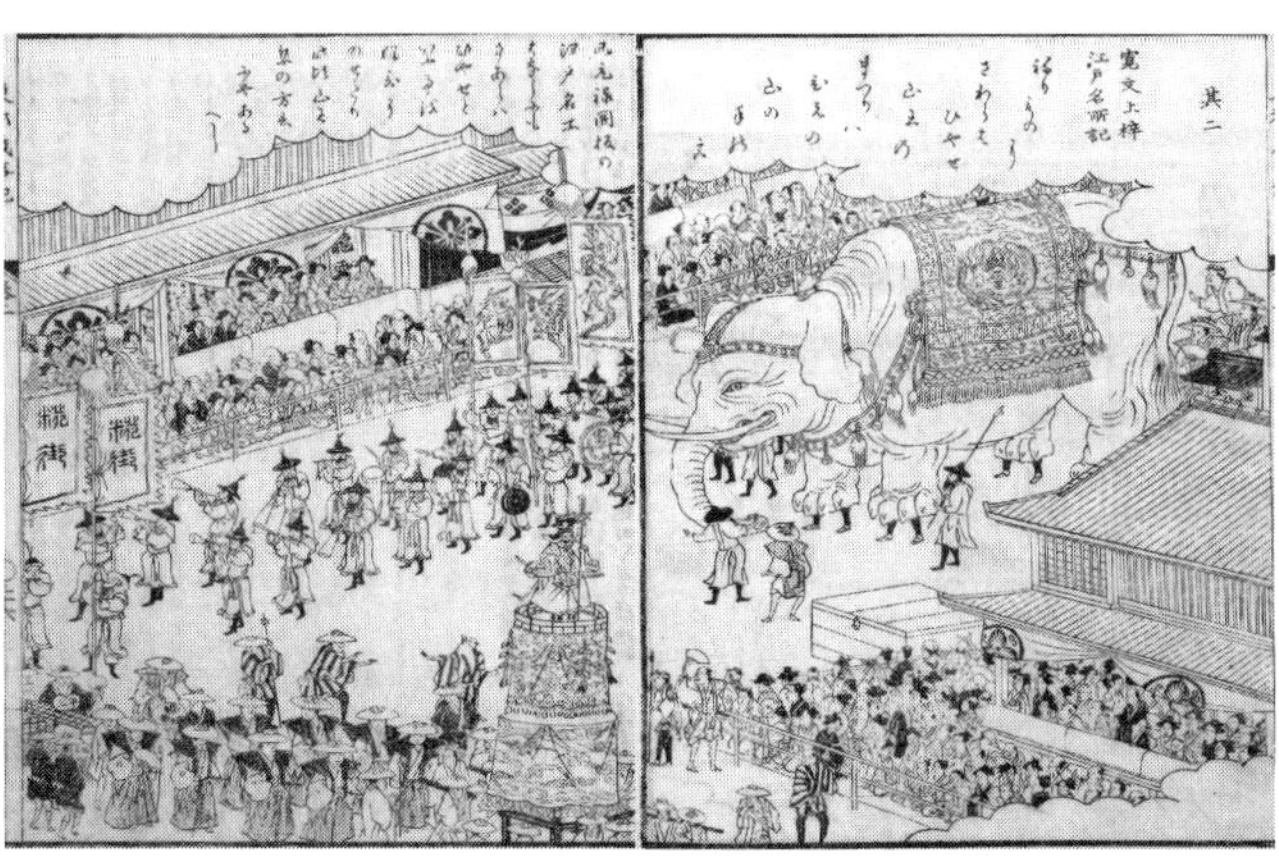

図11　山王祭の象（『東都歳事記』）

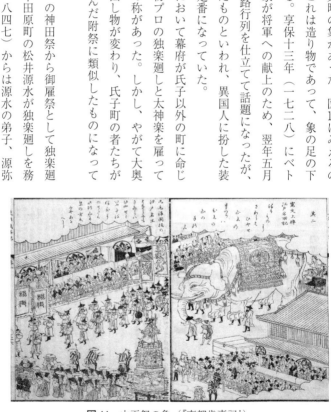

が務めるようになった。この時は二〇の独楽の曲芸、五つの枕の曲芸が演じられ、源弥一行は手替り・世話役・手伝・町役人・物持人足からなり、総勢二四人であった。

十九世紀における附祭・御雇祭の具体的な内容は、行列の進行に合わせて踊りや囃子をする地走り踊りや、上覧所や町々の桟敷前の見せ場で止まって披露する踊り舞台での長唄や踊りの所作事、俄《にわか》と呼ばれる仮装による寸劇や囃子・引き物のからくりなどで、これらには多くの女性や子供が参加するのが特徴である。

4　祭礼絵巻にみる山車・附祭

ここで取り上げるのは、江戸時代後期に描かれた「紙本着色神田明神祭礼図巻」である。全三巻にわたって神田祭の行列が描写されており、上巻には行列の一番から十八番まで、中巻は十九番から二十七番、下巻には二十八番から三十六番までがそれぞれ収められている。作者は不明ながら、祭礼を運営する江戸町人の視線から描かれている。

このうち下巻についてみてみると、まず巻頭の二十八番は浦島太郎の竜宮伝説シリーズで、「浦島」の旗のあとに「玉手箱」などが続き、行列の面々は異国のいでたちをしながらも、頭に魚の付いたかぶりものをしているのが特徴的である。そして二十九番の横大工町については、「附祭あり」と記されているだけである。このように、本絵巻には省略部分が所々にみられ、行列の全貌が描かれているわけではないが、山車や附祭の飾り付けの様子や行列の参加者のいでたちなどを知ることができる。

また図12は三十番雉子町《きじちょう》の行列を描いた部分で、ここでは町名にちなんで雉子を配した桃太郎シリーズが出されている。「桃太郎鬼島渡」の幟のあとに「犬」「猿」と桃の旗、そして桃太郎・黍団子が続き、行列の面々の頭には鬼の角がみえる。最後にはこの町の象徴である雉子の山車が描かれている。このように、天下祭の行列には、いずれも当時の人々の間で知られていた古典や流行物が題材に取り入れられ、意匠を凝らしたものとなっていたのである。

一方、図13の「大鯰と要石」は寛政三年（一七九一）の神田祭で出されたものといわれ、この構図は地震を引き起こす大鯰を普段押さえ付けているのは鹿島神宮にある要石であり、日頃から祭神の鹿島大明神によって鎮められていると考えられていたことに由来する。のちに同様の構図は安政二年（一八五五）十月二日に江戸を襲った大地震後に相次いで出された鯰絵に登場している。

5　祭礼費用の負担

両祭礼で氏子町が費用負担をするのは、山車・附祭・御雇祭である。これらは幕府から助成金の下付があったが年々規模の大きくなる経費をそれだけでは賄うことができず、不足分は担当の町々が地主・家持・家主から表通りの間口規模に基づく小間割で徴収していた。具体的にいえば、山車は氏子番組ごとに、附祭については寛政三年（一七九一）の町法改正以降は総額を氏子町全体に割り振るかたちをとっていた。

この小間割は表間口一間×奥行二〇間（すなわち二〇坪）を一小間として徴収するもので、例えば嘉永

四年（一八四九）の神田祭の附祭の場合は、一小間につき銀二匁八厘八毛二糸、合計で金一八〇両余を集金し、附祭の世話番町三ヶ所で等分している。なお一番の大伝馬町、二番の南伝馬町は神主・神輿警護などの負担があり、また附祭には参加しないためか、附祭費用の割当はない。また、山王祭では五番の小舟町・堀留町一～二丁目・堀江町の四町は、初穂銀を納めるのみで、山車は出さない慣例があった。

祭礼の飾りつけや衣装が華美になることは費用負担の増加につながり、見栄を張った両親が溺愛する幼いわが子を輿に載せて炎天下を何日も練り歩き死亡させる事件なども起きている（『甲

図 12　雉子町の山車①上・②下(「神田明神祭礼図巻」下巻)

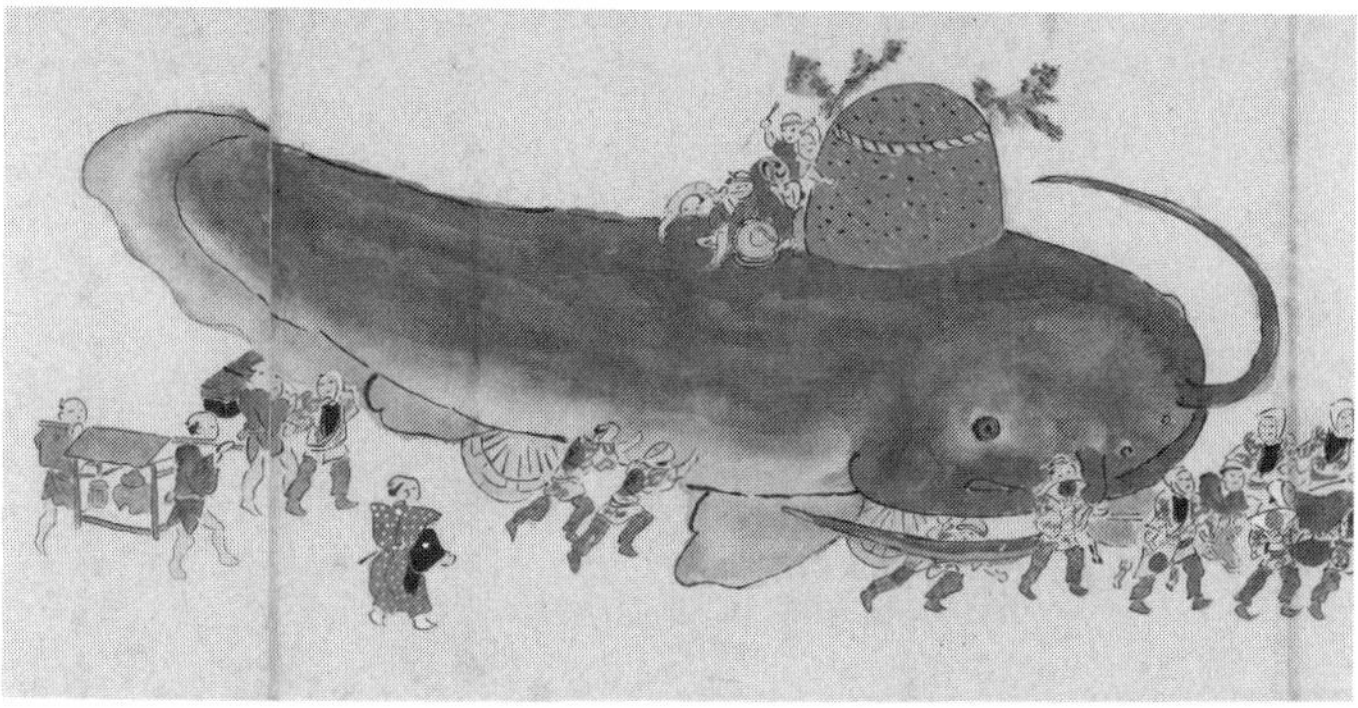

図 13　大鯰と要石(「神田明神祭礼図巻」下巻)

子夜話』)。また小日向廓然寺の隠居僧十方庵敬順は、文政元年(一八一八)の山王祭以来練物などに参加する人々や、警固の手古舞の衣装が華美になってきたと述べ、同三年の附祭年番町の日本橋通一・二丁目だけで四八〇〇両を出したと噂になった旨を記している。そして翌年の神田祭では、こうした山王祭の豪華ぶりに対抗して「練物の工夫屋台躍の結構筆紙に述がたし」(『遊歴雑記』)と評している。このように、文政期から天保改革前にかけての時期、両祭礼はお互い競うように附祭を派手で豪華なものにしていったのである。

いずれにせよ、規模が大きくなれば

それだけ費用が増加し、氏子町の経営を圧迫する一方で、氏子たちの祭礼への意気込みや覚悟に直結していたため、それが時に派手な振る舞いになり、喧嘩に発展することもあったのである。

6 神田明神西町の事例

神田祭の氏子番組で二三番に当たる神田明神西町について、弘化二年（一八四五）の祭礼費用がわかっている。これをまとめたのが表4で、以下これを簡単に分析してみよう。

この町は神田明神の門前に位置し、大黒神の山車を出すことで知られていた。しかし、この年は武蔵野の山車となっている。武蔵野は祭礼番附では「月に薄」とも表記され、家康入国以前の武蔵野の原野を象徴している。これは武蔵野の原野のように町が困窮していて、祭礼費用を工面できないという、町側の意思を表している。それゆえ、ここでは非常に安価な制作費となっている。実際、祭礼費用の調達に窮した氏子町では、山車にこの武蔵野を出す場合が多く、祭礼番附をみると、神田祭・山王祭ともに毎回数ヶ所から十数ヶ所は武蔵野の山車が出されていたことがわかる。なお、この山車は職人に発注していたため、祝儀を別に渡しているのがわかる。

また、祭礼当日に使用する手拭や弁当代、そして衣装代などのほか、必要な道具の購入や人足賃がさまざまな場面において支払われている。ことに山車に付随して茶小屋を出していたらしく、それに関連する費目も多い。そして牛に関する費目が多いのも特徴で、これは当時山車を牛に牽かせるのが通例だったた

表4　弘化2年（1845）　神田明神西町の支出細目

支出項目	金	銀	銭
武蔵野出し（1本)、茶小屋人足一式	金2両1分		
出し屋へ祝儀	金2朱		
牛1疋車共14、15日雇賃銭	金1両		
牛車楫取並に町内立寄2人両日雇賃銭	金1分		
右人足両人へ差遣し候三尺手拭之代			銭500文
警固持笠4蓋之代		銀12匁	
茶小屋持床几持23人持笠3つ之代		銀2匁5厘	
右持笠へ附候造花7つ並に此杖之代			銭324文
笠袋			銭1貫348文
麻裏草履			銭1貫348文
床几6脚損料			銭800文
右持人足賃銭			銭300文
出しへ附候細引之代			銭116文
茶小屋へ附候桜炭壱俵代			銭148文
右同断煎茶之代			銭100文
同断茶碗之代			銭116文
牛飼料			銭572文
牛置場諸式手間代			銭300文
弁当25人前但折詰		銀32匁5分	
右持人賃銭			銭200文
手拭5反之代		銀62匁5分	
鉄棒附候染麻之代			銭200文
幟立並取仕舞之節とも人足賃銭			銭4貫文
祭礼之儀ニ付御番所並町年寄御役所へ度々罷出候同			銭1貫600文
断幟立卸、山吹寄合之節入用とも			
神田明神御神前へ相備候柳ふどう御神酒御供物之代			銭1貫348文
神主供寺人足賃三門前割			銭4貫770文
町年寄出役方下役入用三門前割			銭768文
附祭年番町へ差出し御祭礼入用惣町割当町出銀分	金1両2朱と206文		
繰出し場諸入用5町半割並提灯張替代割合とも	金2分と444文		
迎提灯持人足賃銭			銭400文
行事2人袴料	金1両1分		
蝋燭之代			銭3貫32文
諸用紙之代			銭280文
増番人足当日雇上ヶ賃銭			銭600文
番人へ祝儀出す			銭300文
他に祝儀			銭100文
15日14日当日諸方賄料人足賃銭とも	金1分と4貫200文		
総　計	金6両3分	銀109匁5厘	銭28貫392文

め、宵宮と当日の二日間芝車町から牛を一頭借りてきていた。馬は生き物なので、借りている間の餌代や世話に費用がかかるわけである。

では、この年神田明神西町が祭礼にかけた費用はいくらなのか。二年前の天保十四年（一八四三）正月に金一両を銭六貫五〇〇文（一貫文は一〇〇〇文をさす）とするよう定めた法令が出されたこと、銀六〇匁が金一両前後でこの時期安定していたことをもとに、表4からその総額を計算すると、金一三両弱となる。この年は山車の制作費用をかなり抑えた結果の金額であること、附祭の費用は別に負担していることを考えれば、二年に一度の祭礼とはいえ、神田祭や山王祭に対する各氏子町の費用負担はかなり大きいことがわかる。

こうして各氏子町は山車や附祭に大きな費用を投じているからこそ、両祭礼は江戸屈指の盛り上がりをみせるわけである。

第二章　天下祭の文化的効果

一　祭礼番附の刊行

1　祭礼番附の配布

祭礼番附とは、もともとは天下祭などの祭礼行列の順番や、行列への参加者などについて、事前に打ち合わされた取り決め通りに祭礼が行われているかを確認するために作成された木版の印刷物である。町奉行所の与力・同心、あるいは町名主などは、番附と実際の行列を見比べながら祭礼を取り締まり、山車や附祭を出す町の方は、番附の内容と相違なく執り行うように求められた。

これらは大量に配布する必要があるため、絵双紙問屋に印刷を委託することになっていた。ここでは具体例として、嘉永四年（一八五一）に湯島六丁目名主山本六右衛門が書き留めた「御用留」（神田神社所蔵）から探ってみたい。それによれば、祭礼番附の制作にともなう費用は、附祭の年番町（その年の当番になった氏子町）が負担することになっていた。そして行列の詳細を収録した①「番附帳」、附祭参加者名簿の②「芸人名前帳」に加え、さらに附祭三ヶ所の各演目で用いられる長唄や浄瑠璃の文句を掲載した③「唄浄瑠璃文句三場所合帳」の三種が作成されていたことがわかる。このうち①と③は太田屋佐吉より納品されており、①を二九五〇冊作成して要した費用は、銀七〇八匁二分四厘（一冊あたり銀二分四厘ほど）、③は同様に一八五冊で銀一六七匁二分八厘（一冊あたり銀九分ほど）だった。また、②は森屋治兵衛に二九五〇冊発注し、銀七九六匁二分（一冊あたり銀二分七厘ほど）を支払っている。

右の「御用留」には、ここで作成された祭礼番附は八月二十八日に町奉行所へ送られ、さらに老中・若年寄等へ渡っていったことが記されている。老中や若年寄がこれを入手するということは、天下祭が幕府の公式行事として位置付けられているために、その監督責任上、情報を得ておく必要があったばかりでなく、彼らの一部は実際に上覧所で将軍とともに観覧する際に使用したと考えられる。

そこで、弘化四年（一八四七）の神田祭の折に幕閣に配布された祭礼番附をみてみると（「神田明神祭礼一件」）、これらは同朋頭や奥肝煎（肝煎坊主）を介し、老中・若年寄のほかに、将軍に近侍する側衆や、西丸老中、さらに上覧所近くに屋敷を構える御三卿（田安家・一橋家・清水家）の付家老などに渡されていることがわかる。そして寺社奉行や目付には、取り締まりのために巡行路を記載した道書が添えられていたのである。

一方、嘉永四年の神田祭で配布した祭礼番附は、「番附帳」と「芸人名前帳」各二四〇〇冊の配布先がわ

表5　嘉永4年（1851）の神田祭で配布した祭礼番附

配布先	番附	芸人名前
南北三御廻方	50冊	50冊
掛り同役	300冊	300冊
湯島繰出し所　十五日朝手当	10冊	10冊
壱丁目様（町年寄奈良屋） 弐丁目様（町年寄樽屋）	30冊	30冊
三町目様（町年寄喜多村）	20冊	20冊
南北御番所	200冊	200冊
御目付方用意	45冊	45冊
十四日繰出し繰込御出役方手当	20冊	20冊
南北人足御改	20冊	20冊
町年寄衆手代用意	20冊	20冊
三井伴次郎（北町奉行所同心）殿頼	15冊	15冊
芝崎氏并用人	5冊	5冊
町会所用意	80冊	80冊
田安御門内掛出役、衣装改斗り出役同役并繰出し繰込こま廻し出役同役	50冊	50冊
小　計	865冊	865冊
附祭3ヶ所（各511冊ずつ）	1535冊	1535冊
合　計	2400冊	2400冊

註：「神田明神祭礼御用留」（神田神社所蔵）より作成。

かっている。これをまとめたのが、表5である。それによれば、附祭三ヶ所に各五一一冊ずつ割り当て、残りの各八六五冊については、まず祭礼の取り締まりに関わる南北町奉行所の三廻り同心と祭礼出役の与力・同心、祭礼取扱掛の町名主、町年寄や目付に配布し、さらに各町奉行所にも配られた。これらはかなりの割合を占めているが、ほかに町会所や神社側に配布し、同心の個人的な依頼にも応じている。神田明神の神主芝崎氏ら神社関係者への配布が少ないのが意外だが、それだけ天下祭の主体が本来の神社ではなく、幕府にあったことを物語っているのである。

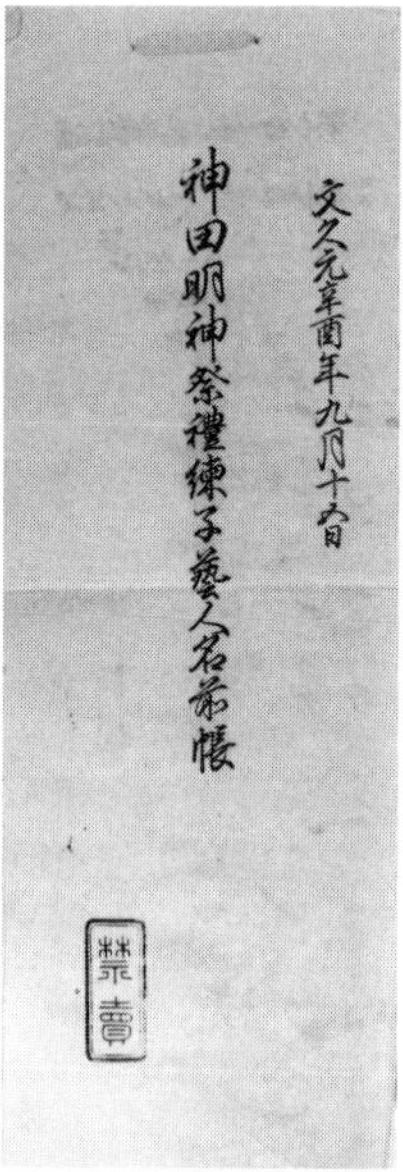

図 14 「神田明神祭礼練子芸人名前帳」(文久元年) 表紙

2 祭礼番附の販売

ところで、こうして納められた祭礼番附は、図14のような横帳という商家の大福帳などと同様の様式で綴られている。これらはいずれも表紙に「禁売」の印が捺されており、あくまで文字のみで行列を表現した内部資料用のものであったが、この情報をもとに絵草紙問屋が市販用の祭礼番附を売り出していた。これにはかわら版のような絵入りで二～三枚続きのもののほか、浄瑠璃や長唄の文句や芸人などのより詳細な附祭の情報を加え、絵本仕立てにした冊子状のものなどがあった。

これらの刊行は特定の絵草紙問屋に限られていたようで、幕末は鍛冶町二丁目の太田屋佐吉と、馬喰町二丁目の森屋治兵衛が版元を独占していた。彼らはともに絵草紙・錦絵を刊行する版元として知られ、非売品の番附制作を請け負うことにより、この情報をもとに市販用の祭礼番附を売り出した。これが後者の絵入番附で、版元にとっては取材の手間はかからず、日頃から馴染みのある浮世絵師に挿絵を依頼すれば制作できるこうした番附は、毎年一定の収入を得られる利点があった。この絵入番附は、参加者・見物者とともに祭礼行列を事前に知り、対照させることができたため、パンフレットのような機能を果たすとともに、江戸土産としても重宝されたようである。

なお、値段については、天保十三年（一八四二）に刊行された森屋治兵衛版元の冊子状の豪華版でも一冊の定価がわずか八〇文だった。ということは、二～三枚続きの祭礼番附はもっと安価だったことがわかる。つまり、祭礼番附は庶民にとって実に手頃に入手できるもので、それだけ祭礼を見物するという行為は江戸庶民に身近なものだったのである。

祭礼の前には、市中に祭礼番附売りが現れた。神田旅籠町生まれの玩具研究家清水晴風（一八五一～一九一三）は、読売に似た祭礼番附売りの姿を描くとともに、次のように述べている（『江戸町中世渡集』）。

神田の祭礼ハ九月の十五日山王の祭礼と一年置に執行す、御用祭りとて其賑ひ格別なり、番附売は他の祭礼に有ども、此両祭り及ばず、殊に神田ハ所地柄とて勇ましき事又類はなし

これによれば、祭礼番附は天下祭以外でも売られることがあったようだが、とりわけ天下祭の折に盛んに出されたことがわかる。

いずれにせよ、このような一般向けの絵入りの祭礼番附が市中で販売されるということは、それだけ見物する者が多かったわけで、天下祭はこうして江戸の出版文化にも大きな影響を与えたといえよう。

図15は文久二年（一八六二）の山王祭の折に出された二枚続の祭礼番附で、これをみると、この年の祭礼行列は、御幣―太鼓―榊―社家騎馬―神馬―小旗―山車一～十四番―附祭①―山車十五～十七番―附祭②―山車十八～二十七番―附祭③―山車二十八～四十五番―神輿行列―小旗―大旗―長柄槍―太鼓二ツ持

図 15　2 枚続の「山王御祭礼番附」（文久 2 年）

ち一一人―柏板二人―田楽二人―獅子頭持人二四人―社家騎馬―飾鉾三本三二人―社家騎馬―神馬―社家騎馬―神馬三疋―御太刀負―社家騎馬三人―神輿一宮―同二宮―同三宮という構成だったことがわかる。なお、このとき出された三つの附祭のうち、①は小網町一～三丁目・同横町の「七五三之見立」、②は新材木町・新乗物町の「三節句之見立」、③は大坂町・本材木町五～七丁目の「松竹梅之見立」であった。

このように、市販用の祭礼番附には各氏子町の山車と附祭を中心に絵入で祭礼行列が紹介されており、神社の神輿についての記載は淡白なのが特徴といえ、観衆の関心のほどがうかがえる。なお、祭礼行列には武家が警固として加わる場面もみられたが、こちらは基本的に番附に収録されることはない。嘉永四年（一八五一）の神田祭では、行列の先頭集団の棒突・榊・神馬・長柄・旗を陸奥国下手渡《しもてど》藩主（一万石）立花種恭《たねちか》（一八三六～一九〇五）・伊予国大洲藩主（六万石）加藤泰幹《やすもと》（一八一三～五三）が、十番と十一番の山車の間に入る神輿行列（長柄・獅子頭・鉾・神馬・長柄・神輿・神轅《ながえ》・殿・突棒と続く）の前後を山城国淀藩主（一〇万二〇〇〇石）稲葉正邦（一八三四～九八）・陸奥国久保田藩主（二〇万石）佐竹義睦《よしちか》（一八三九～五七）・出羽国庄内藩主（一四万石）酒井忠発《ただあき》（一八一二～七六）・筑後国柳川藩主（一〇万石）立花鑑寛《あきひろ》（一八二九～一九〇九）・越後国高田藩主（一五万石）榊原政愛《まさちか》（一八一三～六一）・備中国岡田藩主（一万一二四三石）伊東長裕《ながやす》（一八一六～六〇）・旗本（八〇〇〇石）杉浦銃之助が固めていたのである。

二　取り締まる人々

1　町名主

山王・神田両祭礼の氏子町の町名主は、祭礼の準備から当日の巡行、そして事後の処理までの一切を監督し、法令の遵守と町内氏子の取り締まりに当たった。また町奉行所では祭礼取扱掛名主という祭礼担当の名主を数名ほど任命し、山車・附祭・御雇祭など氏子町の出し物全般を監督する役目を担わせていた。

神田明神の氏子町である雉子町に住み、周辺六ヶ町を支配した町名主斎藤月岑（市左衛門）は、天保六年（一八三五）の場合、六月九日に料亭山吹で初寄合があって、同月二十三日に附祭のくじ引きが行われた旨を日記に書き残している（『斎藤月岑日記』）。その後は町年寄の樽（奈良屋）藤左衛門の指示を適宜仰ぎながら、他の町名主らと頻繁に寄合を行い、祭礼の順路や衣装・踊り・出し物の打ち合わせや見分を行っている。ことに衣装改めは祭礼直前まで行われ、祭礼当日も取り締まりに出向いている。そして祭礼後は翌日の御礼参りに他の名主仲間と神田明神へ行き、帰りに両国の料亭梅川で打ち上げの一席を設けている。月岑の日記をみると、彼の仕事はこれで終わったわけではなく、祭礼費用の会計処理と不足分の調整などを行っており、ようやく一連の仕事が落着したのは十一月八日のことであった。

このように、両祭礼の氏子町における準備は三ヶ月ほど前から始められたのであり、祭礼が無事に終わると、後日町奉行所に呼び出されて「御誉」を受けることになっていた。

なお、山王祭では半蔵門で、神田祭は田安門で巡行行列が城門をくぐる繰り入れという場面があったが、ここで祭礼取扱掛名主とともに数名の町名主が立ち会いに参加することになっていた。彼ら町名主は、上覧所には時間通りに行列が進行するよう、半蔵門内・田安門内で監督する役割を担っており、門内を管轄する目付は、あらかじめ町名主たちの名簿を入手して対応していたのである。

2　町奉行所の与力・同心

江戸に二ヶ所設けられた町奉行所（十九世紀は数寄屋橋門内の南町奉行所と、呉服橋門内の北町奉行所）には、南・北それぞれに与力二五名、同心一二〇名ほどが配属され、江戸の町政のさまざまな実務に当たっていた。同所では両祭礼に関して、まず祭礼衣装や行列の構成、巡行ルートの確認、各氏子町の出し物の確認、喧嘩・口論などの取り締まりなどを行った。これらは直接与力・同心が出向くこともあるが、多くは町年寄や祭礼取扱掛名主を通じてさまざまな指示を出すもので、通常業務の一環として位置付けられていた。

その一方で、町奉行所にはさまざまな出役《しゅつやく》という臨時業務があった。その一つが祭礼出役で、山王・神田・赤坂氷川の各祭礼当日に行列の江戸市中巡行に際して取り締まりを行うのが主な任務である。

与力・同心が山王・神田の祭礼行列の巡行を取り締まるのは、すでに十七世紀末には確認でき、当初は行列のなかに警固として加わっていた。それが十九世紀を迎える頃には、上役の与力が騎馬、下役の同心が徒歩で神社や御旅所、城門に出向いて行列巡行の確認などをするようマニュアル化されていった。

彼ら祭礼出役は行列の出社・帰社および江戸城への出入りが遅滞なく番附通りに行われ、あらかじめ取り決められた巡行ルートを円滑に巡行するよう取り締まった。

なかでも山王祭では半蔵門、神田祭では田安門が重要なポイントだった。というのは、半蔵門・田安門から入り、上覧所を経て竹橋門を出るまでの間は町奉行所ではなく、目付の管轄であったため、行列の繰り入れには目付配下の徒目付・小人目付が立ち会うことになっていたのである。それゆえ、衣装や時刻を確認し、隊列を整えた上で徒目付らに行列を引き渡す任務は緊張をともなうものであり、これがかえって祭礼の参加者に他の祭礼にない高揚感をもたらしたといえるだろう。

また、町触ではすでに享保三年（一七一八）の神田祭に際して、一橋門外から常盤橋門までの警固に町奉行所の与力・同心が出るので差図を受けるようにという内容が通達されている。このことから、祭礼行列は竹橋門を出たあともしばらく高揚感が続き、常盤橋門までの大名屋敷が建ち並ぶ地域の巡行は町奉行所の与力・同心たちが厳重に取り締まっていたことを示している。

3　祭礼出役の詳細

ここで江戸時代後期の祭礼出役の具体的な流れについて、与力・同心たちの間で書き写されたマニュアル（「与力同心相勤候諸御役の覚」）にしたがって述べておきたい。

彼らの任務は、まず祭礼前日に出役与力が月番の町奉行所に呼び出され、祭礼番附を手渡されるところから始まる。人数構成についてみてみると、山王祭には先番と跡番（後番）があって、それぞれに与力五名、同心一五名が配置されていた。また、神田祭の場合は神田明神社内を行列が出る際の繰出出役と、田安門から練物などの行列を繰り入れる繰入出役とがあり、こちらはそれぞれ与力二名に同心四名である。なお、南北町奉行所は月番制（一ヶ月交替で担当する制度）をとっており、祭礼出役は非番（担当でない月）でも動員されることになっていたため、この人数を南北それぞれの町奉行所が出していたことになる。

山王祭では出役与力は当日暁七ツ時（午前四時頃）に山王別当勧理院方に罷り越し、跡番の与力は三人ほど半蔵門外に練物の繰入役に罷り越して、二人ほどは山王門前に残って練物の繰り出しに立ち会うことになっていた。概ね五ツ時頃（午前八時頃）に半蔵門外に行列先頭の榊が来るので、先番は半蔵門外で榊を待ちうけ、祭礼番附と照合させながら繰り入れに立ち会い、跡番は徒目付の指示を受け、神主繰入後を取り締まった。その後、行列が茅場町の御旅所に到着すると一旦小休止となり、榊・神輿が御旅所から出ると、彼らは再び行列を取り締まった。そして榊・神輿が帰社すると、先番・跡番はそれぞれ下役の同心が町奉行所に届書を差し出して一連の任務が終わるのであった。なお、御雇祭として太神楽と独楽廻しが出た場合には、月番から与力一名と同心二名が出て、太神楽・独楽廻しを残らず召し連れ、田安門外で徒目付に引き渡すことになっていた。

神田祭については、山王祭ほどの大掛かりな内容ではないが、祭礼当日、繰出出役は明け六ツ時（午前六時頃）に神田明神社内に罷り越し、練物の繰出に立ち会う。そして繰入出役は田安門外に罷り越し、徒目付に対面の上、目付衆の案内にしたがって門内に榊・練物を繰り入れた。一方、繰出出役も繰出後は田安門外に罷り越し、共同で繰り入れに当たり、繰り入れ後は下役の同心が届書を差し出すことになっていた。神田祭礼出役はここまでで、帰社まで見届ける義務はなかったものと考えられる。なお、御雇祭はこちらも田安門から入ることになっていて、山王祭同様の配置がなされた。

なお、両祭礼とも他に神輿・附祭・御雇祭の付き添いや、御三卿の一橋家上屋敷で見物のために設けられた物見所と、隣接する一橋門外の取り締まりは同心だけで行っていた。

ちなみに、赤坂氷川明神の祭礼では、将軍上覧がなく、祭礼行列が城門をくぐることがないものの、南北の与力各四名、同心一〇名が出役を務めた。彼らは明六ツ時に氷川明神別当大乗院方に罷り越し、練物の繰り出しと神輿の通行が済むと後を取り締まり、神輿の帰社後に与力はその場を引き取り、下役の同心が届書を差し出すという流れであった。

4 城門の警備

江戸城には内堀・外堀それぞれに城門（見附）が設置され、十八世紀以降はそれぞれの門番を大名あるいは大身の旗本が基本的には二家一〇日交代で担当した。

城門ごとに担当する門番の格が異なっていたが、門番の職務もまたマニュアル化されていたのである。それらに共通しているのは、①門の開閉と通過者の確認、②門内外の掃除や空間の管理、③将軍や外交使節が出入りする儀礼の場の維持、④火災発生時の防火などであった。

門番を拝命した大名たちは家臣に命じて城門に詰めさせたが、その際に前任の大名家から図面などを引き継ぐことがあった。こうして書き写された図面をみると、城門によっては祭礼時の取り締まりが重要な役目であることに気付かされる。山王・神田両祭礼などは行列が多くの城門を通過するため、道の整備や行列の円滑な通行と、見物人などの通行規制を入念に行う必要があったのである。

例えば、登城の際の出入口として重要な機能を果たしていた大手門は一〇万石以上の譜代大名が務める役で、枡形と門の出入を管轄し、門内の内腰掛から門外の外腰掛の範囲を持場としていた。山王祭・神田祭の行列が付近を通行する際には、大手門から門外の外腰掛周辺を通行止めとしていた。

また、神田橋門は七万石程度の外様大名などが務める役で、守衛人数は七〇人と定められていた。両祭礼ともに行列が竹橋門から一橋家の前を通り、神田橋門手前を横切って常盤橋門を出るというルートをたどる（この部分は山王祭も同様）ため、神田橋門を通行止めとしていることがわかる。

門番を務めた藩士のなかには記録を残している者もいて、ここでは文政五年（一八二二）四月から一年間神田橋の門番を担当した但馬出石《いずし》藩（仙石家）の徒目付相原半蔵の職務日記を取り上げてみたい。

この年六月十五日の山王祭当日は、早朝明け六ツに藩主仙石政美《まさよし》以下そろって神田橋の警備につくことになっていた。そのため、家老・用人・番頭・留守居など重役はその少し前に神田橋に詰めていたのである。両祭礼で同藩の番士・徒・徒目付は門番のほか、見附に隣接する一橋家からの依頼もあり、山王祭のときは一橋家上屋敷周辺の往来や堀端の見廻りを、神田祭の時は同所に詰めて警備に当たることになっていたようである。

見附内の番所には藩の重役の面々が詰め、神輿が神田橋門近くを通る際には、藩主はこのうちの西番所で行列を見送ったのであった。相原半蔵はこの時西番所の警備に当たっていたようで、神輿が夕方七ツ半頃（午後五時頃）に通過したあと、藩主は藩邸に戻ると、番所に詰めていた役人たちに酒が振舞われ、彼らも日暮れ時に引き上げている。

藩主や重役たちがそろって姿をみせたのは、祭礼の巡行路周辺を固める重要な局面である一方で、右の動向から、彼らは警備にかこつけて祭礼見物をしていたことを示していよう。山王祭・神田祭ともに、巡行路周辺の見附警備の各大名家では、当日はいずれもこのような実態だったと推測されるのである。

三　祭礼を取り巻く人々

1　氏子以外の参加者

将軍の上覧という特別の待遇を受けた山王祭・神田祭は、当然のことながら盛大な巡行行列を仕立て、それが多くの人々の見物対象にもなったが、行列の参加者は単に両社や氏子町の人々だけではなかった。まず、それぞれの神領の人々が挙げられる。先述のように、山王権現は六〇〇石の神領をもっていたが、堀之内村などは名主・組頭らが才領として出向き、村人から稚児や水汲み人足、床几持ち・茶弁当持ちなどの人足を出すことになっていた。また、行列の先頭を彩る榊も堀之内村から提供されていたといわれる（河内全節『麹町略史稿』）。

また、両祭礼の巡行行列には、附祭・御雇祭を通して氏子町以外からも多数の参加があった。それは祭礼番附に記された芸人・練り子の居所からうかがうことができる。すなわち、附祭の出し物のうち、仮装する少女や、浄瑠璃・三味線・太鼓・小鼓・笛・長唄には、浅草・下谷・本郷・駒込・赤坂・本所・深川など、本来の氏子町とはまったく関係ないところに住む者が少なくないのである。

両祭礼で取り締まりのために作成された祭礼番附から出演者を詳しくみていくと、各演目ごとに「〇〇之形《なり》」などと表記される仮装をした女性と、浄瑠理語・三味線引・笛・太鼓・鼓類などの演者とに分かれる。女性は踊りをともなうことも多く、彼女たちだけは年齢が明記されている。彼女たちはしばしば「踊子供」と表記される十代の女性を中心とし、これに「後見」として年長の女性が加わることも多く、姉妹での参加や、後見の女性が母親という場合も多いのが特徴である。また、踊り子のなかには一部に芸名をもつ女性がいて、附祭で仮装や踊りを披露する女性たちは師匠について芸事を学ぶ素人か、それに近い女性から選出されていることがうかがえる。

表6　嘉永4年（1851）の神田祭における附祭の芸能構成

年番町	演　目	担当	人　数	請負人
蝋燭町 関口町	紅葉の学	浄瑠璃 三味線 囃子方	常磐津文字美代＋4人 常磐津文字広＋2人 6人	中村金枝
	仕丁の学、地走	浄瑠璃 三味線 囃子方	清元寿摩太夫＋3人 清元市太郎＋2人 6人	中村金枝
	仕丁の学、踊台	浄瑠璃 三味線 囃子方	富本豊前掾＋3人 名見崎友次＋2人 清住長五郎＋5人	中村金枝
新石町一丁目	猿田彦仕丁楽人の学	浄瑠璃 三味線 囃子方	常磐津佐喜太夫＋3人 常磐津文字八＋3人 7人	中村金枝
	鹿島踊の学、地走	浄瑠璃 三味線 長唄 三味線 囃子方	清元家内太夫＋3人 清元一寿＋2人 杵屋若安、杵屋たき 杵屋六琴、杵屋琴吉 7人	駿州屋善兵衛
	神代岩戸の学、踊台	長唄 三味線 囃子方	芳村孝次郎＋3人 杵屋六三郎＋3人 住田勝次郎＋6人	松賀於藤 清元福寿太夫
横大工町	春の学、練物	浄瑠璃 三味線 囃子方	清元美代太夫、巴満太夫、喜代寿太夫 清元順三＋2人 6人	清元佐登美太夫
	夏の学、地走	長唄 三味線 囃子方	松永鉄五郎＋3人 杵屋六蔵＋2人 6人	清元佐登美太夫
	秋冬の学、踊台	浄瑠璃 三味線 囃子方	常磐津三登勢太夫＋3人 岸沢金蔵＋3人 7人	藤間たつ

註：「神田明神祭礼御用留」（神田神社所蔵）、『藤岡屋日記』第34巻より作成。

一方、他の演者のほうはいずれも男性で芸名をもち、「清元」「住田」「望月」など各流派の姓を名乗っている。彼らには年齢の記載がなく、師弟間・同門間で同居している場合もしばしばみられ、いわばプロの人々が多いと考えられる。

両祭礼の附祭がこのような氏子町以外の地域から参加者を集める背景には、附祭の出し物を請負人に委託する実態があった。附祭の芸人・練り子たちは、請負人によって選抜されたため、江戸の各地から集められたといえるのである。

そこで嘉永四年（一八五一）の神田祭の附祭についてみると、この年の附祭は蝋燭町と関口町の合同と、新石町一丁目・横大工町の合計三ヶ所が担当していた。この時は一ヶ所につき三品の出し物があったが、それぞれの出し物ごとに請負人が定められ、担当ごとに芸人や練り子が集められるという構造になっていた（表6参照）。この年の場合は、請負人は中村金枝が複数の出し物を掛けもちして担当しているほか、出し物によっては二人の請負人が共同で担当することもあったことがわかる。

請負人は日頃江戸三座などで芝居の演出などに関わる者たちであると考えられ、彼らは日頃の人脈を通して人員を調達した。その一方で、参加者はプロばかりではなく、師匠の推薦で多くの素人も加わっていた。それゆえ、附祭に参加することは、一つのステータスにもなったわけである。請負人や芸能者にとって両祭礼が重要な場面だったことは、嘉永三年（一八五〇）の山王祭に際し、山下町名主伊左衛門が請負人に対して多分な金銭を要求し、町奉行所に訴えられた事件が発生していることでもうかがえる。附祭の請負人の選定には金銭的な問題も絡んでいたのだろう。

天下祭はこうして氏子以外にも広くハレの舞台を用意したという点で、江戸の芸能を活性化させる機能があったといえよう。

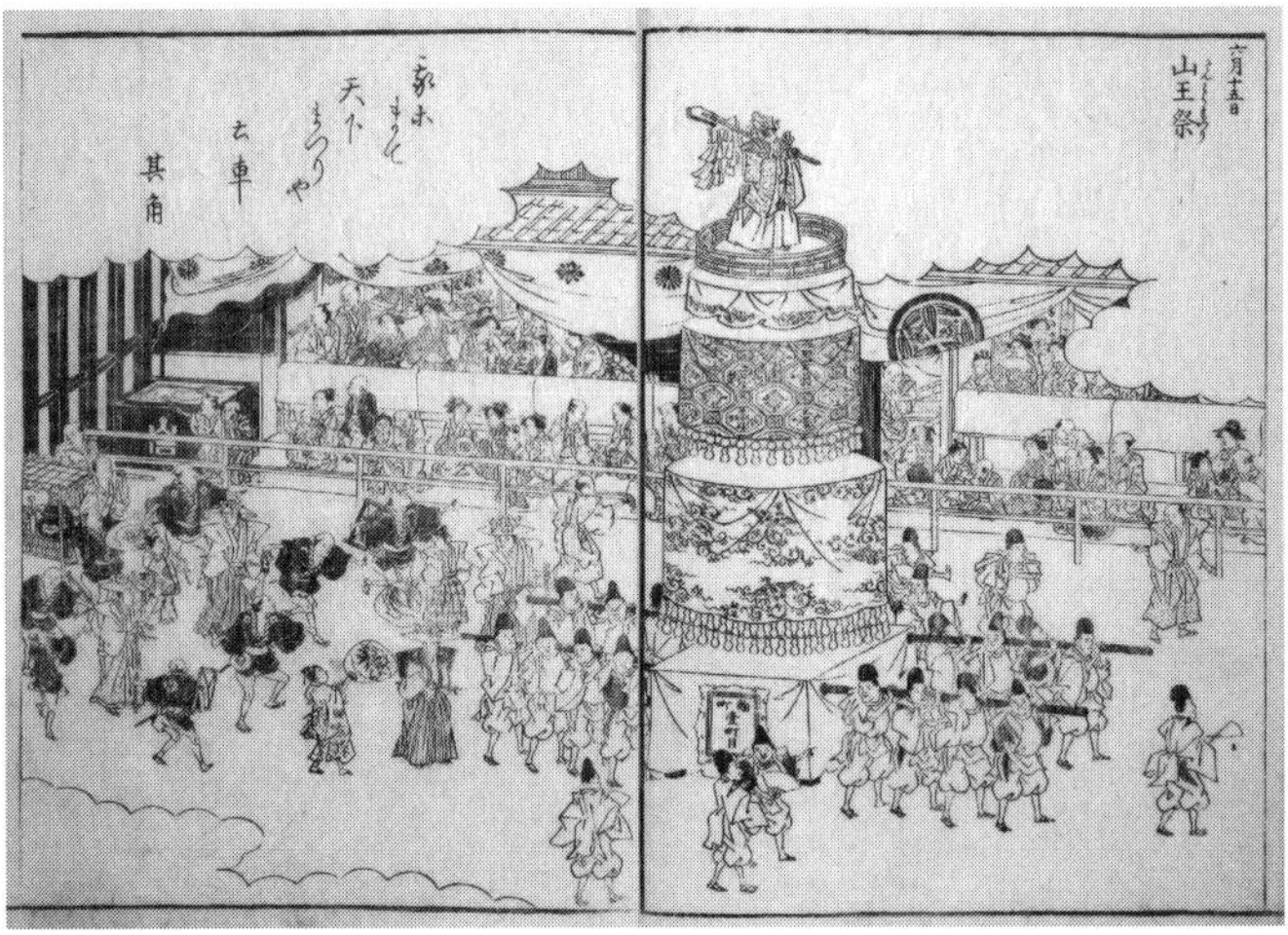

図 16　麹町猿の山車の巡行（『江戸名所図会』）

2　見物する人々

祭礼にはとりわけ庶民が熱狂しやすいとの指摘は、同時代の記録類に頻繁に散見される。例えば、松浦《まつら》静《せい》山《ざん》は平戸藩主を引退後に記した随筆『甲子夜話』において、「歎ずべきは、軽賤の者祭礼用意の衣服等の料に支ゆるとて、妻娘を妓に売こと頗る有と聞く。」と述べている。こうして参加者が熱狂する一方で、山王祭・神田祭では、巡行ルートに当たる町々で通り沿いに店を構えるところでは、屏風を立てて桟敷席を設け、知人・得意客や親族を招待して見物することが多かった。

図16は山王祭の麹町一丁目の猿の山車が氏子町を通過する光景を描いたもので、このように巡行路に当たる商家などでは、両祭礼の日は商売を休みにし、桟敷席を設けて、ここに招待された親戚・知人や贔屓客の見物で賑わった。町触では、桟敷席で金屏風を立てることや、前日の宵宮（夜宮）から三味線を弾き酒盛り

をすることなどをたびたび禁じていることから、こうした桟敷席では宴席のような盛り上がりをみせたことがわかる。

祭礼見物の一例として、ここでは曲亭馬琴（滝沢馬琴、一七六七〜一八四八）の場合を取り上げてみよう。馬琴は文政七年（一八二四）、それまで住んでいた元飯田町中坂下の家を娘夫婦に譲って分家させ、以後は神田明神下の同朋町に妻のお百と長男の宗伯（興継）とともに居住していた。馬琴としては神田明神は至近距離にあり、神田祭の賑わいを間近でみることができた一方、元飯田町は山王権現の氏子町であり、神田祭の行列が中坂を巡行する重要な位置にあった。

馬琴の書き留めた日記によれば、文政十二年（一八二九）の神田祭では、宵宮の九月十四日には「夕七時過より小雨となり候間、宗伯、おみ（おみち）・太郎同道ニて、飯田町宅江罷越。神田祭礼見物の為也。お百・かねも付添、罷越。夜ニ入、五時前帰宅。宗伯・おみち・太郎ハ、飯田町宅江止宿ス。」と記し、神田祭見物のため、一家で元飯田町の分家に出かけ、馬琴は夜帰宅したものの、宗伯たちは泊まっている。そして翌十五日には「正六時前より家内起出、朝五時過よりお百并ニかねを飯田町宅江遣ス。為神田祭礼見物也。」とあるように、早朝から妻のお百とかねが見物のために分家に出かけている。また、「今朝、お鍬も祖太郎を携、清右衛門方へ向、祭礼見物ニ罷越候よし也。いづれもしつくひやにて見物のよし。同所江樹木の梨子、遣之。清右衛門方より赤飯・煮染物等到来、かね持参ス。帰宅後、お百手伝ひ、おみち、今日大丸より持参の反物、裁之。吉日なれバ也。」として、渥美家に嫁いだ娘お鍬が息子を連れて分家宅を訪れ、皆で近くの漆喰屋で祭礼行列の見物をしていることがわかる。そして赤飯や煮染物などで祝い、宗伯の妻おみちは吉日だからということで、大丸に注文した反物の裁断をしている。

また、天保三年（一八三二）は山王祭の附祭の年番町に元飯田町が当たっているため、六月十三日にお百が宗伯・太郎たちを連れて分家宅を訪れ、この日行われた附祭のお披露目を見物している記事がみえる。

このように、神田祭・山王祭の巡行路付近の家々は、親戚や知人を招いての見物の場と化すのが祭礼当日前後の一般的な光景だったといえよう。

一方、大名屋敷の前を通行する際にも、祭礼見物の場面があった。行列は将軍一族の田安・清水・一橋の御三卿の各屋敷前を通るため、それぞれに上覧所が設けられた。また、十一代将軍家斉の子女はさまざまな大名家に嫁いだが、そのなかで上屋敷が巡行路に当たる家々では、屋敷の一角に物見所を設けた「透《すき》見《み》」が行われた。これも上覧に準ずる意味をもったが、他の大名家でも物見所を設けることがあったようである。祭礼行列はこうしたところに差し掛かると、そのつど所望に応じて芸を披露していたため、行列の進行は遅れがちだったという。

江戸には大名屋敷が集中していたが、藩士たちのなかには、祭礼に強い関心を寄せる者も少なくなかった。芝愛宕下に上屋敷、三田に中屋敷を構える伊予松山藩に仕えていた内藤鳴雪（一八四七〜一九二六）は、大正期に幕末時代を回顧して、「その頃盛んな山王神田祭などは、人が雑沓するから、もし事変に出合って藩の名が出るといかぬというので、とくに外出を禁ぜられていた。そこでこの祭をみようと思う時には、病人があるから医者へ行くと称して、門を出たものである。……だから祭の日などは俄に邸内に病人が殖えた。」（『鳴雪自叙伝』）と述べている。このように、ほとんどの藩では藩士の祭礼見物には制限を設けていたが、口実を作っては外出し、天下祭の見物をしていたことがわかる。

これについて、紀州藩の下級藩士酒井伴四郎は、江戸に単身赴任中の万延元年（一八六〇）六月十四日、同僚らと麹町辺りに見物に出かけている。これは宵宮と思われ、伴四郎は日記に「其賑ひ和歌御祭礼ゟ三倍増之賑ニ而誠ニ驚目計也」（「江戸江発足日記帳」）と記し、山王祭の規模や、見物客の目を驚かせるような豪華な飾り付けなどに驚いている。この日、紀州藩邸では、長屋の物見に藩主茂承《もちつぐ》の正室（伏見宮邦家親王第八王女）の見物があり、芸人や踊り子たちが呼ばれて芸を披露すると、一組ごとに菓子が下賜されている。赤坂の藩邸の門外には見物の人だかりができ、伴四郎たちも麹町から帰ると、門外で見物している。こうした芸の披露は日の暮れた六ツ時まで行われたという。そして祭礼当日も伴四郎たちは赤坂・四谷・麹町周辺を見物しているのがわかる。

このように、天下祭に関して武家は、上覧所の将軍をはじめとする見物を核として、警固─取り締まり─見物という三層構造で直接的・間接的に祭礼と関わっていたといえよう。実際に巡行行列は道を曲がる、坂を上がる、見附の城門をくぐるといった場面が難所であり、同時に見せ場でもあった。そして、錦絵にも行列が武家屋敷周辺や城門を通過しようとする場面が多く描かれている。このように、武家が注目する祭礼において、江戸の町人主体で構成される祭礼行列は、武家社会にその存在を主張するべく意識されていたことを物語っている。

3　鳶と若者

祭礼の場はその盛り上がりゆえに、しばしば喧嘩が巻き起こる場でもあったが、こうした場面に鳶と若者という二つの大きな存在があった。

町火消などで活躍する鳶は、祭礼では山車の組み立てや行列の警固に参加し、木遣を唄う役割を果たしたが、「若者」あるいは「若イ者」などと呼ばれる町内の職人層・小商人層の青年を中心とする組織は、氏子町の青年組織としての性格を併せもち、行列が巡行する際の町方の警備などにあたった。

両者について、ここでは本書でたびたび取り上げている嘉永四年（一八五一）の神田祭の事例をみてみよう（『藤岡屋日記』）。この年九月九日、永富町四丁目の若者頭で屋根屋の巳之助は蠟燭町の山車小屋の屋根を葺き、神田鍋町の鳶金太郎は町内へ山車小屋を掛けていたが、巳之助が金太郎に冷やかしの言葉を浴びせたことをきっかけに、両者は口論となり、喧嘩に発展した。また、蝋燭町の飴屋の息子は町内の若者数名とともに酒三升を携えて鳶の頭へ挨拶に行ったところ、量が少ないといって突き返されたため、やはりここでも喧嘩となった。どちらも同じ地域での喧嘩ということもあって、東神田の鳶の者が加勢して意趣返しに巳之助ら若者宅を襲撃するなど大混乱となった。

同様の喧嘩は十五日の祭礼当日にもあって、獅子頭を担いで通行する大伝馬町の鳶の者たちの木遣が下手だと小網町若者が悪口を言ったのが発端となり、夕暮れ時に鳶の者たち十四、五人で小網町一丁目裏通りで若者頭「川一」が経営する寄席を襲う事件が起こっている。

右の事件は神田祭に主体的に参加する鳶と、見物人である若者との衝突であり、ここに祭礼の参加者と見物人という異なる立場での、両者との競合関係が明瞭に見出せるのである。

このほかにも、大工や鳶が経営する寄席に鳶・若者の他に役者・芸人などが出入りしている記事がしばしばみられることから、彼らの日常的な相互交流がうかがえるとともに、その多くは寄席など室内文芸の社会を舞台にしていたことがわかる。彼らは後述の花会《はながい》・名弘会《なひろめかい》や寄席を舞台にネットワークを構築し、それらの発現の場が山王・神田などの祭礼であったのではないかと考えられる。

以上みてきたように、江戸には家持・町役人のような町の構成員の主軸を担った上層町人と、彼らが「中人以下」と把握する中下層民の世界とが存在し、こうした文化の多重構造が最も可視化されるのが、天下祭の情景であった。そして中下層民内部でも鳶と若者のように、祭礼を自己文化の表現の場として競い合う特質がうかがえるのである。そしてまた山王祭・神田祭は江戸全体を巻き込む大規模な祭礼であるがゆえに、見られることを強く意識した行列のパフォーマンスが繰り広げられ、それが江戸の町人世界の文化を象徴する祝祭行事となったのである。

四　室内文芸の発展

1　名弘会・花会

十八世紀後半の宝暦～天明の頃になると、文化発信の中心がそれまでの京都・大坂を中心とした上方から江戸へと移り、それにともなって「江戸ッ子」という土地に根ざした独特の気質や、「いき」という洗練された美意識があらわれ、これが文化・文政期（一八〇四～三〇）に定着した。芝居・寄席・音曲などの遊芸文化にこの精神が反映され、衣装や小道具、さらには細かな行動様式にまで江戸趣味の遊び心が浸透していった。

前述のように、天下祭などの附祭では、踊り・三味線・浄瑠璃・長唄・太鼓・小鼓・笛など芸能要素が豊富に取り入れられ、江戸全域から参加者を受け入れている。その背景には、町人を中心とした氏子社会に芸能が浸透していたことが挙げられる。前述の鳶と若者の喧嘩の事例でみたように、寄席は町内の若者や大工が経営する場合も多く、寄席をめぐる世界が祭礼とも近い存在であることを示唆している。

さきに述べたごとく、嘉永四年（一八五一）の神田祭の附祭のうち、横大工町の演目「春之学」と「夏之学」は、清元佐登美（里見）太夫が請負人となっていた。佐登美太夫は三河町四丁目裏町に住む浄瑠璃語りの師匠で、町名主斎藤月岑の管轄町内の住人でもあった。それゆえ、月岑の日記にはしばしば佐登美太夫が登場する。

例えば、天保十二年（一八四一）は神田祭の年で、改革による規制の厳しいなかで実施され、附祭は七月九日に行われたくじ引きによって、雉子町・岩井町・佐久間町が担当と決まった。こうして月岑の住む雉子町が附祭の請負人を選定することになったわけだが、翌十日に月岑はさっそく自宅で佐登美太夫に会っている。そして十五日には「夜、豊前太夫祭礼頼ミに来る、町内はさとミ太夫受負に極り候ニ付、翌日断る」（『斎藤月岑日記』）とあるように、知人の富本豊前太夫（三代目、一八〇五〜七六）が売り込みに来たが、月岑の町ではすでに請負人を佐登美太夫に依頼していたため断っている。これによって附祭の請負人は担当町ゆかりの者か、こうして交友関係をもとに自ら売り込みに来る者に委託するのが基本的な構造だったことがわかる。

佐登美太夫はすでに天保四年・六年の神田祭の時にも関わっていたことが月岑の日記から判明する。月岑との交際は深く、慶応四年（一八六八）六月十五日には山王祭が延期になったこととともに、「里見太夫留守中来る、七十八才ニ相成壮健之よし」と記し、翌明治二年九月十四日に神田祭の宵宮があった夜に月岑宅を訪れ、同三年閏十月十五日に佐登美太夫宅で「八十才年賀の会」が開かれた際には月岑はこれに列席している。

月岑との交流は祭礼の折ばかりではなかった。慶応三年七月三日の記事には「新キ無尽取立、四丁メうら町佐登美太夫宅ニ而会合也、久保氏厚世話ニ而出来」とあって、平永町名主の久保啓蔵が世話人となり、新たに発足した無尽の会合を佐登美太夫の家で開催しているのである。無尽は頼母子ともいい、一定の口数を定めて加入者を集め、一定の期日ごとに各口について一定の掛金を出させ、一口ごとに抽選・入札によって所定の金額を順次加入者に渡す方式でお金を融資するもので、公平を期するためにくじ引きが用いられることが多かった。佐登美太夫の自宅がこうした会合の会場となることを考えれば、日頃から芸事の集会をここで開いていたのではないかという推測ができる。

それを物語るように、安政四年（一八五七）三月十三日には「佐登美太夫名弘会」、文久二年（一八六二）三月八日に「朝八丁堀へ行、佐登美太夫娘延うら名弘会届也」、同月二十日に「さとミ太夫娘延うら名弘会、官之介とまる」と記載がみられる。名弘会とは芸能の世界で襲名披露をするにあたり、関係者やひいき筋を集めて宴を催すことをいい、佐登美太夫は安政四年三月にこれを開いたほか、文久二年三月に娘が「清元延うら」を襲名する際にも開いており、この時月岑の息子官之介が佐登美太夫宅に泊まっていることから、会は夜更けまで行われたのだろう。

右の記述で月岑が名弘会を行う前に八丁堀、すなわち町奉行所の与力同心の組屋敷を朝の出勤前に訪ね、届出をしていることに注目したい。幕末ではこのように町内の住人が名弘会を開催するに当たっては、事前に所轄の町名主が町奉行所の役人に届出を行い、承諾を得る必要があったのである。その背景には幕府がたびたび町触を出してこれを取り締まってきた経緯があった。

すなわち、古くは寛政八年（一七九六）二月、深川御船蔵前町の徳兵衛の長屋に住む牛右衛門の娘いねが名弘会を開催し、その際に配った摺物が華美に過ぎるとして町奉行所内で問題となり、以後は浄瑠璃指南の女子たちが名弘会の際に高額な制作費を投じて摺物を作ったり、派手な摺物を配ることを禁じる内容の町触を出している。また翌年二月には、長唄・浄瑠璃の師匠や講釈師などの名義を借りて素人が主催者となって金銭を取り集めている実態があるとして、これを禁じている。そして文政元年（一八一八）の町触では、「諸芸人書画活花詩歌連俳等致候者」に摺物や口上書を配り、料理茶屋や水茶屋などを借りて集会する際にはあらかじめ届出を行い、不正がないかどうかの確認をすることと定められている。さらに同七年六月に町奉行所は、花会と名付けて知人でもない者にまで摺物を配り祝儀を集める世話人がおり、彼らは断る者には嫌がらせをするため、多くの者は渋々祝儀を出しているという現状を取り上げ、南町奉行筒井政憲から町名主たち一同に厳重に申し渡しがあった。

こうした点を整理すると、江戸の町人世界では十八世紀末頃には書・画・詩歌・俳句・長唄・浄瑠璃・踊りなどの世界で流派の固定化が進み、その結果師匠が弟子に芸名を授け、授けられた弟子は襲名披露の集まりを自宅かあるは料理屋・水茶屋を借りて行う名弘会が広まった。その際事前に会の告知と襲名の挨拶文などに絵を加えてデザインを凝らした摺物を作成し、関係者に配布したのだが、摺物が手の込んだ派手なものになり、祝儀の強要や、名弘会を装った素人の集会になる実態がしばしばあったため、町奉行所では再三にわたってこれを禁じ取り締まってきたのである。

このうち前者の摺物の件については、私的印刷物の展開という点で後述の千社札のうちの連札に近いものとなっていくことが指摘できる。また、後者については、これを町奉行所側では花会に類似したものと捉えていることがわかる。花会とは、職人や博徒などが仲間から金を集めるために催す会合を指し、幕府はこれを問題視して繰り返し厳しく取り締まってきた。鳶や町火消同士の喧嘩なども、こうした会合を舞台に行われることがあり、名弘会や書画会がこうした花会に似たものに変質していくことに対し、これまで一貫して徒党を組むことを禁じてきた幕府は危機感を募らせていったのである。

十九世紀の江戸町人世界においての集会というコミュニティの発展は、このような危険的要素を孕みながらも、芸術や芸能といった室内文芸の披露の場として機能し、師匠を核とする「習い事文化」の発展をもたらした。その最大級の披露の場面が天下祭など大型祭礼の附祭である一方で、日常的には寄席が室内文芸の普及に大きく貢献していたと考えられる。

2　寄席の発展

寄席については、式亭三馬の『落話中興来由』（文化十二年刊）の序文に「浄瑠璃・小唄・軍書読み・手妻・八人芸・説経・祭文・物まね尽しなどを業とする者を宅に請じて席の料を定め看客聴衆を集る家あり、此講席、新道・小路に数多ありて、俗に寄セ場或はヨセと略しても云ふ」と端的に紹介されているのが参考になる。すなわち、江戸の寄席は席料・木戸銭を定めて諸芸を披露するもので、表通りというよりも、町なかの横丁などに多かった。そしてこれらを当時は「寄せ場」とか「ヨセ」などと呼び、「寄」や「寄席」

「寄場」と表記された。

興行場所は当初茶屋の二階などを借りて夜間だけ行うのが一般的だったが、文化期（一八〇四～一八）に定席という専門の場所ができた。建物の構造については、『守貞謾稿』によれば、「江戸の寄《よせ》は履《はきもの》をぬぐ料の間、入口内にあるのみ。その他は床なり。また市中にあるものは二階屋にても下にてこれを行ふもあり。あるひは下を住居専らとし、二階を寄の場に造りたるも多し。」とある。このように入口が狭く、町家の一部、ことに二階を寄席にすることも多かったようだ。また、寛政～天保期（一七八九～一八四四）の世態の推移を書き留めた『寛天見聞記』によれば、「芝居休の頃の二町まちの茶屋の二階又は広き明き店など、五六日づゝ借受て咄す事也し」とある。二丁町とは天保の改革以前まで堺町・葺屋町にあった芝居町のことをいい、中村座・市村座・森田座のいわゆる「江戸三座」とそれに付属する芝居茶屋などがあった。この芝居茶屋の二階や、町なかの大きい空き家を五～六日ほど借りて興行していたというのである。

営業時間については、『守貞謾稿』に次のような説明がなされている。

三都ともに昼は午の刻半に始め申の刻に畢り、夜は暮六つ半より四つ時に終るなり。これも大略のみ。けだし寺社および京四条川原、大坂なんば新地、江戸両国等のものは昼のみにて、昼午前より始め二、三度銭を募るもあり。またかくのごときの席は、多くは昼のみにて夜講は行はず。

ここでは三都の寄席について述べられているが、現在の時刻にして午後一時頃から四時の昼の部と、午後七時から十時の夜の部という昼夜交代の二部構成が基本だったようで、江戸の有名な盛り場である両国などは昼の部のみであり、なかには午前中に始めて夜の部は行わないところもあったという。これについて、堀江町四丁目に生まれ育ち、のち明治・大正期に紡績業で活躍した実業家鹿島萬兵衛（一八四九〜一九二八）は『江戸の夕栄《ゆうばえ》』で次のように述べている。

江戸の兄イ株の中以下の教育には、講釈師先生に負ふところ大なりと思ふ。まづ魚河岸、青物市場等には昼前に忙しく、昼後《ひるすぎ》には用少なき家業多くあり。これらの人々は湯屋の二階、髪結床の奥にて平《へ》凡碁《ぼ》、平凡将棋を戦はして日を消すか、しからざれば講釈の昼席定連として、お家騒動または武勇伝、義士、銘々伝、幡随院長兵衛・国定忠治等の侠客伝記、甲越軍記・太平記・太閤記・後風土記真田三代記その他の歴史戦記を聞きて、自然に自分長兵衛になり助六に任じ、弱きを助け強きをくじくという江戸ッ子気を養成させるなり。

ここでは軍書講釈の事例を紹介しているが、他の演芸全般にいえることで、昼までに仕事を終えてしまう魚市場・青物市場の人々などは、午後の時間の有効活用として寄席に足を運ぶ者が多かったとしている。ここで「中以下」とあるのは、「中人以下」という表現と同様で江戸の庶民層を意味し、なかでも彼らを「兄イ株」と評していることに注目したい。元来「兄イ」とは、勇み肌の若者を指して用いられた表現で、こうした人々の他に、鳶や若者といった祭礼への関心が高く、江戸の祭礼文化を支えていた人々とも共通した気質をもっていることがわかる。この点は後述の千社札の支持層とも重なり、室内文芸の世界が「江戸ッ子」気質を培う機能を果たしていたことを物語っている。

図 17　幕末の寄席（『粋興奇人伝』）

図17は幕末の寄席の夜の部の光景を描いたものだが、観客の年齢層は子供から中高年までと幅広く、そして女性の姿もみえる。ここでも江戸町人のうち、庶民層が多い印象を受けるが、なかには地方から江戸にやってきた村役人や、参勤交代で江戸屋敷詰となった藩士も出入りしていたようである。また右の記述から、寄席は江戸庶民がなじみ深い湯屋の二階や髪結床の奥が娯楽や社交の場だったことと通じることがわかる。

前掲『江戸の夕栄』では江戸の寄席について、代表的な場所を紹介している。それによれば、町方の寄席には京橋常盤町「左の松」・日本橋瀬戸物町「い世本」・神田龍閑橋「りう閑」・外神田藁店「藤本」・日本橋万町「一力亭」・日本橋木原店「木原亭」・江戸橋四日市町「土手蔵」・茅場町「宮ま津」・今川橋「山のゑ」・四谷忍原横町「おし原」・音羽「目白亭」・下谷金杉「竹の内」・霊岸島「川はた」・数寄屋河岸「山本」・下谷広小路「三橋亭」・三田春日「春日亭」・本郷四丁目「あらき」・浅草広小路「ひろ本」・浅草南馬道「西の宮」・下谷池端「吹抜」・大伝馬町赤岩横町「清川」・尾張町「石川」・麹町四丁目「万長」・赤坂一ッ木町「一ッ木亭」・芝土器町「万寿亭」・芝神明前「松本」・深川三角屋敷「古山亭」が挙げられている。また軍書講談を行う軍談定席には、浅草御門裏「太平記場」・銀座一丁目横町「喜代竹」・矢大臣門内経堂弁天山「定席」・京橋大根河岸「都川」・下谷広小路「本牧亭」・下谷池端「松山亭」・今川橋「染川」・神田小柳町「小柳亭」・芳町「中川」・江戸橋四日市町定席・中橋埋立「松川」が著名だったようだ。

これらの寄席は江戸橋四日市町・下谷広小路・浅草広小路・芝神明前といった江戸の盛り場のほかに、神田・日本橋・京橋にも広く展開していることがわかる。とくに後者は天下祭の氏子域が広がる地域であり、赤坂一ッ木は赤坂氷川明神の氏子町である。そして、今川橋の「山の𛀁」は、斎藤月岑が周辺の町名主と日常業務や神田祭の打ち合わせで頻繁に利用する料亭でもあった。こうしたことからも、祭礼を支える人々が寄席という室内文芸の場を交差していたことがうかがえよう。

また、寄席では中入りに売り子が茶や菓子を売りに来たほか、くじを売りに来たという。江戸では十九世紀初頭から室内でくじを用いた賭博が盛んに行われていたが、室内文芸の発展した幕末の弘化四年（一八四七）、町奉行所は市中の寄席で景品を入口などに飾っておいて、各席でくじを引かせる行為をしている噂があるとして、取り締まりを命じる町触を出しているほどである。

寄席の演目には軍書講釈や落し咄（落語）のほか、手妻（手品）・物まね・曲芸や、長唄・浄瑠璃といった演奏芸などが含まれ、後者の諸芸は「色物」と呼ばれて、盛り場や寺社の境内で行われていた宮地芝居・小芝居をより簡略化・大衆化したものとして人気があった。

三田実相寺門前家主勘助経営の寄席は延享二年（一七四五）創業で、天保改革の際にはこれが当時現役の寄席のなかで最古とされていた。落語が盛んになるのは、烏亭焉馬《うていえんば》が向島料亭武藏屋で咄の会を開催した天明六年（一七八六）以降のことで、文化十四年（一八一七）には両国広小路に初代林屋正蔵（五代目からは「林家」と改称）が寄席を開いたといわれる。江戸の寄席は文化十二年（一八一五）に七五軒あったといい、その後文政末頃（一八三〇年頃）に一二五軒、天保改革直前（一八四〇年前後）には二一一軒に増加していった。

天保十三年（一八四二）二月十二日、町奉行遠山景元は、老中水野忠邦による江戸市中の取り締まり強化の方針にともない近年寄席が激増し、違法な女義太夫などが上演されていることが江戸の風紀を乱しているとして、寄席を規制する方針を打ち出した。今後町方では古くからある一五の寄席のみ営業すること、演目は神道講釈・心学・軍書講談・昔話の四種に限定すること、茶汲み女など寄席への女性の出入りの禁止、三味線・笛・太鼓など音曲を交えた口演の禁止といった条目が定められ、同日中に江戸市中全体に伝えられた。その後一五の寄席は店先に公認の看板を掲げ営業を始めたが、それ以外は営業停止となった。

この規制が出されるまでには、老中水野忠邦と町奉行遠山との間で熾烈な意見の対立があった。すなわち、前年の十一月、水野は江戸市中における風俗の是正を遠山に命じ、遠山はさっそく女義太夫をはじめとする一〇項目を挙げ、厳しく規制または禁止する旨を報告したところ、水野は寄席も規制するよう指示を出した。これに対し遠山は、それでは今まで寄席に出ていた芸人達の多くが失業し生計が立てられなくなるほか、江戸庶民にとっての数少ない娯楽を奪うことにもなり、かえって治安悪化につながると、極端すぎる水野の規制方針を批判したという。さらに遠山は寄席には演目次第で人々に勧善懲悪を教える良い効果もあると説いた結果、江戸で最も古い三田実相寺門前の家主甚助の寄席をはじめとする一五軒のみを公認とするかたちで落着をみたのである。こうして江戸の寄席は遠山の抵抗で限定的に守られたわけだが、しばらく冬の時代が続くこととなった。

この時許可された町方の一五軒は表7の通りである。専業が多いが、町火消が経営する寄席もみられる。なお、両国橋水防助成地内

開業年代	備　考
延享2年（1745）	天保13年に父甚助より家業を受け継ぐ。
宝暦年間（1751～64）	
明和年間（1764～72）	室町一丁目家主であり、元四日市町に寄席を経営。
天明年間（1781～89）	
天明年間（1781～89）	
寛政年間（1789～1801）	
寛政年間（1789～1801）	小太郎は父七右衛門より天保13年2月に家業を受け継ぐ。
寛政年間（1789～1801）	
寛政年間（1789～1801）	後見栄次郎。
享和年間（1801～04）	嘉兵衛は火除明地内御用木植付方地守。
文化年間（1804～18）	
文化年間（1804～18）	長兵衛は町火消五番組頭取。
文政年間（1818～30）	
天保年間（1830～44）	
天保年間（1830～44）	与助は町火消十番組下谷坂本町二丁目抱鳶人足。
宝暦11年間（1761）	※不許可

表7　天保改革により存続許可された町方寄席（天保13年2月）

寄場所		寄場持主			
		名　前	持主住所	職　種	階層
1	三田実相寺門前	釼次郎	同町	専業	家主
2	麹町龍眼寺門前	吉兵衛	同所伝兵衛店	専業	裏店
3	元四日市町（江戸橋広小路）	藤兵衛	青物町	専業	家主
4	両国橋東広小路助成地内	五郎兵衛	南本所元町喜兵衛店	役船者湯呑所番人	裏店
5	両国橋西広小路助成地内	正蔵	本所相生町五丁目五郎兵衛店	専業	裏店
6	両国橋際役船小頭共出水之節人足湯呑小屋	忠七	深川海辺大工町庄三郎店	人足湯呑小屋番人	裏店
7	湯島天神社地門前	小太郎	同所文蔵店	専業	裏店
8	深川永代寺門前町	藤蔵	同所五人組持店	専業	裏店
9	江戸橋蔵屋敷	とり	同所佐太郎店	専業	裏店
10	麹町五丁目元善国寺谷火除明地	嘉兵衛	同所植木屋共拝借地	地守	地守
11	桜木町	栄助	同町	蒸風呂屋	家持
12	麹町平河町三丁目	長兵衛	同所弥吉店	町火消頭取	裏店
13	神田小柳町三丁目	此右衛門	同所七郎右衛門店	専業	裏店
14	二葉町	幸次郎	同所伊兵衛店	専業	裏店
15	下谷金杉上町	与助	同所久兵衛店	町火消	裏店
×	両国橋水防助成地内	次郎兵衛	米沢町一丁目	水防請負人	裏店

註：「天保撰要類集」「市中取締類集」「市中取締書留」より作成。

の次郎兵衛の寄席は実際には宝暦十一年（一七六一）より存在していたが、調査の際に文政年間（一八一八〜三〇）より始めたと提出してしまったため、不許可となっている。このほかに寺社境内にも寄席が存在し、九軒が許可されている（表8参照）。これらはいずれも境内・門前が盛り場として知られるところで、町方よりも由緒が古い傾向にあり、寛政年間（一七八九〜一八〇一）創業以降のものは許可が得られていない。ことに浅草寺境内の寄席が目立つが、古くは深井志道軒《しどうけん》（一六八〇頃〜一七六五）という講釈師がここで

表 8　天保改革により存続許可された寺社奉行支配地寄席（天保 12 年末）

寄場所			開業年代	備　考
許可	1	芝神明境内	延享 4 年（1747）	
	2	市ヶ谷八幡境内	延享 4 年（1747）	
	3	牛込赤城明神境内	延享 4 年（1747）	
	4	飯田町世継稲荷境内	延享 4 年（1747）	
	5	三田神宮寺境内	寛延元年（1748）	
	6	増上寺外境内幸稲荷境内	宝暦 6 年（1756）	
	7	浅草寺境内	安永年間（1772～81）	
	8	浅草寺境内	安永年間（1772～81）	
	9	浅草寺境内	安永年間（1772～81）	
不許可	1	浅草寺境内	寛政年間(1789～1801)	出物茶屋
	2	浅草寺境内	寛政年間(1789～1801)	出物茶屋
	3	浅草寺境内	寛政年間(1789～1801)	出物茶屋
	4	浅草寺境内	寛政年間(1789～1801)	出物茶屋
	5	浅草寺境内	寛政年間(1789～1801)	出物茶屋
	6	浅草寺境内	寛政年間(1789～1801)	出物茶屋
	7	浅草寺境内	寛政年間(1789～1801)	出物茶屋
	8	西久保八幡境内	寛政年間(1789～1801)	文政末頃中絶
	9	神田明神境内	不明	出物茶屋
	10	湯島天神境内	寛政年間(1789～1801)	
	11	愛宕金剛院境内	不明	
	12	八丁堀稲荷境内	不明	
	13	牛込神楽坂上穴八幡旅所	不明	

註：「天保撰要類集」寺社之部第六十三ノ中より作成。

評判を得ていたといわれ、十九世紀には出物《だしもの》茶屋という軍書講釈の寄席が多かった。

天保改革による寄席の規制は早くも弘化元年（一八四四）になると解かれ、翌年には一気に七〇〇軒に増加したという。安政年間（一八五四～六〇）の木戸銭は平均で四八文で、前掲紀州藩江戸詰の酒井伴四郎は万延元年（一八六〇）から翌年にかけて八回寄席を訪れ、合計六一四文を費やしている。

このように、十九世紀の室内文芸の世界は、祭礼や寺社境内・門前に展開する文化的世界と相互に深い関係性がみられ、双方が相乗的に発展していったといえよう。

第三章　大規模化する寺社の祭礼

一　庶民が熱狂した大祭

1　都市型祭礼の登場

祭とは、そもそも神霊を招き迎え、供物や歌舞を捧げて歓待・饗応し、祈願や感謝をして慰撫することを意味する。そして祭の本質は集団による共同祈願にあり、国家・地域・講・氏子など、関連する集団の性格や状況が大きく影響する特徴がある。

また、神霊と人間との境界や関係性を示す祭場として祠や社が建てられ、祭日という非日常的な特定の時間に神霊が現れるという捉え方が生まれた。そして寺社がその中心的な役割を担うようになっていくのである。

祭は奉仕する者が物忌・精進・潔斎することによって日常生活からの離脱を明確にし、異様な服装や化粧で変身することで非日常的世界に没入し、芸能や舞踊などで熱狂に導いていく。そして祭が終わると再び日常生活に立ち戻るという循環型サイクルがあって、祭は一見浪費や無用の遊興にみえながらも、日常生活を円滑に進める上で不可欠の要素であった。

この祭を形式的に分類すると、

①神輿渡御や山車の巡行、御旅所への神幸などの行列行動
②相撲・競馬・綱引き・船競争などの競技
③神楽・獅子舞・田遊び・田楽・舞楽などの芸能
④籠り・禊祓い・神占・託宣・神がかりなど呪術的行為

の四種に大別できる。そして祭には①見立て・模倣、②滑稽さ・笑い、③現実の社会的地位や利害対立・社会矛盾などから逸脱するという特徴があった。

十七世紀になると、三都をはじめとする各地に近世都市が誕生し、地域の共同体を中心とした小規模な祭から、山車や附祭をともなった大規模な祭礼へと発展をみせるものが次々に現れた。

都市においては、寺社と氏子との関係を軸にしながらも、信仰をともにしない見物人が発生し、見る者と見られる者、見物人・観客と参加者とに分離して、信仰の共同性が失われていく。そして都市の祭礼は華やかで楽しみの多いものとなり、新しい意匠を競い合い、年々目先を変えていく出し物が特徴となった。

すなわち、江戸の大規模な祭礼では、山車・屋台・鉾・神輿・鳳輦《ほうれん》・笠・傘・山・人形など多彩な造り

物や演出が登場したのである。そして行列参加者の衣服・持ち物に華美な装飾が施され、造り物も大型・華美になっていった。

右のような江戸の祭礼の大型化の背景には、祭礼が町人たちの社会的な不安や不満を解消する効果をもつばかりでなく、人口の上では武家と町人がほぼ半数を占めるという住民構成上の特徴が江戸にあったことも忘れてはならない。つまり、成熟した町人社会の文化が武家社会に対抗しうるものに成長した姿を表現する格好の場として機能したのである。そして、その機能が江戸の日常のさまざまな文化水準を引き上げていく効果をもたらしたのである。

2　江戸の主な大型祭礼

こうした大型の祭礼の場合、御旅所を設けて本社との間を氏子による長い行列を仕立てて巡行することが多く、なかでも江戸においては、山王祭と神田祭は行列が江戸城に入って天下人である将軍の上覧をしばしば受ける天下祭として、江戸全体を巻き込んだ最大規模の祭礼であったことは前述した通りである。

しかし、後述の根津権現や赤坂氷川明神の祭礼のように、江戸では天下祭以外にも山車や附祭の巡行をともなった大型祭礼が次々に現れ、一部の祭礼では祭礼番附が売り出されたのも大きな特徴といえる。

実際に天保九年（一八三八）に刊行された『東都歳事記』をみてみると、氏子を番組編成し、山車や附祭をともなう祭礼や、神輿の巡行ばかりの祭礼であっても御旅所まで盛大な行列となるものが少なくないことがわかる。

そこで本項では、この『東都歳事記』の記載をもとに、御旅所に巡行がある場合や、氏子番組を仕立てて山車や附祭を出す大規模祭礼として取り上げられているものを中心に以下に紹介していきたい（天下祭および後述の根津権現・赤坂氷川明神の祭礼を除く）。

二月二の午　下谷茅町境稲荷（現台東区池之端一丁目境稲荷神社）

宝暦十一年（一七六一）までは隔年に神輿を渡し、氏子九町から十一番の練物を出していたが、同十三年は神輿ばかりとなり、安永三年（一七七四）からは神輿も出なくなった。

三月十一日　下谷稲荷社（現台東区東上野三丁目下谷神社）

下谷から寛永寺の東側周辺を巡行し、氏子町二〇町を十六番に編成して、山車を出した。

三月十八日　浅草三社権現（現台東区浅草二丁目浅草神社）

浅草三社権現は推古天皇三十六年（六二八）三月十八日に宮戸川（のちの隅田川）で観音像を発見した檜前浜成《ひのくまのはまなり》・竹成兄弟と土師中知《はじのなかとも》の三人を祭神として祀り、隔年三月十八日に行われる祭礼では三基の神輿が出て（一の宮が土師中知、二の宮が檜前浜成、三の宮が同竹成である）、それぞれの子孫にあたる斎頭坊・常音坊・専堂坊が供奉し、氏子町三一ヶ町が一〜二〇番に編成されて山車や附祭が出された。前日には浅草寺の僧による法要や田楽・ビンザサラなどの神事があり、当日は三基の神輿が大通りを浅草橋御門まで進んだあと船に移し、隅田川を北上して花川戸と山の宿町の間から陸に上がって随身門を通り帰輿する船渡御が有名であった。

六月三日　小塚原牛頭天王（現荒川区南千住六丁目素戔雄神社）

この日千住大橋の南詰の御旅所まで神輿の巡行があった。神輿は天文十年（一五四一）に荒川から引き上げられたといわれ、引き上げ場所周辺に自生する茅で御旅所を葺き、神輿を担ぐ者は鬼の面をかぶるのが慣例となっていた。また、九日には千住大橋の南北で氏子が人綱を引き合ってその年の吉凶を占う風習があったが、のちにトラブルが多発したため、宝暦年間（一七五一～六四）を最後に行われなくなった。

六月五日　神田社地天王二の宮（現神田神社摂社大伝馬町八雲神社）

神田明神境内には徳川家康の入国以前から江戸城内にあったといわれる三天王の社があって、素戔嗚《すさのお》尊《みこと》を祀る一の宮の南伝馬町天王、稲田姫を祀る二の宮の大伝馬町天王、奇稲田姫《くしなだひめ》（稲田姫）を祀る三の宮の小舟町天王はそれぞれ六月に祭礼を行っていた。大伝馬町天王は大伝馬町他三五町ほどを氏子町にもち、この日大伝馬町二丁目の御旅所に巡行し、八日に帰社した。

なお、同社の祭礼は元和年間（一六一五～二四）に始められたという。三天王の祭礼行列には山車や附祭は出されないが、榊・幟・獅子頭などが出され、氏子の家々では知人などを呼んで冷素麺を振る舞った。また、三天王の祭礼では、各氏子町の木戸に忌竹を立て、幟や挑灯で飾り、所々に神酒所を設け、ときに天下祭を上回る大変な賑わいをみせたという。

六月五日　浅草第六天（現台東区蔵前一丁目第六天榊神社）

隔年で氏子町一三町から九番の山車を出していたが、文政年間（一八一八～三〇）頃中絶し、天保四年（一八三三）から神輿渡御が復活した。なお、昔は二月九日に祭礼を行っていたという。

六月七日　神田社地天王一の宮（現神田神社摂社江戸神社）

大宝二年（七〇二）にのちの江戸城あたりに創建さ

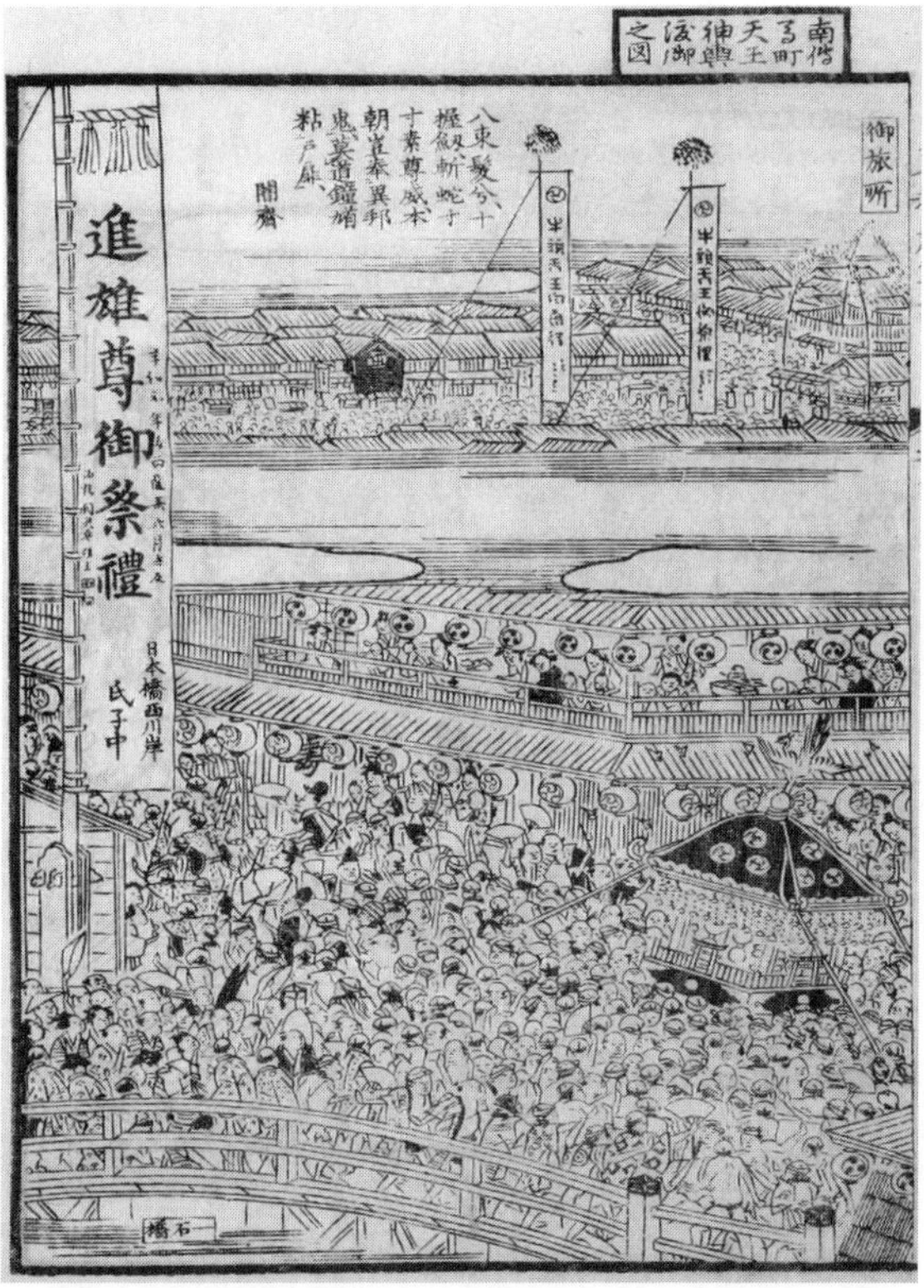

図 18　「南伝馬町天王神輿渡御之図」（『東都歳事記』）

れたいわゆる江戸最古の地主神で、南伝馬町他六七町を氏子町にもち、この日南伝馬町二丁目の御旅所に巡行し、十四日に帰社した。とくに山王祭の年は早朝に帰社するのが慣例だった。

図18はこの祭礼で氏子にあたる「新場」の人々が担ぐ神輿の様子を描いたもので、傾く神輿と飛び交うお捻りや、二階の軒先から見物する人々がみえる。なお、新肴場は「新場」ともいい、延宝二年（一六七四）、日本橋の魚河岸に続く第二の魚河岸として本材木町二・三丁目に設けられことに由来する。

こうした人々が参加する三天王祭は、氏子町が山王権現や神田明神と重複あるいは近接するため、山車や附祭をともなう他の祭礼とはひと味違った盛り上がりをみせたことがうかがえよう。

六月八日　浅草蔵前牛頭天王（現台東区浅草橋二丁目須賀神社）

六日より神輿を社前の仮屋に移し、山車や附祭はないものの、神輿には榊と四神鉾の行列が加わった。また、この日未明に氏子の家々では団子を付けた笹を神前に奉納したが、参詣客はこれが疫病除けの守になるとして、競って取り合ったという。同社はそれゆえに俗に「団子天王」と呼ばれた。

六月九日　浅草鳥越明神（現台東区鳥越二丁目鳥越神社）

かつては十一日だった。寛政八年（一七九六）までは毎年氏子二二町から十七番の山車を出していたが中絶し、神輿のみ隔年巡行となった。

六月十日　神田社地天王三の宮（現神田神社摂社小舟町八雲神社）

小舟町他七四町を氏子町にもち、この日小舟町一丁目の御旅所に巡行し、十三日に帰社した。

六月十五日　山谷熱田明神（現台東区今戸二丁目熱田神社）

宝暦十三年（一七六三）までは氏子町である浅草新鳥越一～四丁目に助町の今戸町を加えた五町から六番の山車を毎年出していたが、それ以後は神輿のみとなった。

六月十八日　四谷牛頭天王・稲荷（現新宿区須賀町須賀神社）

牛頭天王と稲荷社を祀り、それぞれに神輿を一基ずつ出した。四谷伝馬町二丁目の北側に御旅所を設け、十八日に牛頭天王の氏子町を巡行し、二十一日には御旅所から稲荷の氏子町を巡行して帰社した。また、『東都歳事記』では以前は隔年だったが、近年は毎年行い、神輿と獅子頭のみの巡行だと述べているが、寛政十一（一七九九）年の祭礼番附が残っていて、それによれば、双方の氏子町合わせて二一町から十八番の山車が出、天明元年（一七八一）より毎年行っているとしている。

八月十五日　富岡八幡宮（現江東区富岡一丁目）

祭礼は寛永二十年（一六四三）以来八月十五日に行われ、三基の神輿（応神天皇・天照皇大神宮・飛来八幡）と深川から一三番、霊岸島から九番の山車、および数ヶ所の附祭が出た。しかし、後述のように、文化四年（一八〇七）の永代橋崩落事件以後は山車・附祭の巡行はしていない。

八月十五日　三田八幡宮（現港区三田三丁目御田八幡神社）

十日に放生会を行ったあと、この日の祭礼で氏子一三町から十二番の山車を出した。

八月十五日　西久保八幡宮（現港区虎ノ門五丁目西久保八幡神社）

隔年（丑・卯・巳・未・酉・亥）に行われ、十三日に西久保大通りに設けた御旅所まで巡行し、この日のうちに帰社した。氏子町二〇町から山車や附祭が出たほか、当日は放生会も行われた。

八月十五日　市谷八幡宮（現新宿区市谷八幡町市谷亀ヶ岡八幡神社）

安永三年（一七七四）までは隔年に三基の神輿と氏子町二一町から二十一番の山車の巡行があったが、絶えてしまったという。しかし、氏子町ではその後も十四日に舞台を設けて踊りなどを催したという。

八月十五日　高田穴八幡宮（現新宿区西早稲田三丁目穴八幡宮）

宝暦九年（一七五九）までは隔年で神楽坂の御旅所に神輿のほか、氏子町三三町の出す三十一番の山車などの巡行があったが、絶えてしまった。なお、境内には放生池があって、この日放生会が行われた。

八月十七日　麻布氷川明神（現港区元麻布一丁目麻布氷川神社）

麻布一本松の氷川明神は、天明年間（一七八一～八九）に祭礼日を九月十七日から八月十七日に移し、寛政三年（一七九一）・文政三年（一八二〇）・同十三年・天保三年（一八三二）に山車を仕立てた巡行行列がみられた。文政十三年の祭礼番附が残っており、それによれば氏子町から八番の山車が出たようで、宮下町の御旅所まで巡行した。なお、同社には、天保三年（一八三二）に麻布上之町谷戸の若狭屋清吉・中山吉右衛門が願主となって制作した山車人形「高良大神」、および文久二年（一八六二）九月に後藤三四郎橋恒俊が制作した獅子頭が現存していることで知られる。

八月二十四日　亀戸天満宮（現江東区亀戸三丁目亀戸天神社）

寛文三年（一六六三）八月以来隔年（子・寅・辰・午・申・戌）に行われた。北松代町に御旅所があり、氏子町三九町が仕立てた二十三番の山車や附祭の巡行があったが、近年絶えてしまったという。なお、文化三年（一八〇六）の祭礼番附によれば、この年は二十七日に行われ、二ヶ所の附祭が出ている。

九月十日　小石川氷川明神（現文京区千石二丁目簸川神社）

隔年（丑・卯・巳・未・酉・亥）に行われ、氏子町三五町から二十一番の山車が出ていたが、近年巡行は絶えてしまったという。

九月十五日　牛ノ御前王子権現（現墨田区向島一丁目牛島神社）

隔年（丑・卯・巳・未・酉・亥）に行われ、氏子三一町三村から二十四番の山車が出ていたが、安永八年（一七七九）より出なくなった。文政十年（一八二七）までは神輿が二基あったといい、御旅所は本所石原新町にあって、十三日に巡行があり、この日に帰社していた。

九月十九日　牛込赤城明神（現新宿区赤城元町一丁目赤城神社）

赤城明神は中世に大胡《おおご》氏が上野国の赤城明神を勧請したことに由来し、江戸時代は牛込周辺に二八ヶ町の氏子町をもち、祭礼の際にはこれを二六の番組に編成した山車を出していた。そして榎町に五尺余もある大きな獅子頭二体を飾り、牛込寺町には関羽の人形を飾るのがこの祭礼の名物であった。

九月二十一日　小石川白山権現（現文京区白山五丁目白山神社）

寛文年間（一六六一〜七三）にはすでに行われており、当初は毎年、のちに隔年（子・寅・辰・午・申・

戌）に神輿と二十六番の山車の巡行があったが、安永三年（一七七四）を最後に以後は毎年神輿を出すばかりだとしているが、山車が描かれた享和二年（一八〇二）の祭礼番附が残っている。

九月二十一日　青山原宿町熊野権現（現渋谷区青山熊野神社）

年によって氏子町一一町から十三番の山車などを出すとある。なお、文化四年（一八〇七）の祭礼番附によれば、このとき二ヶ所から附祭が出ている。

十月十日　湯島天満宮（現文京区湯島三丁目）

『東都歳事記』で二月十日と十月十日を祭礼日とし、二月のほうは以前は正月十日だったが、宝永六年（一七〇九）から変更したと述べている。なお、安政六年（一八五九）の祭礼番附によれば、十三番の山車のほか、踊り屋台五台などが出た。

これらをみても分かるように、六月に牛頭天王、八月に八幡神を祭神とする寺社の祭礼が多いのが特徴的である。牛頭天王は疫病などを流行らせる疫神と考えられ、人口密度が高く病の伝染に敏感な都市部では、とくにこれを鎮め退散させるため、夏に祭礼を行うという意図があった。また、八幡神は武神であるとともに、清和源氏の氏神であり、徳川将軍家が系譜的にその流れを汲むと称していたこともあって、八幡神を祀る寺社では、鳥獣や魚などを放つ放生会とともに祭礼が盛大に行われたのである。

そして江戸の幅広い地域で祭礼が大型化していることがわかるとともに、そのほとんどが日頃から参詣客の多い、いわば名所化・観光地化された集客力のある寺社であることに気付かされる。こうしたところからも都市の大型祭礼特有の「見られる祭礼」の要素が現れているのである。ただし、これらの祭礼は必ずしも山王祭や神田祭のように隔年でコンスタントに行われるわけではなく、江戸時代後期に数回だけ大規模な祭礼を行ったのみというものも少なくない。

しかし、江戸の各寺社では、氏子町への経済的な負担というリスクを背負ってまでも祭礼に非日常性を求め、盛大な祭礼にしていく傾向があって、その場合のモデルとなったのが、山王祭・神田祭だったわけである。その意味で、天下祭は他の江戸の祭礼にも大きな影響力を与えていったといえるだろう。

二　根津権現と赤坂氷川明神

1　根津権現祭礼

祭礼行列が江戸城内上賢所に入り、将軍の上覧を受ける特別の栄誉をもつ祭礼を天下祭と呼ぶならば、山王祭と神田祭のほかに、正徳四年（一七一四）の根津権現（現根津神社）の祭礼を挙げる必要があるだろう。

根津権現は徳川家康の江戸入国以前から千駄木村に創建されていたといわれ、甲府藩主徳川綱豊（一六六二〜一七一二）が叔父の五代将軍綱吉（一六四六〜一七〇九）の養子となって将軍世嗣に決まり、家宣と改名すると（図19の略系図参照）、同社は根津の甲府藩邸で生まれ育った綱豊の産土神であることから、宝永三年（一七〇六）、藩邸のあった根津の地に遷座した。なお、この時綱吉は諸大名を動員して社殿を造営し、五〇〇〇石の朱印地を与えている。

こうした動きには徳川将軍家の相続事情があった。系図に示したように、三代将軍家光の三男綱重（一六四四～七八）は慶安四年（一六五一）四月に甲府に、四男綱吉も同時に館林に封じられ、ともに一五万石（のち二五万石）を与えられた。綱重は延宝六年（一六七八）九月に死去したため、綱吉は同八年五月に兄家綱の養子となり、八月に将軍に就任しているのである。また、七代家継（一七〇九～一六）には子がなかったため、分家筋に当たる紀州家の吉宗（一六八四～一七五一）が八代将軍を継承している。

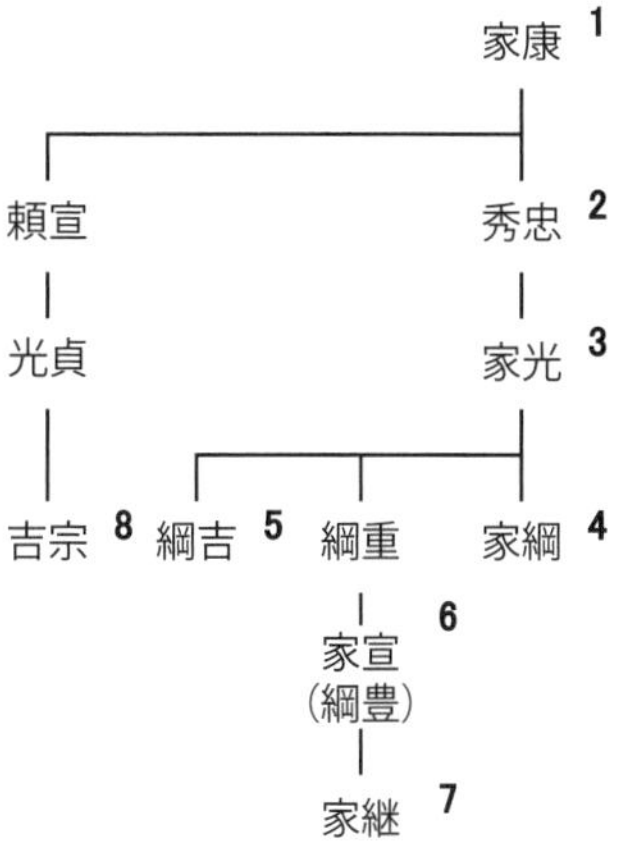

図19　徳川将軍家略系図

右のような政治的意図が背景にあったため、根津権現は幕府を挙げての全面的な支援を受けた。そして同社が家宣の産土神となれば、山王権現と同様の格を備えることとなり、必然的に祭礼も大掛かりなものとなった。宝永六年（一七〇九）に綱吉が死去し、家宣が六代将軍となると、根津権現の祭礼が天下祭として行われる準備が整えられていく。

幕府は正徳四年九月二十一日に根津権現の祭礼を行い、

以後は山王が巳年、根津が午年、神田が未年の三年交代で祭礼を行うことと定めた。ただし、この時上覧所には家宣の姿はなく、子の家継が将軍職を継いでいたのである。

祭礼は氏子町を大幅に広げて盛大に行われ、江戸橋広小路に御旅所ができ、三基の神輿と五〇台の山車が出たといわれる。しかし、正徳六年四月に家継が死去したことにより、根津の祭礼は一般の祭礼に格下げとなり、以後は従来通り山王権現・神田明神が隔年に祭礼を行う形式に戻ったのである。

なお、天下祭として行われる以前の根津権現は、遷座翌年の宝永四年（一七〇七）九月二十一日に祭礼を行って以後隔年に行っていた。そして一般の祭礼に戻された享保以降は氏子町のある根津・駒込周辺の祭礼となり、三基の神輿と榊・獅子頭などが巡行するばかりで、山車や附祭が出ることはなかったようである。

2　赤坂氷川祭礼

天下祭が従来通り山王祭と神田祭の隔年形式に戻った背景には、八代将軍となった吉宗の意向があった。紀州藩出身の吉宗は、同藩邸が赤坂にあり、当時世嗣でのちに九代将軍となる家重が赤坂の藩邸で誕生していることから、赤坂氷川明神を産土神と認識していたと考えられる。氷川明神は天暦五年（九五一）に創建されたといわれ、以来一ツ木村に鎮座していたという。これに対し吉宗は、まず享保十四年（一七二九）九月二十八日に社領二〇〇石・土地四九三〇坪を寄進し、赤坂今井台（三河台）の三次藩浅野家上屋敷跡地に移転を命じた。そして老中水野忠之を総責任者とする社殿の造営が行われ、翌年四月二十六日に遷座が行われたのである。

根津権現と同様の論理でいえば、この氷川明神の祭礼も上覧を行い天下祭となる可能性があったが、享保改革の一環として祭礼の簡素化を打ち立てている吉宗は、従来の天下祭に戻す方針を貫いたのである。

赤坂氷川明神は遷座後も徳川将軍家とのつながりを深めている。すなわち、将軍誕生日に名代が派遣されるほか、毎年正・五・九月に将軍・御台所の名代として大奥から御湯神楽奉納があり、祭礼の折には将軍とその家族および大奥に御札守・御神供を献上する慣例があった。また、将軍や世嗣が参詣に訪れることもあり、その時には真剣・神馬の献上があった。記録では遷座二ヶ月後の九月二十六日に世嗣家重、元文二年（一七三七）二月十二日に将軍吉宗、同年十月七日に世嗣家重、延享二年（一七四五）十二月二日に将軍家重、宝暦十一年（一七六一）四月二十二日に十代将軍家治が参詣していることが確認でき（『寺社書上』）、そのたびに真剣・神馬の献上があったという。

同社の祭礼は氏子域が外堀をはさんで山王権現と隣接する赤坂地域に広がっていることもあって、山王祭と隔年の六月十五日に行われていた。こちらの祭礼は二基の神輿と、二一の氏子町が出す山車十六番、それに附祭からなり、一木町の旧地を御旅所とし、行列の主な構成は、榊―神馬―猿田彦―獅子頭（二体）―山車（一～一六番）―幟（二本）―四神鉾―神輿（二基）―神主騎馬―社家（二人）―別当乗輿―毛槍（二〇筋）というものだった。

十九世紀の具体的な巡行ルートについて述べると、朝五ツ時（午前八時頃）氷川明神出立後武家地の間を通り、赤坂田町五～一丁目→赤坂表伝馬町一・二丁目→赤坂裏伝馬町二・三丁目→元赤坂町→赤坂裏伝馬町一丁目→赤坂御門外広小路→赤坂表伝馬町一丁目→元赤坂町代地→一ツ木町→赤坂新町三～五丁目→武家地（赤坂中ノ町）→帰社というものだった。

赤坂氷川明神は氏子町とは少し離れており、周辺に武家屋敷が多いことは、幕末の切絵図などでも容易に知ることができるが、紀州藩をはじめ、武家社会にも氏子意識はあったようだ。

すなわち、神社の北西に屋敷を構えていた森山孝盛（一七三八～一八一五）は四〇〇石の旗本（実際には知行地三〇〇石と蔵米一〇〇俵）で、彼は松平定信の信任厚く、徒頭・目付・火付盗賊改などを歴任した人物である。彼の明和七年（一七七〇）から文化八年（一八一一）までの日記「自家年譜」をみると、二年に一度の氷川祭礼の際には、町方から勧化（寄進）の依頼があり、毎回金二朱（一両の八分の一）を出している。また、それと同時に氷川明神にも同額の金二朱を納めていた。祭礼当日は屋敷の門の脇に物見と出格子を設け、親戚や知人の旗本を呼んで祭礼行列の見物をしている。このとき森山家では、物見に毛氈《もうせん》を敷き、幕を張って立派な飾り付けをし、招いた客には赤飯や酒などを振る舞っている。

なお、氷川明神南側に中屋敷を構える松代藩真田家でも、祭礼当日は赤飯が炊かれ、上屋敷・中屋敷ともにこれを祝っている。

このように、氏子町人が主体となった赤坂氷川明神の祭礼行列の巡行は、武家の見物を意識して大いに盛り上がり、天下祭によく似た要素を備えていたのである。

3　第三の祭

ところで、前述のように町奉行所では山王・神田両祭礼とこの赤坂氷川祭礼に出役の与力・同心を配置していた。幕府としては上覧のない代わりに行列の監督や通行の取締をすることで、両祭礼に次ぐ「第三の祭」として別格に位置付けていたことがわかる。これには吉宗以降十四代家茂までの歴代将軍が紀州系の血筋によって継承されていったことも大きく影響していたと考えられる。

赤坂氷川明神の氏子町をまとめたの

表9　赤坂氷川明神の氏子町

町　名	祭礼番組	町の成立年代	町名主
赤坂表伝馬町一丁目	1番	寛永15年（1638）	高野新右衛門・小宮善右衛門
赤坂表伝馬町二丁目	2番	寛永15年（1638）	高野新右衛門・小宮善右衛門
赤坂裏伝馬町一丁目	3番	寛永15年（1638）	高野新右衛門・小宮善右衛門
赤坂裏伝馬町二丁目	4番	寛永15年（1638）	高野新右衛門・小宮善右衛門
赤坂裏伝馬町三丁目	5番	寛永15年（1638）	高野新右衛門・小宮善右衛門
元赤坂町 元赤坂町代地	6番・7番	寛永14年（1637） 文化8年（1811）	寺島茂左衛門 寺島茂左衛門
赤坂田町一丁目 赤坂田町二丁目 赤坂田町三丁目	8番	寛永15年（1638） 寛永15年（1638） 寛永15年（1638）	高野新右衛門・小宮善右衛門 高野新右衛門・小宮善右衛門 高野新右衛門・小宮善右衛門
赤坂田町四丁目 赤坂田町五丁目	9番	正保年間（1644～48） 正保年間（1644～48）	高野新右衛門・小宮善右衛門 高野新右衛門・小宮善右衛門
赤坂一ツ木町	10～12番・13番	元禄9年（1696）	秋元八郎左衛門
赤坂浄土寺門前	—	寛文5年（1665）	秋元八郎左衛門
赤坂願生院門前	—	元文4年（1739）	須原善三郎
赤坂専修寺門前	—	寛永2年（1625）	須原善三郎
赤坂専福寺門前	—	寛永2年（1625）以降	須原善三郎
赤坂新町一丁目	14番	寛永17年（1640）	秋元八郎左衛門
赤坂新町二丁目 赤坂新町三丁目	15番	寛永18年（1641） 寛永18年（1641）	須原善三郎 須原善三郎
赤坂新町四丁目 赤坂新町五丁目	16番	元禄8年（1695）以降 元禄年間（1688～1704）	須原善三郎 須原善三郎
赤坂氷川門前	—	享保15年（1730）	秋元八郎左衛門
赤坂氷川社僧屋敷	—	元文2年（1737）	秋元八郎左衛門

註：「町方書上」より作成。祭礼番組欄の「—」は、江戸時代には氏子町とされない町を示す。

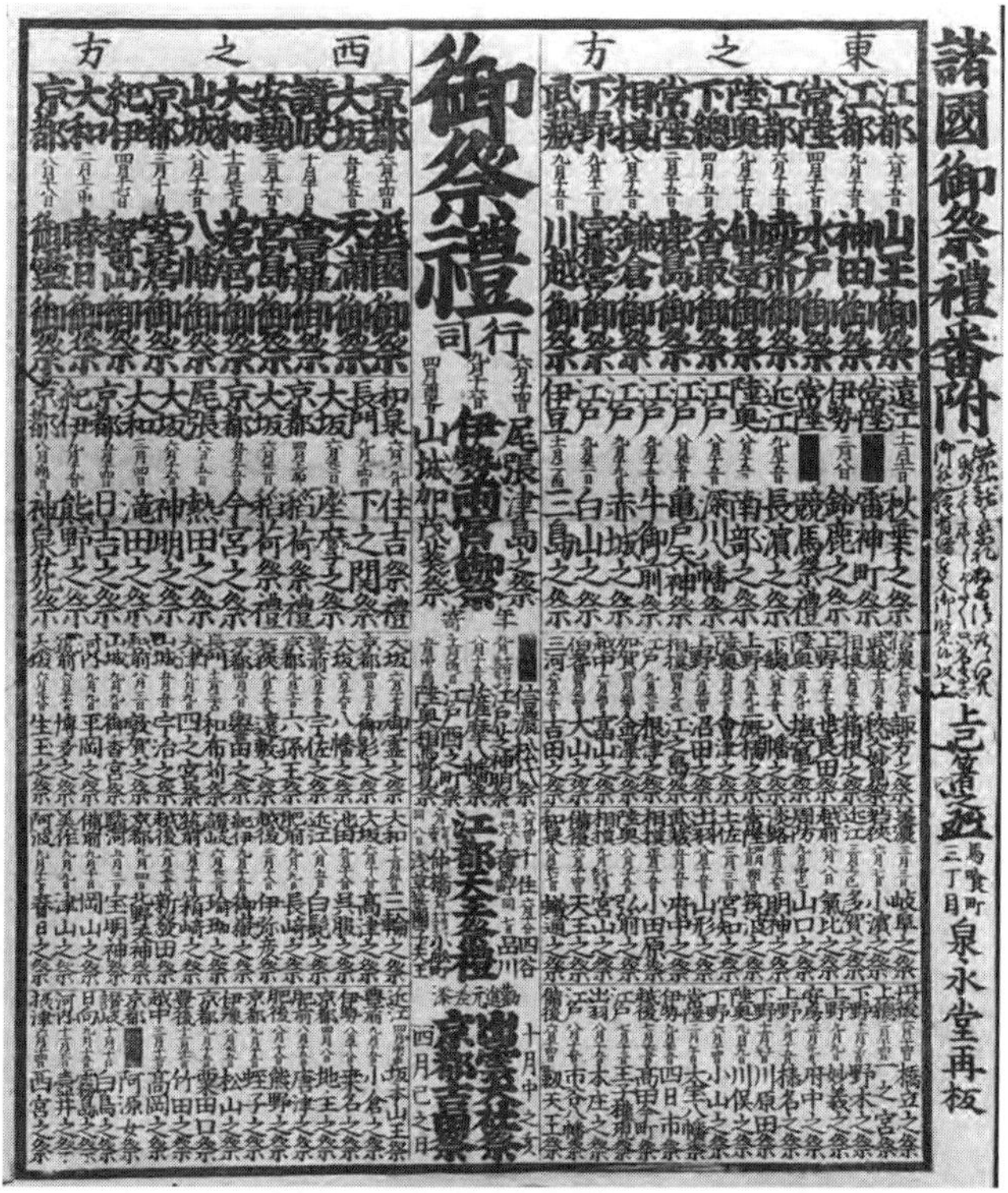

図20 「諸国御祭禮番附」

が表9である。寺社門前以外は氏子町が十六番に編成されており、ことに由緒のある赤坂一ツ木町は元禄九年（一六九六）に村から町に変わっているが、伊賀者給地でもあり、飛び地が多いのが特徴である。この飛び地のなかには、「魚店」「大沢町」「西大沢町」と通称されるところが含まれていて、祭礼の際には通称を名乗って参加していた。

また、赤坂表伝馬町・同裏伝馬町・赤坂田町は、南伝馬町二丁目名主高野新右衛門と同三丁目名主の小宮善右衛門の共同支配で、実際には町内の家持（居付地主）から選出された二名の「下名主」が管理運営に当たっていた。これは南伝馬町が寛永十四・十五年（一六三七・三八）に起きた島原の乱（島原・天草一揆）の際に人馬を提供したことに対する恩賞として、赤坂門外の地を与えられ、これらの町が拓かれたという経緯があったためである。南伝馬町といえば、大伝馬町とともに江戸最古の町として山王・神田の両祭礼に山車を出す別格の由緒があった。こうした点からも赤坂氷川明神の祭礼は天下祭の要素を色濃く取り入れた祭礼であることが推測できる。

ところで、同祭礼には複数の祭礼番附が現存している。山車や附祭の巡行する大規模な祭礼の場合、このような番附が出されることが多かったが、同社の祭礼は同規模の巡行が中断・中絶することが多いなかで、隔年で幕末まで続けられた点からも江戸の代表的な祭礼といえよう。

また、小日向廓然寺の隠居十方庵敬順は『遊歴雑記』において、山王祭を「江城第一の大祭」とし、「神田明神の例祭之に継ぐ、赤坂氷川の明神、白山権現、亀戸天神等その次にならぶべし」と述べている。そして斎藤月岑も『東都歳事記』で赤坂氷川祭礼を「山王権現、神田明神に続し大祭祀なり。」と述べている。

こうした点をよく示しているのが、図20の「諸国御祭禮番附」だろう。相撲の番附のようにさまざまな事物をランク付けした摺物を見立番附といい、江戸では十九世紀に流行したが、こちらは全国の祭礼をランク付けしたもので、東の一段目に六月十五日の「山王御祭」、九月十五日の「神田御祭」に並んで、「六月十五日　赤坂氷川御祭」がみえる。一般の人々の間でも、赤坂氷川祭が「江戸第三の祭」と認識されていたことを物語っているのである。

三　永代橋崩落事件

1　永代橋

江戸時代、隅田川に架された橋はたった五ヶ所であった。最も古いのは文禄三年（一五九四）に完成した千住大橋だが、その後は長らく隅田川に橋が架けられることはなかった。次にようやく架橋されたのが寛文元年（一六六一）完成の両国橋で、明暦三年（一六五七）の大火で多数の死傷者を出した反省に由来するといわれ、これによって本所・深川開発が進んだほか、橋の東西の火除地は江戸屈指の盛り場となっていった。

三番目に架橋されたのが新大橋で、浜町から深川六間堀へ渡す橋として元禄六年（一六九三）に完成した。この橋は維持費用が莫大なため、幕府はのちに撤廃を考えたが、延享元年（一七四四）に町方組合で維持することとなった。

そして元禄十一年綱吉五〇歳の記念に架橋されたのが永代橋で、北新堀から深川佐賀町へ渡すもので、享保四年（一七一九）四月に町方に払い下げとなって以来町方で維持・管理を行い、武士・医者・僧・神主以外は渡し賃一人二文を徴収するというものだった。

なお、その後架橋されたのは、安永三年（一七七四）の吾妻橋のみである。こちらは浅草材木町から本所中之郷へ渡すもので、それまでの「竹町の渡し」に代わる橋として、新大橋や永代橋と同様に渡し賃を徴収し、町方で維持・管理された。

永代橋は長さ一一〇間（約二〇〇メートル）という長大な木橋で、満潮時の水面からの高さが一丈（約三メートル）とされていたのは、隅田川河口の蔵に出入りする廻船の便を考慮したからといわれる。この橋は河口にあるがゆえに、波浪や潮の干満による橋脚の腐食がはげしいのが特徴で、橋脚に大船が衝突することもしばしばあった。

そもそも江戸の橋はいずれも木製の橋ゆえに、橋の寿命は二〇年が限界といわれ、頻繁に修復が必要であった。そして永代橋は文化四年（一八〇七）の崩落までに焼失二回、落橋一回、流失五回、破損二回、老朽化による再架橋六回を経験していた。

2　久しぶりの八幡祭礼

文化四年（一八〇七）八月十九日、深川富岡八幡宮の一二年ぶりの祭礼が行われた。なぜ一二年ぶりかというと、寛政七年（一七九五）八月十五日に同社の祭礼が行われ、氏子町々から山車や附祭が出されて賑わったのだが、このとき大規模な喧嘩が起こったため、以後山車などの巡行は長らく中止とされてしまったのである。

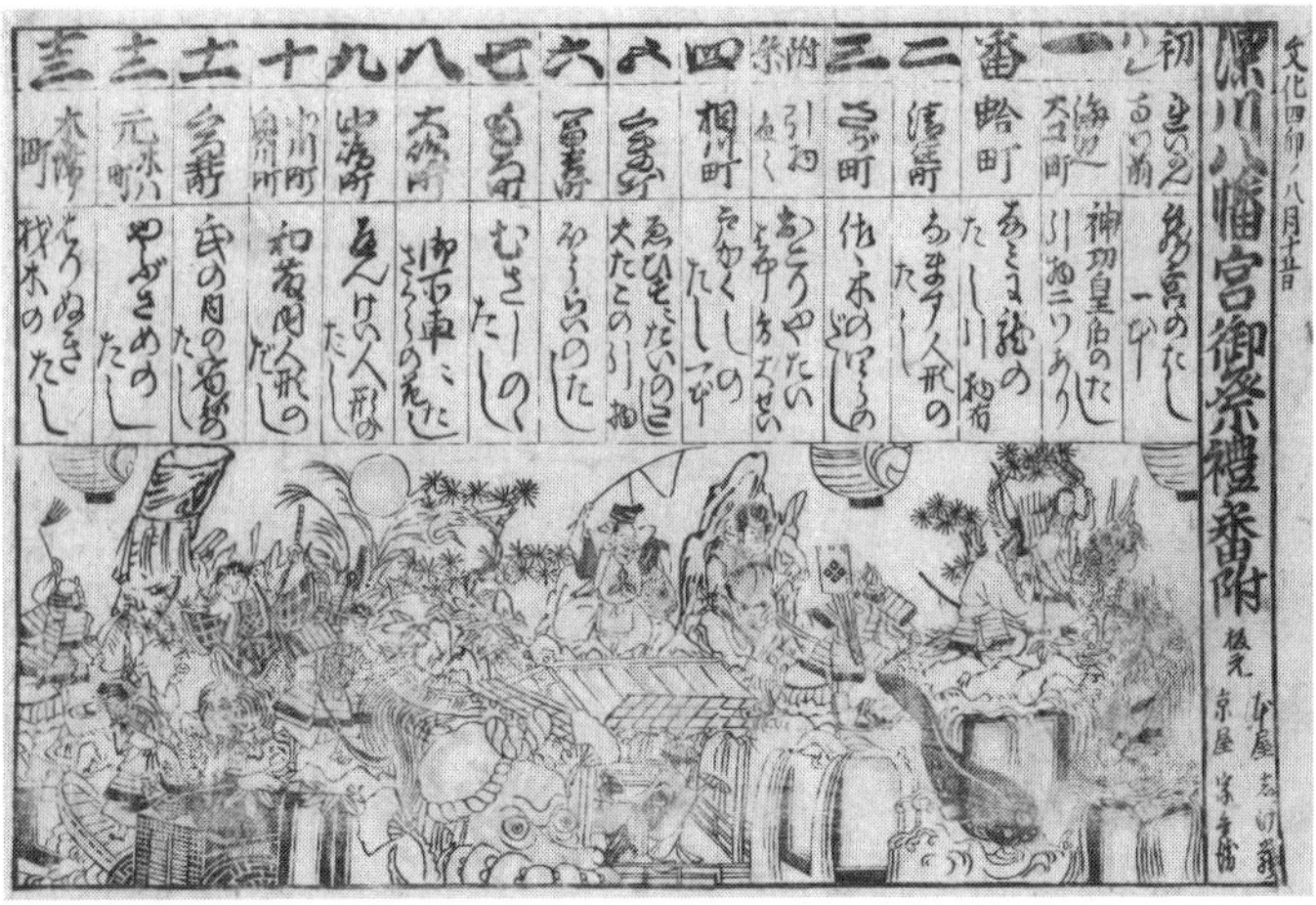

図 21　「深川八幡宮御祭礼番附」（『江戸御祭礼番附』）

経済や文化活動に停滞をもたらした寛政改革の余韻も覚め、江戸の文化活動も活発になり出した頃、八幡祭礼は待望の復活が決まる。祭礼番附が七月から売り出され、江戸の人々の間で前評判が非常に高かったという（図21参照）。それに加えて近隣の浄心寺では、祭礼の集客を見込んで、七月十九日から身延山七面大明神の出開帳がはじまっていた。

富岡八幡宮の氏子町は、永代橋の東側の深川地域と、西側の霊岸島地域とに分かれていて、深川側が一～十四番の山車と附祭二ヶ所、霊岸島側が一～九番の山車と附祭一ヶ所が出ることになっていた。

祭礼は本来八月十五日に行われるはずだったが、折悪く数日間雨が続いたため、十九日に延期された。ただでさえ一二年ぶりである上に、これだけ焦《じ》らされれば、江戸の人々の期待がさらに膨らむのも無理はないだろう。ところが、見物の人々を焦らすできごとは、これで終わ

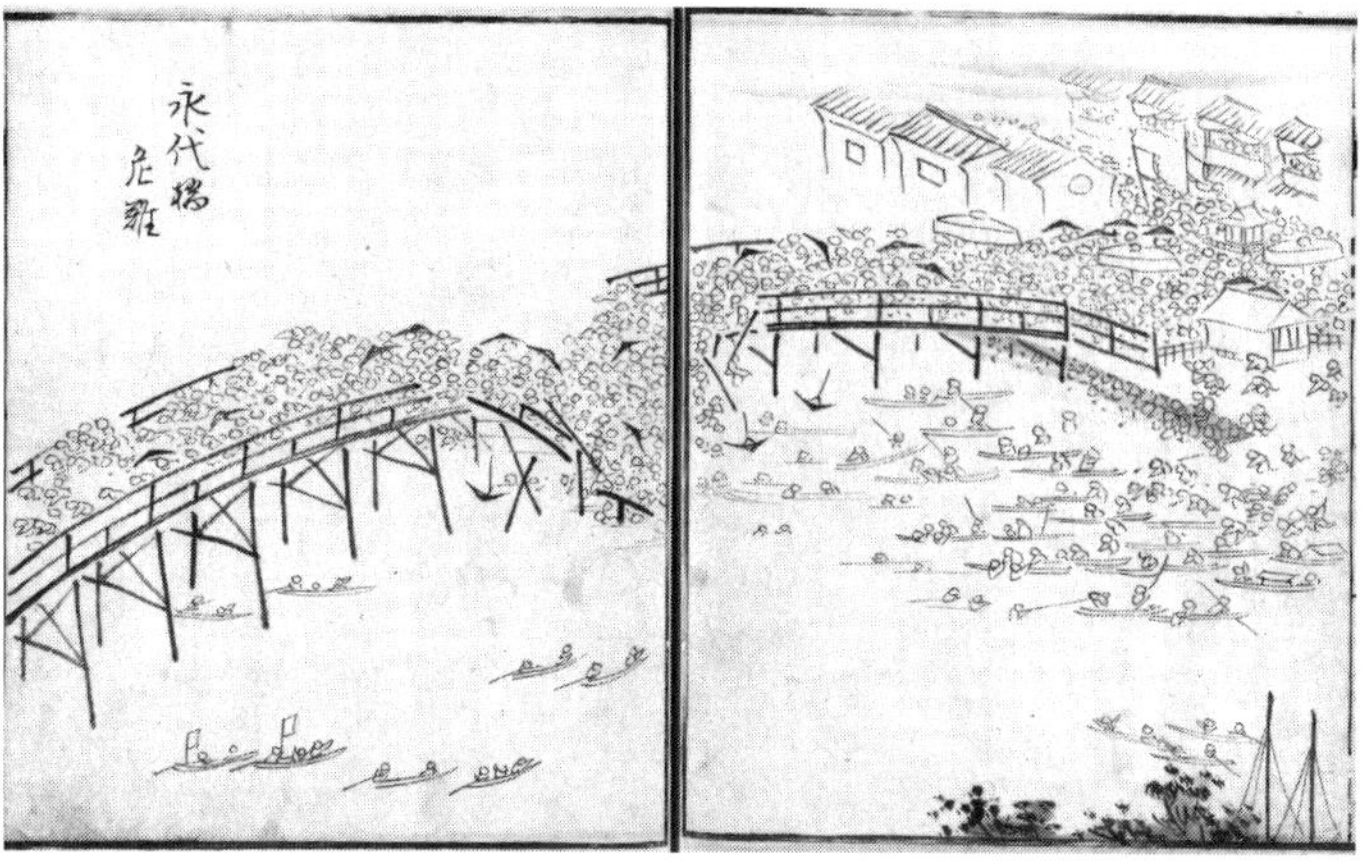

図 22　永代橋崩落の様子（「夢の浮橋附録」）

らなかったのである。

当時一橋家当主の徳川斉敦《なりあつ》は、十一代将軍家斉の実弟だが、たっての願いで八幡祭礼を見物することになっていた。それゆえ、この日斉敦を乗せた船が永代橋の下を通行するため、永代橋は半刻（約一時間）ほど通行が禁止されたのである。霊岸島周辺から八幡宮のある深川のほうへ渡りたい他の見物人は永代橋の西詰で待たされ、そうこうしているうちに、橋詰は大群衆になってしまった。

ようやく通行が許可されたのは昼前の四ツ時（午前十時頃）のことで、大勢の人々が深川に向かって一気に渡り出したため、橋は詰め掛けた人々の重みに耐え切れず、深川側から六・七間のところで橋桁が折れてしまった。

3　橋の大崩落

永代橋の真ん中を過ぎて深川の地がだんだんと視界に広がってくるあたりを歩いていた人たちは、突如足元の橋板が崩れ、次々に川面に投げ出された。後ろに続く人たちがこれに気付いたときにはすでに遅く、知らずに橋を渡ろうとする背後の群衆に押されて前へ進むしかなく、次々に落下していった（図22参照）。また隅田川に落ちた人たちは溺れる者あり、なんとか泳いで逃げようとする者ありというなか、上から次々に落ちてくる人たちの下敷きになる者も多く、付近はにわかに凄惨な修羅場と化してしまった。

こうしたなか、一人の侍が機転を利かせ、刀を抜いて振り上げたことで、後続の群衆の流れを留め、人々はようやく事態を知ることとなったといわれる。

このとき、折悪く満潮に近かったようで、隅田川の水深はかなり深い状態だった。橋から落ちた人々は潮が引くにしたがって徐々に姿を現しはじめたため、漁船で網を用いて回収される場合も少なくなく、橋詰に積み上げられた水死体はかなりの数にのぼった。

この永代橋崩落事件によって、新大橋は通行止めとなり、安否を尋ねる者は両国橋を渡るしかなかったという。しばらく周辺は昼夜を分かたず安否を尋ねに訪れる親類や知人で溢れかえっていた。やがて幕府は永代橋近くの佐賀町の河岸蔵の間に水死体の安置場をつくり、町役人が引渡しに当たった。

この時の死者・行方不明者は実に一万五〇〇〇人余（『武江年表』）とも、一四〇〇人を超えたともいわれる（『夢の憂橋』）。なかでも当時勘定奉行所の役人で狂歌師としても知られていた大田南畝《なんぽ》（一七四九〜一八二三）は、この時の死者について情報を集めている（『一話一言補遺』）。それによれば、引き上げられた溺死者の詳細は次の通りである。

永代橋にて引き上げた死人　二三五人
佃島にて引き上げた死人　三一人
深川新地にて引き上げた死人　六三人
寺社奉行所同心　二人
丸屋根船一艘　五人（客二人・芸者二人・船頭一人）
町奉行所同心　二人
行方不明者　三七一人
八月二十八日までに所々より上った死人　七二二人

水死体は隅田川の河口周辺に流れ着いた場合も多く、屋根船で芸者とともに隅田川を遊覧する客も巻き込まれている。なお、永代橋からほど近い深川寺町の海福寺境内には、溺死者の一〇〇日忌ばかりでなく、五〇回忌・七七回忌・九一回忌に際しても供養塔や石碑が建立されている。明治維新後までこうした活動が行われたのには驚かされるが、それだけ江戸東京の住民にとって衝撃的なできごとであり、後世に語り継がれるべき事件だったことがわかる。そしてこうした惨劇を生んだ背景には、文化文政期（一八〇四～三〇）になると、天下祭以外の祭礼にも江戸の人々のエネルギーを発揮させる時代が到来したことを意味しているのである。

翌年六月、町奉行所は橋の普請や管理に不備があったとして、橋請負人三名を遠島、橋番人を「お叱」

とし、十一月には幕府の費用で架け替えられ、渡り初めが行われた。これには四三〇〇両かかったといわれ、渡り初めには橋の末永く維持されることを願って、神田富松町庄右衛門店の長兵衛一〇六歳、妻はつ八十三歳の長寿夫婦が選ばれ、話題になっている。

その後文化六年（一八〇九）に永代橋は菱垣廻船問屋仲間によって結成された三橋会所が管理することとなる。そしてこのとき橋銭は徴収せず、無料とされた。しかし、文政二年（一八一九）に頭取杉本茂十郎の失脚・経営難で三橋会所が廃止となると、以後は町方持となるが、維持・修理費用は幕府が支払う形式になり、そのまま明治維新を迎えている。

なお、富岡八幡の祭礼は、以後山車などの巡行はなくなり、表門外の仮屋に三基の神輿を飾るばかりであったが、それでも多くの見物客を集めたという。

第四章　寺社参詣の発達

一　斎藤幸孝・月岑父子と『江戸名所図会』

1　文化都市江戸の誕生

今世紀初めにベルリンから里帰りして江戸東京博物館で紹介され話題になった「熈代勝覧《きだいしょうらん》」という絵巻は、十八世紀初頭を舞台に今川橋を起点として日本橋に至る大通り沿いの情景を活写したものである。そこからは呉服問屋として江戸屈指の規模を誇る三井越後屋や、十軒店の雛市の賑わい、そして魚河岸の活気ある光景など、江戸の代表的な町人世界をうかがうことができる。

これに対して、今川橋の北側には神田の町が広がり、また筋違門へと向かう大通りの西方には、江戸城とそれを囲むように林立している大名屋敷群があった。そしてこれらの地域は、十七世紀前半の築城や町割りによってすでに開発・整備がなされていた。

天正十八年（一五九〇）の徳川家康入国以来地域を拡大・発展させ続けた江戸は、十九世紀に入る頃には地域としての境界が不分明になっていた。そこで文政元年（一八一八）にようやく幕府が便宜上江戸の範囲についての公式見解を図示したのが、「朱引」である。それと同時におりからの印刷・出版文化や、寺社参詣など行動文化の発展、そして「江戸ッ子」という独自の行動様式をもった人物像が登場し、江戸に対する表現についても、「大江戸」や、京都への対抗意識を含んだ「江都」「東都」という表現が盛んに用いられるようになっていく。そして、このような地域意識への自覚が各種地誌類の刊行へとつながっていったのである。

将軍のお膝元の政治都市である江戸は、宝暦～天明期（一七五一～一七八八）になると、経済的にも文化的にも京都・大坂をしのぎ繁栄をきわめる社会となっていった。その傾向は寺社参詣にも表れていて、江戸の住民は大名藩邸勤務の武士や、長屋住まいの庶民までが信仰と娯楽双方の欲求を満たす場所として、頻繁に寺社を訪れるようになる。その一方で、多くの参詣客を迎える寺社では、さまざまな由緒や名物、霊宝などが整備され、境内や門前にはさまざまな見世が建ち並び、物売りや芸を披露する人々なども集まった。こうして庶民は寺社を生活の一部に取り込んでいき、それと同時に、相撲・富くじ・小芝居・見世物などの娯楽的な魅力も庶民を寺社の境内に引きつける効果をもたらした。江戸は観光的にも魅力ある都市になったのである。

2　江戸庶民の寺社参詣

ところで、江戸時代、江戸に住む庶民にとっての寺社参詣には、「お伊勢まいり」など一生に一度のものと、成田山・大山・富士山・江の島・鎌倉・坂東巡礼・秩父巡礼・高尾山などの数日の小旅行、さらには浅草寺や王子稲荷などの日帰りのものとが存在した。なかでも札所巡礼の旅は、病気の回復や諸願成就のために複数の霊場をめぐり納札・納経するもので、本来それは苦行をともなうものであった。

しかし、天下太平の世が長く続くようになり、交通環境の整備がなされ、さまざまな産業が発展することによって時間的・経済的にもゆとりが出てくると、庶民の巡礼も盛んになり、しだいに目的が各地の名所旧跡を訪ねたり、その土地にちなんだ名物を食べたりなど、日常生活からの解放と知的欲求の充実を目指す方向に変化していった。各地の地誌類やさまざまなガイドブックが刊行され、とりわけ十九世紀初頭の『東海道中膝栗毛』の刊行は、多くの庶民を旅に駆り立てたことで知られている。

これに対して、十八世紀中頃から江戸やその近郊でも花見・月見・初午などの年中行事などによる名所めぐりが盛んになってくる。天保九年（一八三八）に刊行された『東都歳事記』の巻末には、江戸の年中行事とともに次のように霊場めぐりが二六件も掲載されている。

①江戸三十三所観音参　②同三十三所観音参　③山の手三十三所観音参
④近世江戸三十三所観音参　⑤同三十三所観音参
⑥上野より王子駒込辺西国の写三十三所観音参　⑦浅草辺西国三十三所参

⑧深川三十三所参　⑨西方三十三所参　⑩九品仏参　⑪最初建立江戸六地蔵参
⑫江戸南方四十八所地蔵尊参　⑬江戸山の手四十八所地蔵尊参
⑭江戸東方四十八所地蔵尊参　⑮江戸山の手二十八所地蔵尊参
⑯荒川辺八十八所弘法大師巡拝　⑰弘法大師二十一ケ所参
⑱同江戸八十八ケ所参　⑲円光大師遺蹤写廿五箇所巡拝　⑳江戸十ケ所祖師参
㉑閻魔参拾遺　㉒妙見宮不動尊金毘羅権現百社参　㉓聖天宮百社参　㉔弁財天百社参

こうした霊場めぐりは数回から数十回に日を分けてめぐるのが通常と考えられるが、いずれも江戸とその周辺域で完結するように構成されている。札所の写しが多いのが特徴で、なかには護国寺のように、天明年間（一七八一～八九）に境内に西国三十三ヶ所の写しとして、三三体の仏像とそれを収める仏堂を設ける事例まで現れた。これらの事実は、江戸庶民は関所を越え、往来手形を必要とするような面倒な手続きのいらない手軽な参詣を好んだことを示し、庶民は江戸の寺社をハシゴしていったのである。それと同時に十八・十九世紀には出開帳が盛んに行われ、このことが江戸庶民と地方寺社とを結びつける働きをしたと考えられる。

例えばここに挙げた図23は、徳川家康の月命日である十七日に毎月順拝するコースを紹介した「御府内順拝所道法」という嘉永七年（一八五四）九月に出された摺物で、小石川の樫村という人物が版木に摺って知り合いに配っていたのを、三十間堀の楢崎氏が再版したものだと記されている。表面には順拝すべき寺社三一ヶ所が東西南北とともに大まかに図示され、裏面には加茂真淵・本居宣長・加藤枝直《えなお》・加藤千蔭《ちかげ》の和歌や、松尾芭蕉・小林一茶の句などが記載されている。なお、この摺物は筆者が古書店で入手したものだが、蔵書印に「玄龍」とあり、かつて江戸の文化・風俗の考証家として知られた三田村鳶魚《えんぎょ》（一八七〇〜一九五二）が所蔵していたことがわかる。なかでも鳶魚が関心を示したのは、この順拝図にほかならない。

　図では毎月十七日に訪ねるべき寺社を紹介しており、順拝の順番を示してはいないが、仮に芝安国殿を起点とすれば、芝安国殿―品川東海寺―品川南天王―品川海晏寺―麻布広尾天現寺―麹町平川天神―高田穴八幡―目白養国寺―おとハ（音羽）護持院―小石川伝通院―ゆしま（湯島）円満寺―妻恋稲荷―湯島根生院―上野吉祥院―浅草寺町源空寺―新堀端西福寺―新堀端東漸寺―浅草誓願寺―浅草三社（三社権現）―牛島長命寺―木下川浄光

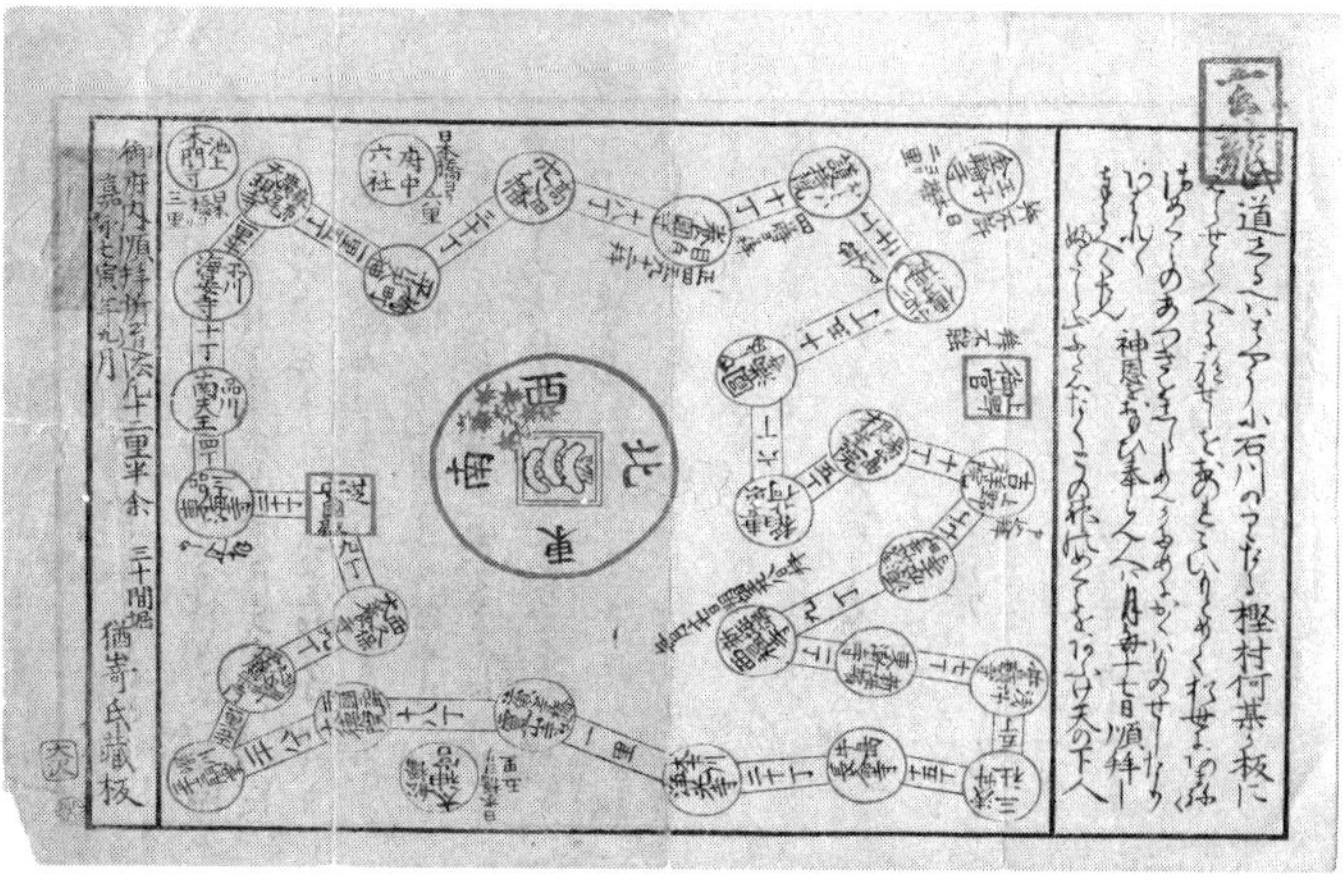

図 23　「御府内順拝所道法」

寺─法音寺橋霊山寺─両国元町大徳院─深川三十三間堂─桜田久保町伊藤宗右衛門─西久保大養寺─芝安国殿で一巡するというルートが表現されている。また、このほかに「拝不能」の上野御宮、同じく「拝不許」の王子金輪寺、遠方の船橋大神宮・池上本門寺・府中六社がルート外に設定されている。なかには個人宅も対象とされていたりするが、江戸の町人たちの間でも、東照宮信仰に縁のある場所を順拝する人々は少なくなかったことがわかる。

以上のように、とかく「士農工商」という身分制度に縛られた社会とみなされがちな江戸時代、人々は神仏の前にはみな平等であり、寺社の境内や門前は身分の違いを超えて人々を惹きつける空間であった。こうして寺社はあらゆる人々を受け入れるとともに、その賑わいや由緒来歴は、郷土としての誇るべき地域像を形成する上で欠かせないものであった。

3 『江戸名所図会』と斎藤家三代

そのようななか、江戸の人々の郷土意識を大きく刺激する出来事が起こる。『都所名図会』の刊行である。安永九年（一七八〇）に刊行された同書は、挿絵が豊富で、寺社の由来来歴などが詳しく紹介されており、経済的・文化的に成熟し始めた江戸に対して、依然として色あせぬ古都の魅力を広く知らしめるのに十分な影響力があった。その後、これに続いて『大和名所図会』『東海道名所図会』など、諸国における名所図会の刊行が相次いだ。これらはいずれも知識欲を高めた庶民の視線で郷土の自画像を描こうという試みだった。

これに触発されたのが、神田雉子町ほか六ヶ町を治める町名主斎藤市左衛門（幸雄、号長秋）だった。国学の素養がある幸雄は江戸初期から世襲の古町名主で、江戸根生いの住民として、これまでの『都名所図会』をはじめとする名所図会シリーズに対抗するべく、江戸独自の地誌編纂を始めた。しかし、原稿をまとめ出版許可を取った直後の寛政十一年（一七九九）に亡くなってしまう。

編纂事業は甥で婿養子の幸孝が引き継ぐこととなる。ところが彼は刊行時期を遅らせてまで収録範囲を意識的に郊外にまで広げたため、さらに編纂に時間がかかることとなった。そして文化十五年（一八一八）、これまた刊行をみぬうちに幸孝は急逝してしまった。幸孝が新たに手を加えなければ、もっと早く刊行されていたに違いないが、同時により綿密な考証を重ねたいという強い思いがあったようである。

幸孝は国学者でもあり、莞斎および縣麻呂の号がある。彼の蔵書印や書写・書込の筆跡のある史料は各所に現存していて、その内容から、当時流布していた編纂物・絵図・古文書・地誌・縁起・随筆類などを盛んに入手し、徹底的な比較検討を行っていた様子がうかがえる。またこれらには碑文を写し取り、土地の古老の聞き取りをした成果が反映されている部分も少なくないことから、彼は綿密な実地調査を行っていたのがわかる。幸孝が収録範囲を郊外に広げたことの背景には、江戸を実証的に分析していくなかで、近郊の社会との並存・共存関係で成り立つ当時の江戸社会の実像がみえてきたからにほかならない。

ところで、前述の朱引図と『江戸名所図会』とを比較すると、朱引図の範囲は東は中川、西は代々木・

上落合まで、北は千住・板橋、南は品川までである。一方、『江戸名所図会』は東は船橋、西は八王子辺りまで、北は大宮、南は六浦までを収録している。つまり、図会の収録範囲は幕府が公式見解として定めた江戸の範囲を大きく超えるものだったのである。

幕府による朱引の策定は、寛政十年（一七九八）刊行の『寛政重修諸家譜』の編纂事業で大名・旗本に系図類を提出させ、幕府の政務の一翼を担う彼らの由緒を明らかにしたのと対応している。その一方で江戸の町方や寺社に対しても地誌の編纂を構想し始めた。すなわち、幕府は文政八～十一年（一八二五～二八）に町名主や各寺社に概況や由緒の書上を命じ、同様に『新編武蔵風土記稿』を文政十一年に、『御府内備考』を翌十二年に刊行するなど、江戸が開府して二〇〇年ほどを経たこの頃、幕府はその拠点としている都市江戸の自画像を描き直していたのである。

幕府が上から江戸を把握・紹介するのであれば、根生いの住民の一代表として、下からの地域的視線で江戸を描こうではないか、という意図は右の幸雄・幸孝に共通したものである。江戸では将軍や大名の権威に支えられた武士に対抗して、十八世紀後半には「江戸ッ子」といわれる根生いの町人モデルが登場した。なかでも神田は日本橋と並ぶ「江戸ッ子」を輩出した江戸の中心地域である。彼らは『江戸名所図会』を京都への対抗心とともに、武家社会に対して町人世界の繁栄を表現する意を込めつつ、江戸を全国的にアピールする書として刊行を目指したわけである。

幸孝死去後、斎藤家の悲願はわずか一五歳の幸成（月岑）に引き継がれ、ようやく天保五年（一八三四）

と七年に一〇冊ずつ、合わせて七巻二〇冊の『江戸名所図会』が刊行された。同書には長谷川雪旦が描いた挿絵が随所に盛り込まれているのも特徴で、その詳細な描写は、江戸への関心を惹きつけるのに実に効果的だった。

ただし、同書は判型も大きく、大部であるため、携帯用には適さない。第一、全冊揃えるには相当な金額がかかってしまう。それゆえ、長屋住まいの江戸庶民や、地方の小農民には容易に手が出せるものではなかった。江戸の人々に地域への再認識を促す役割を果たしたことが指摘できる一方で、かつて地方の村役人を務めた家や、勤番武士だった家などの土蔵にしばしば『江戸名所図会』が姿をみせることも重要な事実であろう。こうした事例の数々は、同書が地方の富裕層や有識者への「江戸土産」として珍重されたことを物語っている。同書はこうした人々によって地方にもたらされ、江戸の魅力を広め、旅人を江戸に誘う役割を果たしたのである。

なお、幸孝は相模・伊豆の地誌編纂も同時に進めていた。すなわち、彼は文化六年（一八〇九）二月二十五日から三月二十六日にかけて、熱海の温泉や名所探訪に出掛けているほか、『箱根熱海温泉名勝図会』や『相山図海温泉名勝志草稿』（ともに公益財団法人無窮会神習文庫所蔵）などの遺稿を残しているのである。

実際に『江戸名所図会』最終巻の奥付には、「近刻」の書として『拾遺江戸名所図会』全五冊、『東都歳事記』全四冊とともに、次のように記載されている。

箱根　　　　　　　　藤原縣麻呂遺稿
　温泉名勝図会　全三冊　長谷川雪旦画図　近刻
熱海　　　　　　　同　雪堤補画

右の三書のうち、『江戸名所図会』の続編というべき『拾遺江戸名所図会』（未刊）と、天保九年（一八三八）に実際に刊行された『東都歳事記』は、ともに「斎藤月岑編述・長谷川雪旦画図」とあり、月岑が自ら構想したうえで編纂を進めていたことがわかる。

その一方で、『箱根熱海温泉名勝図会』については、月岑はあくまで父幸孝の遺稿を修正して刊行するつもりだったと考えられる。これはおそらく『江戸名所図会』と同様のパターンであり、かなり完成度の高い幸孝の原稿が用意されていたことを考えれば、未刊に終わったのは、天保改革期を境に、月岑の関心が自著を刊行する方向に変化したと想定できるだろう。

4　文化人斎藤月岑

町名主斎藤家を継いだ月岑もまた文化人だった。彼は若い頃から国学を学び、父幸孝同様にさまざまな文化人と交流を重ね、江戸市中を精力的に歩いた。そして父や祖父が『江戸名所図会』編纂のために収集した資料を有効に活用しながら、『東都歳事記』と『武江年表』を刊行しているのを考えれば、ただ者ではないことは明らかだろう。

すなわち、『東都歳事記』は江戸の年中行事を江戸町人の視点で広く紹介した書で、天保九年（一八三八）に刊行された。同書は春（上・下）・夏・秋・冬の計五巻からなり、挿絵は『江戸名所図会』と同じ長谷川雪旦・雪堤父子が担当している。

また、『武江年表』は江戸の庶民の総合年表というべきもので、嘉永二・三年（一八四九・五〇）に正編全八巻が刊行された。天正十八年（一五九〇）の徳川家康江戸城入城から筆を起こし、嘉永元年までを綴っている。こちらは挿絵がないものの、寺社の開帳やさまざまな興行の記事、火事の記載をはじめとする災害記事、江戸市中で起きた事件や俗説を豊富に盛り込んでいる。そしてあらゆる書物を引用しながら庶民の視線で編集しており、ここでも『江戸名所図会』の編纂姿勢が受け継がれている。なお、のちに月岑は死去する直前の明治十一年（一八七八）正月に続編を脱稿し、四年後の明治十五年に東京日々新聞編集長を務めた甫喜山景雄《ほきやまかげお》が上下二冊本として刊行した。こちらは和綴じでありながらも、印刷には文明開化の影響を反映して活字が使われている。

月岑は他にも、天保十年（一八三九）から書きはじめて弘化四年（一八四七）に刊行された江戸の音曲・演劇の書である『声曲類纂』など、さまざまな著作を残しているが、調査のためもあってか、江戸の寺社に盛んに足を運んでいる。月岑直筆の雑録である『睡余操瓢《すいよそうこ》』第九巻（国立国会図書館所蔵）には、文政十二年（一八二九）から天保六年（一八三五）にかけて、彼が『東都歳事記』を編纂するために調査した寺社が記されている。これをみると、彼は開帳・縁日・法会・祭礼に合わせて訪れていることがわかる。

また彼の文政十二年から明治初年までの日記には、随所に開帳・見物・花見といった行楽の記述がみられる（『斎藤月岑日記』）。

月岑の日記を丹念に読んでいくと、親戚や知人宅、そして斎藤家菩提寺の浅草法善寺のほか、浅草寺・真乳山《まつちやま》聖天《しょうてん》・虎の門金比羅大権現・赤羽橋水天宮・神田明神・亀戸天神・回向院などに頻繁に参詣していることがわかる。このうち浅草寺・回向院は開帳で賑わう盛り場で、見世物や床見世といわれる露店が立ち並び、大道芸なども行われる歓楽スポットとして知られる。なかでも浅草寺本堂裏手の奥山は、独楽回しのパフォーマンスで知られる松井源水や、居合い抜きで名を馳せた芥子の助など、参詣客の足を留めるに十分魅力的な場所であった。また真乳山は月岑が浅草寺参詣の際に合わせて立ち寄ったらしい。神田明神は氏子であったことによるものと思われ、江戸で全盛期を迎えていた富突（富くじ）などを見物することもあった。そして熱心に毎月十日の縁日になると参詣しているのは、虎の門の讃岐丸亀藩上屋敷内にある金比羅大権現で、月岑は『東都歳事記』にも未明より参詣者が集まり「植木其外諸商人市をなせり」と記している。

このように、斎藤幸孝・月岑父子は、町名主としての勤務の合間に、自らの文化活動の一環として江戸とその近郊をめぐり、その世界観が『江戸名所図会』や『東都歳事記』に少なからず反映されているものと考えられるのである。江戸の枠組みを大幅に超えた実証的な地誌を構想した幸孝と、父祖の編纂事業から「自立」して、独自の江戸に対する世界観を表現しようとした月岑。この親子の足跡は十九世紀の江戸の縮図であり、江戸文化を知る上で宝の山であるに違いない。

二　武家社会と行楽

1　村尾嘉陵『江戸近郊道しるべ』

田安家・一橋家とともに御三卿を構成する清水家は、九代将軍家重の次男重好が宝暦八年（一七五八）に江戸城清水御門内に屋敷を賜ったことに由来する将軍家一門である。御三卿の家臣は旗本・御家人からの出向組と、各家に直接仕官した譜代組とに分かれるが、清水家の譜代組の一人に村尾正靖《まさやす》という武士がいた。正靖は通称を源右衛門、号を嘉陵といい、宝暦十年（一七六〇）に生まれ、天保十二年（一八四一）五月二十九日に八二歳で没した。清水家の広敷用人を務め、屋敷は三番町にあった。

彼は勤務の合間を縫って日帰りの旅をするのが趣味だった。文化四年（一八〇七）の四八歳から天保五年（一八三四）の七五歳にかけての日帰りの旅四一件を記録したのが『江戸近郊道しるべ』（別名『嘉陵紀行』）である。

同書は朱引内の江戸の観光コースについてはあまり取り上げておらず、あえて近郊を訪れた小旅行を意識的に収録したようで、近い場所であればもっと頻繁に出かけていた可能性がある。嘉陵は主に三番町の自分の屋敷か、あるいは浜町の清水家下屋敷から出かけている。日帰りとはいえ行動範囲はかなり広く、しかも東西南北各方面に出かけていて、東は柴又・市川・船橋・柏・小金牧・綾瀬、西は江古田村・井の頭弁財天・府中・高幡不動、南は目黒不動・池上本門寺・碑文谷村・川崎大師、北は戸田・川口・大宮・桶川にまで及んでいる。

出立は昼頃のこともあるが、朝方が多く、ときにはまだ夜の明けぬうちに出掛け、日暮れから七ツ時（午後八時頃）までに帰宅したようだが、それでも現代的な感覚からすれば、彼の健脚ぶりには驚かされる。しかも、彼の行動範囲は奇しくも先に取り上げた『江戸名所図会』の収録範囲にかなり近いのである。

ちなみに、右の記録にみえるなかで最もハードな行程だったのが、文政二年（一八一九）十月四日の「中山道大宮紀行」で、七ツ過ぎ（午前四時半頃）に三番町の屋敷を出たあと、板橋宿→志村の坂→元蕨村→蕨宿→浦和坂→浦和宿→大宮宿→一の宮氷川社→吉野原村→天神橋→加茂宮→東光寺→上尾→桶川宿→浦和宿→覚心院→玉蔵院→勢至菩薩の森→蕨→中村屋作兵衛宅→元蕨村→戸田の堤→志村の原→板橋宿とめぐって五ツ過ぎ（午後八時過ぎ）に帰宅している。

嘉陵は小高い山や坂、川や道について自らが歩いた順にその様子を記述し、村々の風景、草木花などの植物や、動物・昆虫への観察にも余念がなかった。当時のこうした日帰りの旅や行楽の外出が、信仰心・知的好奇心や娯楽への欲求を満たす神社仏閣を中心とする名所めぐり以外にも、風景の美しさや自然とのふれあいという要素が人口過密都市江戸の人々にとって重要だったことを物語っている。

2　勤番武士酒井伴四郎と行楽

嘉陵は江戸の住人だったため、郊外に関心を向けていたようだが、江戸で生活する武士で最も多いのが、大名藩邸に勤務する藩士たちである。そして勤番武士といわれる彼らの藩邸内での生活ぶりを物語る史料としてよく取り上げられるのが、「江戸江発足日記帳」だろう。これは三〇石取りの紀州藩士酒井伴四郎彰常による、万延元年（一八六〇）五月十一日から十一月晦日までの一九五日間の記録である。

天保五年（一八三四）七月二十一日生まれの酒井伴四郎（二十七歳）は、妻子を国許に残し、藩主の参勤交代に合わせて叔父宇治田平三・大石直助・小野田喜代吉・小林金右衛門、従者為吉とともに江戸にやってくる。故実にしたがって装束の着用の指導にあたる衣紋方として勤務しながら、叔父や大石と赤坂の藩邸内の二階建ての長屋で共同生活を始めた。伴四郎たちは単身赴任者として藩邸の長屋で共同自炊し、屋敷近くの赤坂や四ッ谷・麹町で食材や生活用品を調達している。

伴四郎の勤務は六月が六日間、七月はなし、八月は一三日間、九月は一〇日間、十月が七日間、十一月が九日間と、それほど忙しい役職ではなかった。藩士は役職によってその忙しさが違っている。伴四郎の場合はたまたま時間の余裕に恵まれていたため、余暇を使ってかなり精力的に江戸の各地を見物に出かけた。それは大名の登城見物や異国人見物にはじまり、寺社・名所・見世物・吉原・寄席・芝居などを訪れている。そして見物には買物のほか、名物を食べたり、屋台や料理屋で飲食するさまがこの記録には頻繁に記されているのである。

なかでも伴四郎の外出先は浅草寺・不忍池弁天堂・両国回向院・深川富岡八幡宮・芝神明・増上寺・芝泉岳寺・市ヶ谷八幡・愛宕山・麻布氷川明神・伝通院・平川天神・目黒不動など寺社が少なくないが、やはり屋敷からさほど遠くない赤坂・四ッ谷・麹町・鮫ヶ橋が多かった。

伴四郎は毎月五日に屋敷内の水天宮を公開する久留米藩有馬家の赤羽藩邸と、同様に毎月十日公開の丸亀藩京極家の虎の門藩邸内金毘羅社にも出かけているほか、七月十六日には浅草・吉原方面、九月十三日には堀之内方面、同月二十日には向島方面、同月二十三日に深川、同月二十六日は駒込・王子・染井、十月二十七・二十八日には遠出して川崎方面、そして十一月八日は酉の市なので浅草の鷲大明神へというように、屋敷から遠くに出かける場合には、あらかじめ訪れる地域を決めている。伴四郎のこうした行動範囲は、赤坂の藩邸から日帰りで外出できる江戸西部が多い傾向にあった。彼ら藩士には門限があるため、日暮れ時には藩邸に戻らなければならなかったのである。しかし、この日記をみると、実際には門番に酒手を渡し、多少の融通をつけてもらっていたらしい。

3　町奉行所与力夫人の江の島参詣

次に江戸の町奉行所与力夫人の旅を取り上げてみたい。武家の女性の旅の記録はそれほど多く残されていないが、南町奉行所の与力を務めた仁杉《ひとすぎ》八右衛門幸雄の妻（李院妻女、?～一八五九）の記録に「江の島紀行」がある。これは「李院」の号をもつ幸雄（一八〇〇～?）の妻が、安政二年（一八五五）四月十八日から二十三日までの五泊六日の旅に出かけた際の日記で、彼女は金沢・鎌倉・江の島の名所を巡り、いくつかの歌を載せている。旅の行程は次の通りである。

四月十八日
自宅（八丁堀組屋敷）→高輪→大森梅園→六郷（舟渡し）→川崎万年屋（昼食）→神奈川宿井枡屋→権現山→井枡屋（宿泊）

同十九日
井枡屋（辰の刻頃）→台の茶屋→浅間社→程が谷→関（立場、小休）→能見堂→（金沢八景所々見物）→一葉の松→瀬戸橋東屋→照手姫ふすべ松→野島・夏島（潮干狩り）→一覧亭→瀬戸橋東屋（宿泊）

同二十日
瀬戸橋東屋（辰の刻頃）→瀬戸明神→枇杷島弁財天→金竜院→竜灯の松→朝比奈切通し→鼻欠地蔵→梶原屋敷跡→頼焼阿弥陀→杉本寺→荏柄天神→大塔宮土の牢→大倉→宝海寺前→頼経将軍屋敷跡→鶴岡三の鳥居前→雪ノ下大沢屋（小休）→鶴岡八幡宮→源頼朝墓→大江広元墓・島津忠久墓→鶴岡八幡宮→丸山稲荷→青梅聖天→新居閻魔堂（円応寺）→建長寺→杉谷弁天→北条時頼→東慶寺（小休）→円覚寺→浄智寺→化粧坂→海蔵寺→弘法大師十六の井→扇谷管領屋敷跡→寿福寺→若宮小路→雪ノ下大沢屋（小休）→段葛・ニの鳥居→長谷小路→長谷三ツ橋屋（宿泊、戌の刻頃）

同二十一日

長谷三ツ橋屋（辰の刻頃）→光則寺→深沢三仏→長谷寺観世音→佐助稲荷→長谷三ツ橋屋（昼食）→御霊社→虚空蔵堂→朝比奈切通し→浄善寺・極楽寺→弁慶腰掛松→日蓮上人袈裟掛松・十一人塚→茶屋（昼食）→七里が浜→腰越村→満福寺→片瀬村龍口寺→（舟渡り）→江の島恵比寿屋→下の宮→上の宮→遊行上人成就水→岩屋本社→稚児が淵→岩屋→奥の院→江の島恵比寿屋（宿泊）

同二十二日

江の島恵比寿屋→岩屋（辰の刻頃）→下の宮鳥居前（貝細工買物）→江の島恵比寿屋→（舟渡り）→石上村→藤沢宿湊屋（小休）→遊行寺→戸塚宿→追分・長芋坂・焼餅坂→武蔵・相模国境（小休）→程ヶ谷宿並岡屋（宿泊）

同二十三日

程ヶ谷宿並岡屋（辰の刻頃）→神奈川台（小休）→川崎→六郷→大森山本屋（昼食）→品川→八ツ山（小休）→泉岳寺→田町三田八幡社→帰宅

彼女はこの旅でいずれも代表的な名所を巡っており、ことに鎌倉の名所は精力的に訪れている。また江の島では老舗恵比寿屋を宿とし、島内の岩屋まで隈なく巡っている。そして各所で歌を詠むなど、この「江の島紀行」は文字通り紀行文的な特徴をもっている。

幸雄は与力として詮議役（吟味方）などを務める一方、教養の高い人物で、趣味として公務の合間に数千に及ぶ扇面を収集していたことで知られ、天保九年（一八三八）には自身のコレクションを紹介した「扇譜」（佐賀大学附属図書館所蔵）を刊行している。夫人も右の旅日記で訪れた所々で和歌を詠むなどしており、その筆致からも歌学に関する教養が深いことがわかる。また彼女は冒頭で次のように述べている。

鎌倉鶴が岡江の島詣の事、あまたとしおもひわたりけれど、何くれと世のことわざしげく、また道の程もや、遠ければ、心にもまかせざりしを、ことしばかりは何のさはる事もなくて、卯月中の八日しの、めに出たつ。空のけしきいとしづかなり。

右によれば、李院妻女は鎌倉・江の島への参詣を年来考えていたものの遠いのでなかなか行けなかったが、この年すなわち安政二年の四月は何も障りがなかったので旅に出ることとしたと述べている。この年十月二日には安政の大地震が江戸を襲い、幸雄が安政三〜四年頃に与力を引退したようなので、彼女は絶妙な時期に参詣をしたことになる。

4　仁杉たきの江の島参詣

仁杉家では、右の二五年後、もう一人の女性が江の島に出かけている。幸雄の跡を継いで与力を務めた息子幸昌（?〜一八七八）の妻たき（?〜一八九六）である。仁杉家の過去帳によれば、柴田芸庵《うんあん》の息女とある。芸庵は奥医師として幕府に仕えたほか、わずか五歳で死去した松平冠山（池田定常）の息女露姫の治療や、松江藩松平家の診療にもあたっていた漢方の名医である。なお、仁杉家の過去帳には芸庵の諱が永孝で、安政元年（一八五四）三月十八日に死去したことが記されている。

たきの残した「江の島日記」によれば、彼女は義母から、鎌倉の鶴岡八幡宮から江の島にかけての名所古跡を巡った話を以前から聞いていて、いつか参詣しようと考えていた。そこにたまたま実家の知己の「清川氏」が江の島詣でを誘ってくれたので同行することにした、というのが旅の動機である。

ここで「清川氏」とあるのは、漢方医清川玄道（一八三八～八六）の妻女と考えられる。清川家は代々幕府の御目見医師（漢方）の家柄で、浅田宗伯（一八一五～九四）や河内《こうち》全節（一八三四～一九〇八）らとともに「漢方六賢人」として、西洋医学が主流になっていく明治期にあって、漢方の名医として知られた人物である。文久元年（一八六一）の尾張屋版切絵図「京橋築地鉄炮洲絵図」をみると、二人はともに木挽町新屋敷の地に隣り合って屋敷を得ていたことがわかるが、維新後この地は采女町《うねめちょう》となる。本文末尾にたきは采女町の清川氏の家に帰ったとあるので、清川家はその頃まで居所を変えていなかったのだろう。なお、文中にはたきと清川氏以外にも同行者があるような表現が数箇所みられるが、それが清川氏の知人なのか家族なのかといったことは不明である。

この旅は明治十三年（一八八〇）四月十二日から十四日までの二泊三日の日程で、一行がめぐった主な行程は次のとおりである。

四月十二日

新橋（八時十五分出発）→神奈川（九時すぎ）→神奈川台茶店（小休）→（人力車）→戸塚くらや

（昼食）↓（人力車）↓藤沢遊行寺↓片瀬祖師堂（龍口寺）↓七面山↓江の島立花屋（午後五時すぎ）

同十三日

江の島立花屋↓茶屋↓岩屋↓江の島立花屋↓七里ケ浜↓上の茶屋↓（人力車）↓極楽寺↓朝比奈切通し↓長谷観世音↓大仏↓鶴岡八幡宮↓金沢東屋

同十四日

金沢東屋（八時頃）↓（人力車）↓能見堂茶屋↓横浜（十一時頃）↓采女町清川氏宅（午後一時頃）

ここでは西洋の時刻制度が用いられ、往復は汽車に乗り、道中所々で人力車に乗っているあたりに文明開化後の旅らしさを感じさせる。

まず初日は朝から小雨のなか、新橋駅から汽車で神奈川まで行き、台の茶店で休んだ後、ここから人力車で遊行寺まで向かっている。片瀬祖師堂とは龍口寺のことで、たきは境内の七面山には登らなかったが、仲間たちは石坂を登り、このうち元気な「御若き御方々」以外は途中から腰を押してもらう者や、供の者から草履を借りて下山する者などがあったと述べている。こうしたことから、この旅は老若合わせて五、六人以上の一行で、たきは比較的高齢であったことがうかがえる。

その後、一行は江の島に到着し、立花屋を宿にしている。この日は雨が降っていて天候が思わしくはなかったのだが、珍しい景色に触れ、桜の季節ということもあり、満喫している。宿は清川氏が長らく贔屓にしているところだったようで、上段の間に通され、かなりの歓待を受けている。たきは新鮮な魚に舌鼓を打ち、真新しい夜具の心遣いに感じ入っている。

　翌十三日には立花屋の息子の案内で島内各所を見物している。一行は岩屋に行くが、たきは足腰に自信がないのか、遠慮して近くの茶屋で待機することにした。茶屋では景色を満喫し、やがて戻ってきた一行から岩屋の話などを聴き、団子やサザエの壷焼などを食べ、貝細工などを土産に買っている。その後七里ヶ浜を散策したあと、午後は人力車を雇って極楽寺・長谷観音・大仏・鶴岡八幡などの鎌倉の名所を案内してもらっている。一行は夕暮れ時に金沢に到着し、東屋に宿泊した。この東屋は『江戸名所図会』の挿絵にも描かれており、江戸時代以来の老舗旅館として知られていたが、この時も多くの客が訪れており、かなり賑わっていた。たき一行は混雑のなか二階の一室に通され、湯に浸かり、朧月夜の入江の景色を堪能している。ただ建物が古く、ところどころ痛んでいる箇所があり、夜具も前夜とは違い、心地のよいものではなかったようである。

　十四日は人力車を雇って横浜まで向かう。途中の能見堂では茶屋の老婆が遠眼鏡で八景の解説をするのに耳を傾けている。その後一行は横浜から汽車で新橋に向かい、采女町の清川邸に午後一時過ぎには到着した。

　この旅は途中までの往復に汽車を用い、二泊三日という短い旅を効率よく満喫するために、しばしば人力車を雇い、案内を乞うなどしているのが特徴である。この点では近代の東京近郊の旅を考える上での参考となろう。そして筆録者であるたきは、訪れた社寺に関する記述は少なく、むしろ景色に強い関心があることがうかがえる。ところどころで景色を句に詠んでいるところをみると、日頃俳句を嗜んでいたのがわかる。

なお、本文末尾には姑が歌の道に通じており、「道すからのこと、も心のま、か、せられ」と記しているように、たきは前掲李院妻女の「江の島紀行」を読み刺激を受けていたとみえて、自身でも旅の記録として残そうとしたことがうかがえる。たきにとって、この旅は非常に満足のいくものであり、生涯の思い出になったものと思われる。

八丁堀の与力・同心の屋敷には医者・儒者・国学者・手習師匠など学問・芸術に関わる人物が多く住んでいたことや、与力の加藤枝直（一六九二～一七八五）・千蔭（一七三五～一八〇八）父子、同心の夫人で、荷田蒼生子《たみこ》（春満姪、在満妹、一七二二～八六）に歌学を学んだ菱田縫子（一七五〇～一八〇一）といった国学者・歌人たちの存在を考えれば、たきの姑がこうした環境のなかで歌学の教養を深めていったと推測するのは容易であろう。そして町奉行所与力の夫人層の間で歌学を通じた学びのネットワークがあったことが想定できよう。実際にたき自身も医者や狩野派絵師に囲まれて育ったわけであるから、姑である李院妻女から江の島・鎌倉への旅の様子を聞き、また実際に書いた紀行文を見せられて、旅への思いを募らせたと思われる。

ところがたきの旅は姑の旅した頃とは環境が大きく異なり、維新後の文明開化の影響で汽車や人力車を使ったものであって、日程もかなり短縮されたものだった。おそらく街道のさまや名所・景勝地の光景も聞いていたものとは異なるところも少なくなかったであろう。また和歌の得意な姑に比べて、たきの残したのは俳句であり、彼女自身が姑の紀行文には遠く及ばないと謙遜気味に述べている。しかし、たきの「江の島日記」の文面からは、この旅が非常に満足のいくものであったことが読みとれるのである。

仁杉家過去帳によれば、たきはこの旅から一六年後の明治二十九年（一八九六）六月一日に没している。彼女にとってこの旅が生涯の思い出になったに相違なかろう。

江戸時代後期、江の島は江戸から数日で往復できる格好の行楽地として賑わい、大山や鎌倉・金沢などとセットでめぐる場合が多かった。この傾向は江戸が東京となった明治期にも引き継がれ、鉄道の発達とともに、東京市民にとってより身近な行楽地となった。仁杉家の二人の女性の旅日記は、明治維新前後の女性の江の島参詣の様相を今日に伝えてくれているのである。

三　地方出身者の江戸観光

1　会津人の江戸見物

十八世紀以降、江戸は武家人口と町方人口がそれぞれ五〇万人を超え、人口一〇〇万人超の世界的にも有数の規模を誇る大都市だったことはよく知られている。住民の多さもさることながら、政治的にも経済的にも日本最大の都市に成長していったため、地方から江戸を訪れる人々も膨大な数にのぼった。訴訟・

商用で訪れる者や参勤交代で滞在する勤番武士のほかに、見物・観光目的の旅で江戸を訪れる者も少なくなかった。

そうした江戸観光の事例でよく取り上げられるのが、伊勢参宮や札所巡礼などの途次に数日間江戸に滞在し、要所をめぐるケースと、訴訟などで二〜三ヶ月ほど長期滞在する間に各所を見物するというものである。

ここではそれ以外の中期滞在の事例として、会津藩領滝沢村から釈常照・妙照という者が仲間と江戸や鎌倉を見物した記録「道中日記」を読み解いてみたい。

滝沢村（現福島県会津若松市）は若松城下から東北二六町余の白河街道筋にある村で、会津藩主の休息所として使用された滝沢本陣が有名である。文化九年（一八一二）二月十九日にこの村を出立した一行は、三月一日に江戸に到着し、馬喰町を宿にしている。しばらくは江戸見物をしていたようだが、三月十三日に国元から書状が届き、一行が懇意にしている人物の死が知らされると、江戸見物を切り上げ、同月十五日から江の島・鎌倉見物に出掛け、十九日夕方に江戸の馬喰町の宿に戻っている。そして二十五日に江戸を経ち、道中各所を見物しながら四月九日に会津城下近くの滝沢村で地元の仲間の歓迎を受けるところで記述は終わっている。

同記録は江戸に到着するまでの記載はいたって淡泊だが、千住に到着以降は日々の行動が詳細に記されるようになる。彼らが江戸に到着してからの行動は、①江戸見物、②鎌倉・江の島見物、③再度の江戸見物、④国元への帰路という四つに内容的な区分が可能である。そこで次に、右の①〜④の概要を述べておきたい。

①江戸見物（三月一日〜十四日）

江戸では馬喰町一丁目の刈豆屋茂右衛門を宿に定めている。江戸到着初日の三月一日は足痛の者は荷物とともに馬喰町の旅籠に直行し、他の者は新吉原を見物したあと、浅草寺から浅草橋にかけての各所を見物している。二日目は同行していた「大坂屋一統」が会津藩上屋敷を訪ねに出かけたため、常照・妙照は「大町おミつ」とともに深川の寺巡りや日本橋の店、さらには上巳の節句を控え賑わう十軒店の雛市などを訪れている。

三日目以降彼らは団体で行動している。三日目は上巳の節句ゆえに、諸大名が登城する様子を見物し、大名小路や霞ヶ関の大名屋敷を見、日本橋や銀座・京橋の町々を歩いている。なお、この時会津藩の物産会所を訪れ、国元の商人たちと談笑している。

四日目は両国橋広小路や回向院、五日目は築地や永代橋周辺から富岡八幡のあたりを見物し、六日目は堺町の人形芝居を見物している。七日目は神田から湯島を経て上野、さらに浅草門跡（東本願寺）などを見て廻っている。

八日目は村松町の三河屋仁兵衛の案内で三河屋の夫人や女中とともに、羅漢寺の五百羅漢や梅屋敷・亀戸天神・三囲稲荷などを見物したあと、新吉原の見物をしている。新吉原では三河屋の馴染みの店や地箱屋に便宜を図ってもらい、一行は三河屋の者や知人などを含めて二三名ほどに膨れ上がったが、常照らは大満足であった。

九日目は雨天で外出をしなかったようだが、十日目は屋根船に乗るなどして深川や洲崎を、十一日目は木挽町の森田座や築地門跡（西本願寺）、芝神明・増上寺・愛宕山などを見物している。そして十二日目は柳原土手から上野・谷中、道灌山から飛鳥山・王子にかけてを廻っている。ここで一行は王子の海老屋で昼食をとったが、当時海老屋は扇屋と並び称される有名な料亭で、料理屋の番附に上位で取り上げられるなど、王子を代表する料亭だった。

本来であれば、このあともいろいろと見物をする予定だったようだが、十三日目に国元から親類（あるいは知人）の訃報を知らせる書状が届いたため、急きょ予定を切り上げ、当初から予定していた鎌倉・江の島見物の支度に取りかかっている。それゆえ、この日は浅草寺を見物のみにとどめ、十四日目は旅の準備にあけくれている。

②鎌倉・江の島見物（三月十五日～十九日）

十五日は雨天のなか出立し、川崎宿で一泊する。一六日は戸塚宿に泊まるが、一行は道中の疲れもあって反対意見が出たため、近くの能見堂などの見物を諦めている。

十七日は藤沢宿を経て江の島を見物ののち、鎌倉へ向かい、鶴岡八幡などを見物している。江の島では老人には厳しい場所が多く、一行は奥の院へは行かずに引き返しており、また江戸屋で出された昼食には厳しい評価を下している。

十八日は開帳中の光明寺をみたあと、案内の者を頼んで扇谷周辺や建長寺・円覚寺などの見物をし、帰路につく。帰路は旅の疲れもあって急いだようで、この日は神奈川宿に泊まり、翌十九日には馬喰町の旅籠に戻っている。なお、大森では名物の麦わら細工を、芝札の辻では反魂丹を土産に買っている。

③再度の江戸見物（三月二十日～二十四日）

二十日は堺町で中村座の歌舞伎を見、二十一日は吉太郎の案内で、足痛でまだ見ていない「中村氏ばば殿」のために再度丸の内見物をし、二十二日には与兵衛の案内で再び新吉原見物に繰り出している。そして二十三日には大丸で呉服を買ったほか、さまざまな土産物を買いに出かけ、二十四日は旅支度の荷造りを行い、仲間の間や旅籠などの代金の清算をしている。

④国元への帰路（三月二十五日～四月六日）

二十五日は朝から雨天で、途中から雪が降るなか、一行は帰りを急ぐとみえて、強行的に帰路についた。千住から先は基本的には奥州街道を進んでいるが、馬喰町の宿で同宿した宝珠花宿の福田屋治兵衛の奥方の勧めで、栗橋・関宿の関所では境河岸を経由した抜け道を採用している。関宿から脇往還の結城街道（日光東往還）を経て雀宮宿から奥州街道に戻り、途中腰堀宿では旅籠屋の設備や扱いの悪さに困惑するものの、四月六日に国元に到着している。国元近くの原村では、庄三郎のところに立ち寄り、御国到着の歓待を受けているほか、金堀村では子供たちが迎えに来ていて、城下の滝沢村の甚兵衛宅の座敷を借りて無事到着の祝杯をあげた。記述はここまでで、一行は付近に家があるらしく、ここで一同解散となった。

2　旅の特質

次にこの「道中日記」の記述からうかがえる点について、以下に述べておきたい。

まず、この旅の参加者について考えてみたい。一行は会津城下の滝沢村出身のようだが、かなりの人数で団体行動をしていることがわかる。文中のところどころに「ばゞ殿」「隠居ハ留守居」などとあることから、一行には高齢の者が多く、女性の割合が高いことが予想される。ことに長時間歩くことで足を痛める者が出て、行き先を変更したり、留守をする者が出るなどの点や、小舟や駕籠などを利用する場合も多い。また、大店を見て廻るといった行動が比較的多く、寺社や名所を精力的に廻るという男性の旅にありがちな行動とは幾分異なる特徴が表れている。この一行の詳細は明らかではないが、「大坂屋一統」「大町おミつ」「中村氏のばゝ殿」と同行している記述があるほか、三月八日に新吉原を見物した際には、総勢二三人ほどから三河屋の関係者と「知らぬ御人様」を除くと、「佐々木様」「花や様御夫婦」「多麻町弐人」「大町弐人」「神山夫婦」「花泉氏」「古手や衆四人」となるのが参考となろう。

そしてこの旅の主人公である筆録者については、「我らハ足弱」とあることや、所々にみられる記述から、年配の人物と考えられる。また、「釈常照」は浄土真宗の法名と考えられ、旅のなかでも築地本願寺や浅草本願寺、親鸞孫如信の開いた大網御坊の旧蹟を訪ねるなどの行動をとっていることを考え合わせれば、彼らは一向宗の門徒であると予想される。

また、彼らが江戸で村松町の三河屋にたびたび世話になっていることから、以前から深いつながりがあったことが推測できる。そこで三河屋仁兵衛について調べると、三河屋は文政七年（一八二四）刊行の『江戸買物独案内』に塗物問屋として紹介されており、十組問屋に加入する有力店であった。また、嘉永四年（一八五一）の株仲間再興後の問屋各組の名簿である『諸問屋名前帳』によれば、三河屋は村松町の家持となっており、明治維新を迎えるまで家業を存続している。

彼らの地元会津の名産の一つには、漆器がある。また、帰路三月二十八日の記事に登場する青木兵庫は境河岸の河岸問屋で、彼らはここに年中荷物の世話になっているとして、丁重に礼を述べている。境河岸は文中に「境川岸より諸荷物高瀬舟ニ積入レ、今七ツ時出舟して、翌朝江戸着致し候」と記されているように、奥州の産物を江戸に輸送するルートの重要な拠点として栄えていた。

こうした点から考えれば、常照らは会津漆器の販売に関わる商人で、日頃右のルートを用いて青木兵庫に輸送の世話になり、江戸の三河屋に卸していたと考えることができよう。

このように江戸との取引がある常照らは、江戸を訪れたのは初めてではなく、知己もそれなりにいたのだろう。それを示す例として、深川の玄信寺（浄土宗）には縁者の墓があるらしく、「単応直全信士」の墓掃除をして花を供え、また伊勢屋彦兵衛という者の墓にも花を供えて、役僧に香典を納めている。

次に彼らの江戸での行動を考えてみよう。まず、彼らの宿泊している馬喰町一丁目の刈豆屋茂右衛門は得意先に案内の摺物を出すなど、馬喰町に集中する旅籠屋のなかでも有名な店で、しかも宿銭がかなり高いことでも知られていた。彼らは見物した各所でも多くの金銭を使っているようで、かなり贅沢な旅をしていたことがわかる。

また、彼らの出かける先は日本橋・京橋周辺で大店を見物しているほか、両国橋周辺と回向院、浅草寺・上野寛永寺・深川富岡八幡の周辺、それに神田明神・湯島天神という江戸の有名な寺社や盛り場を訪れている。そして「悪所」と呼ばれた新吉原と江戸三座の芝居については、一度ならず二度三度訪れている。なお、中村氏のばば殿は江戸に到着して以来足痛で外出を控えていたが、痛みの癒えた三月十日から江戸見物をしており、一行はこのばば殿を配慮してすでに出かけた場所を再度廻るなどの行動がうかがえる。

こうした彼らの見物行動から、江戸の代表的な見物場所はかなり押さえられていることがわかるが、多くは三河屋の者の案内によることと、女性が多いからか、寺社や名所を精力的にまわるというよりは、買い物や江戸の町の見物を重視しているようにも感じられる。また、風光明媚な川沿いや坂の上などの景観にすぐれた場所に加えて、大名小路や霞ヶ関などの大名屋敷や、そこから江戸城に向かう行列の見物をしていることも特徴である。

一行の江戸見物は他にも予定していた行き先があったようで、巻末には「見残り申候所」として、小石川通御上水・小石川水戸様御屋敷・金杉天神・伝通院・護国寺・雑司ヶ谷鬼子母神・目白不動・赤城明神・市ヶ谷八幡宮・尾張様御上屋敷・四ッ谷御門・麹町・山下広徳寺・幡随院・根津権現・麻布善福寺・山王大権現・目黒不動瀧泉寺・池上本門寺・大師河原といった名所、および「半蔵御門→朝鮮馬場御上覧所→竹橋御門→御堀端→神田御門→常盤橋御門→本町一丁目」のコースを挙げている。つまり、今回の旅では江戸の西側、山の手地域をほとんどまわっていないことがわかる。

ちなみに、先述のように、鎌倉では案内を雇っていて、円覚寺では老人に案内を頼み、酒を振る舞っている。そして鎌倉を見物するには、ここに宿泊して案内人を頼むのがよいと述べている。また、帰路では行きに世話になった店などを再度訪ね、その時の礼を述べているのも特徴的であろう。

日記では「御目にかけたいもの」として、よし町の桜井、越前屋の座敷・料理、芸者のさわぎ、陰間のおどり、深川二軒茶屋の料理、浮世小路百川の唐人料理、柳橋元万屋八兵衛座敷にての遊山見物・料理、六月十五日の山王権現祭礼、川一丸などの大屋形舟、両国の川筋と大花火、吉原灯籠・吉原俄を挙げている。山王祭などこの旅では実際に体験していないものも含まれているが、すでに何度か江戸を訪れたことのある筆者なりの視点が反映されている。

つまり、彼らが江戸見物に求めていたのは、登城の光景からはじまり、武家屋敷・寺社・盛り場などの名所化した場所や名物、室内文芸の展開など、当時の江戸の繁栄を示すものばかりであり、江戸の文化との接触であった。そしてそのなかで寺社は重要な役割を果たしていたといえよう。

第五章　多様化する庶民信仰

一　新たな信仰機能の登場

1　町なかの宗教者（修験者・陰陽師・虚無僧・願人）

江戸で宗教にたずさわる者といえば、寺社の僧侶・神官ばかりでなく、市中に居を構えるさまざまな宗教者の存在があった。町触によれば、江戸市中には出家・社人・修験者（山伏）・行人・道心者・六十六部・虚無僧（普化僧）・比丘尼・願人・陰陽師・神事舞太夫などがいたことがわかる。彼らが町奉行所の取り締まりの対象とされたのは、いずれも人別把握の観点からである。すでに寛文二年（一六六二）九月の町触では、出家・山伏・行人・願人が江戸市中で借家する際には、本寺・本山から弟子であることを保証する証文を取ることを義務付け、同五年十月には「向後町中ニ而出家山伏願人行人等、仏壇構候者差置申間敷候」として、彼らが町なかの住居で寺院の建立に直結する仏壇を構える行為を禁じている。こうした禁令は幕末まで繰り返し出されており、それだけ町なかに宗教者が居住し、何らかの宗教的な行為をしていたことを示しているのである。

こうして江戸市中には托鉢《たくはつ》僧や祓を唱えて門付けを行う神道者など、宗教的行為や諸芸で生計を得る人々の存在があり、庶民世界に密接に関わっていた実態があった。ここではいくつかの事例を紹介してみよう。

まず江戸の修験者は聖護院を本寺とする天台系の本山派修験と、醍醐寺三宝院を本山とする真言系の当山派修験とに大別でき、他に出羽の羽黒山を本拠地とする羽黒修験があって、寛永寺の傘下に組み込まれて一定の勢力をもっていた。例えば安永七年（一七七八）四月の町奉行所の調査によれば、九四人の修験者が町なかに居を構えている実態が明らかとなっている。なお、この時彼らのうち九一人は宗教的な法義については寺社奉行に、人別については町方に所属する存在であった。

これについて文政十二年（一八二九）完成の「町方書上」をみると、町内に修験者の存在を書き記している町も少なくない。彼らは主に町内で管理する稲荷社などに住み込んで祭祀を行っており、江戸の町なかに溶け込んだ存在として一定の存在意義をもっていたことが推測される。

また陰陽師は天和三年（一六八三）、陰陽道を家職とする公家の土御門家が天皇・幕府双方から全国の陰陽師支配を認められ、編成に乗り出していく。さらに寛政三年（一七九一）には幕府が全国に触を出し、陰陽道を職業とする者は土御門家から免許状を受けてその支配に属すことを義務付けると、江戸の町人のなかからも土御門家の支配に属し陰陽師として渡世を営む者が増えていった。

一方、深編笠をかぶり首に袋や箱を提げ、背中に袈裟を掛けて尺八を吹きながら托鉢を行うスタイルで知られる虚無僧《こむそう》は、中世の薦僧という尺八を吹く乞食芸人に由来し、江戸初期に開宗した臨済宗の一派である普化宗《ふけしゅう》に属していた。彼らは一切の仏事を行うことはなく、下総小金の一月寺《いちげつじ》と武蔵青梅の鈴法寺《れいほうじ》を本山として活動した。虚無僧には浪人が多かったといわれているが、町人たちに尺八を普及させている。

また願人は願人坊主ともいい、本来は祈願者の神仏参拝の代行などをする僧形の者だったが、絵像・守札や「考へ物」と称するなぞなぞを配布し、さらに裸形で祝言を唱えたり、住吉踊りを踊るなどの行為によってわずかな金銭をもらっていた。彼らは文化・文政期（一八〇四～三〇）に「かっぽれ」を披露したことでも知られ、天保改革の際には、その風体の悪さから禁止されたが、その後は袈裟をかけて現れるようになった。そして彼らは元禄期（一六八八～一七〇四）以降、鞍馬寺の大蔵院と円光院のどちらかに所属することとされていた。この願人にも惣触頭―組頭―組頭見習―目付―組年寄―組役―組役見習―平年寄―平願人という序列化された組織があったようで、江戸では橋本町・芝新網町・下谷山崎町・四谷天龍寺門前に多く集まっていた。

図24　角大師

これらはほんの一例に過ぎず、実際にはさまざまな業態を流動的に行う宗教者たちがおり、とりわけ農村部から流入し無宿化する者の多い江戸においては、こうした幕府の秩序化に漏れた存在も少なくなかったのである。

2 願掛けとまじない

図24は現在でも諸所でみかける「角大師」と呼ばれるお札で、平安時代の高僧慈恵大師良源（九一二〜

願掛け	願掛け道具	成就後の奉納
頭痛	櫛	櫛
疱瘡	錐（3本）	錐（3本）
諸願	縄を掛ける	縄を解く
虫歯・口中の願	楊枝	楊枝
小児百日咳	—	煎り豆
怪我除け	守札	—
頭痛	縄を掛ける	茶
頭痛・百日咳	縄を掛ける	茶
夫婦和合	花・茶	—
蛇除け	札	—
小児の月代(怪我除け)	滝の水	—
疱瘡・麻疹・百日咳	河水	—
痰	塔婆	—
痔	—	—
疱瘡	杓子	—
瘧（マラリア）	年齢記載の紙	茶
諸願	願書	鳥居・絵馬
諸願	—	—
脚気	雪駄の鉄	—
歯痛	—	柳の楊枝
疱瘡	—	—
口中の願	—	楊枝
諸願	縄を掛ける	縄を解く、花
眼病	—	幟
盗賊除け	札	—
諸願	槍	槍
諸願	—	塩
痣	—	塩
腰より下の病	—	幟・米
厄災除け・安産	札	—
諸願	札	—

表 10　『願懸重宝記』諸願一覧

項　目	場　所
1　高尾稲荷の社	永代橋西詰
2　錐大明神	両国橋の真ん中
3　頓宮神	亀戸天神境内
4　口中おさんの方	西久保善長寺
5　石の婆々様	木挽町築地稲葉侯屋敷内
6　鶏印の守札	八代洲河岸大名小路織田侯屋敷内
7　京橋の欄檻	京橋の欄干北側真ん中の擬宝珠
8　日本橋の欄檻	日本橋（または四谷鮫が橋・麻布笄橋）の欄干北側真ん中の擬宝珠
9　女夫石	番場の石工某の家
10　北見村伊右衛門	北見村斎藤伊右衛門の家
11　目黒の滝壺	目黒不動（瀧泉寺）
12　鎧の渉の河水	鎧の渡の真ん中
13　痰仏（道晴霊神）	本所押上村法恩寺境内
14　痔の神（痔運霊神）	山谷寺町入口
15　孫杓子（湯尾大明神）	駒込鰻縄手海蔵寺境内
16　幸崎甚内	鳥越橋
17　粂の平内	浅草寺境内
18　日限地蔵	白金三鈷坂下遊行寺・日本橋西河岸町
19　大木戸の鉄	芝牛町大木戸
20　榎坂の榎	溜池葵坂上
21　金龍山の仁王尊	浅草寺
22　三途の川の老婆	浅草寺奥山左方
23　縄地蔵	本所中之郷業平橋西詰南蔵院
24　茶の樹の稲荷	市ヶ谷八幡境内
25　熊谷稲荷の札	浅草寺町本法寺境内
26　王子権現の槍	王子権現
27　松屋橋の庚申	松屋橋東詰
28　筑土の痣地蔵	牛込筑土明神
29　子の聖神	増上寺山内
30　節分の守護札	浅草寺観音堂
31　堀の内の張御符	堀の内妙法寺祖師堂

八五）のことを示している。延暦寺中興の祖と崇められる彼は、鬼の姿に化して疫神を追い払ったとされ、これにちなんだ魔除けの護符として戸口などに貼られるかたちで江戸庶民にも受け入れられていた。

また勘定奉行・町奉行などをつとめた根岸鎮衛《やすもり》の『耳嚢《みみぶくろ》』には、まじないや民間療法の記事が多い。例えば、シャクリの時には口に「宗」という字を三度書けば止まるとか、喉の奥に魚の骨が刺さった時、「鵜の鳥の羽がいの上に嘴《くちばし》置て骨かみながせ伊勢の神風」と三回唱えれば抜けるなどがそれで、疱瘡《ほうそう》への対処法の記載も少なくない。ことに耳の中にムカデが入った場合は猫の小便を差すと快復するとの説は、勘定奉行・町奉行を根岸と同時期につとめた柳生久通（一七四五〜一八二八）から直接聞いた話だとしていることを考えれば、こうしたまじないの類が旗本たちの間でもまことしやかに受け止められていたことがうかがえるのである。

一方、文化十一年に刊行された万寿亭正二『江戸神仏　願懸重宝記』には江戸の寺社への代表的な願掛け方法として三一例が紹介されている（表10参照）。

例えば、京橋の北側の欄干の真んなかにある擬宝珠に荒縄を掛け、頭痛の願掛けをするとか、市ヶ谷八幡境内の茶の木稲荷に願を掛け七日間煎茶を断つなど多様であるが、なかには俚諺・俗説に基づくものもあるほか、王子権現の槍が七月一三日の祭礼の日に限定しているなど、特定の日に限定しているものもあった。いずれにせよ、これらの願掛けの大半が何らかのアイテムを用い、願いが叶うと何らかのものを供えるというスタイルをとっているのが大きな特徴といえる。また願掛け対象については寺社の境内小祠が多く、流行神との関連性も指摘できる。

3　笠森お仙の人気の背景

錦絵が誕生して間もない頃、浮世絵師鈴木春信は市井の美人を描いてその名を高めたが、その代表作に笠森お仙を描いた錦絵がある。時代は田沼意次が政権を掌握していた明和頃（一七六四～七二）で、当時江戸では遊女や女形の役者ではない、市中の評判娘が注目を集めるようになっていた。そしてその多くは盛り場などの水茶屋で働く茶汲女であった。

ことに薄化粧の自然美が人気の谷中笠森稲荷の水茶屋鍵屋のお仙（一七五一～一八二七）と、厚化粧の都会美が評判の浅草寺境内奥山銀杏下の楊枝屋本柳屋のお藤（一七五一～？）が人気を二分するほどだったといわれる。

こうした女性たちが人気を博したのは、田沼時代の盛り場発展によって水茶屋・床見世が繁昌し、客引きの競争が激化したことが背景にあった。各店では容姿のすぐれた女性を働かせることによって集客を高めようとしたのである。お仙の働いていた水茶屋は谷中感応寺境内笠森稲荷の門前にあり、「笠森」はしばしば「瘡守」とも表記されることからわかるように、疱瘡除けに利益があることで知られていた。

疱瘡とは現代でいうところの天然痘をいい、天然痘ウイルスによる伝染力の強い急性発疹性伝染病の一種で、激しい全身症状と特有の水疱性発疹を主症状とし、江戸時代最も恐れられた疫病の一つだった。この疱瘡は一度経験すれば再びかからないため通過儀礼の一種とみなされ、なんとか軽くすむように、擬人化された疫病神の一種である疱瘡神を丁重に祀り、治りかけたら神を送り出すという風習が全国的にみられた。

こうした風習の代表的なものとして、「疱瘡神の詫び証文」が挙げられる。これは詫び証文の形式をとった護符で、疱瘡神たちが若狭小浜の豪商「組屋六郎左衛門」や旗本「仁賀保金七郎」なる人物に宛てたものが多い。その内容は、疱瘡神が疱瘡を流行らせたことを詫び、いくつかの約束事を提示しながら疱瘡の症状を示し、歌が数種記されているものである。その約束事のなかに「組屋六郎左衛門」や「仁賀保金七郎」「仁賀保大膳」の名前がある家には、疱瘡神たちに覗くこととも見ることもさせないという項目がみられる。つまり、この名前の入った証文を門口に貼るなどしておけば、「疱瘡神」が家に侵入して来ない、という趣旨の札になったのである。なかでも仁賀保金七郎・大膳は旗本に擬せられており、文政三年（一八二〇）九月二十七日に旗本仁賀保金七郎・大膳が二人組の疫病神を捕まえて、その命を助けてあげる代わりに書かせたという趣旨になっている（図25参照）。なお、このうち仁賀保大膳は一二〇〇石の旗本仁賀保誠《しげ》善《よし》という当時江戸に実在した旗本である。こうしたいかにも実在しそうな人物を用いるところに、江戸の人々の疱瘡に対する切実な思いを感じ取ることができよう。

江戸は人口過密都市であるがゆえに伝染性の病への関心は非常に高く、疱瘡についてもさまざまな願掛けがあり、寺社においては水道橋の三崎稲荷が「神応湯」という疱瘡の神薬を寛永年間（一六二四〜四四）

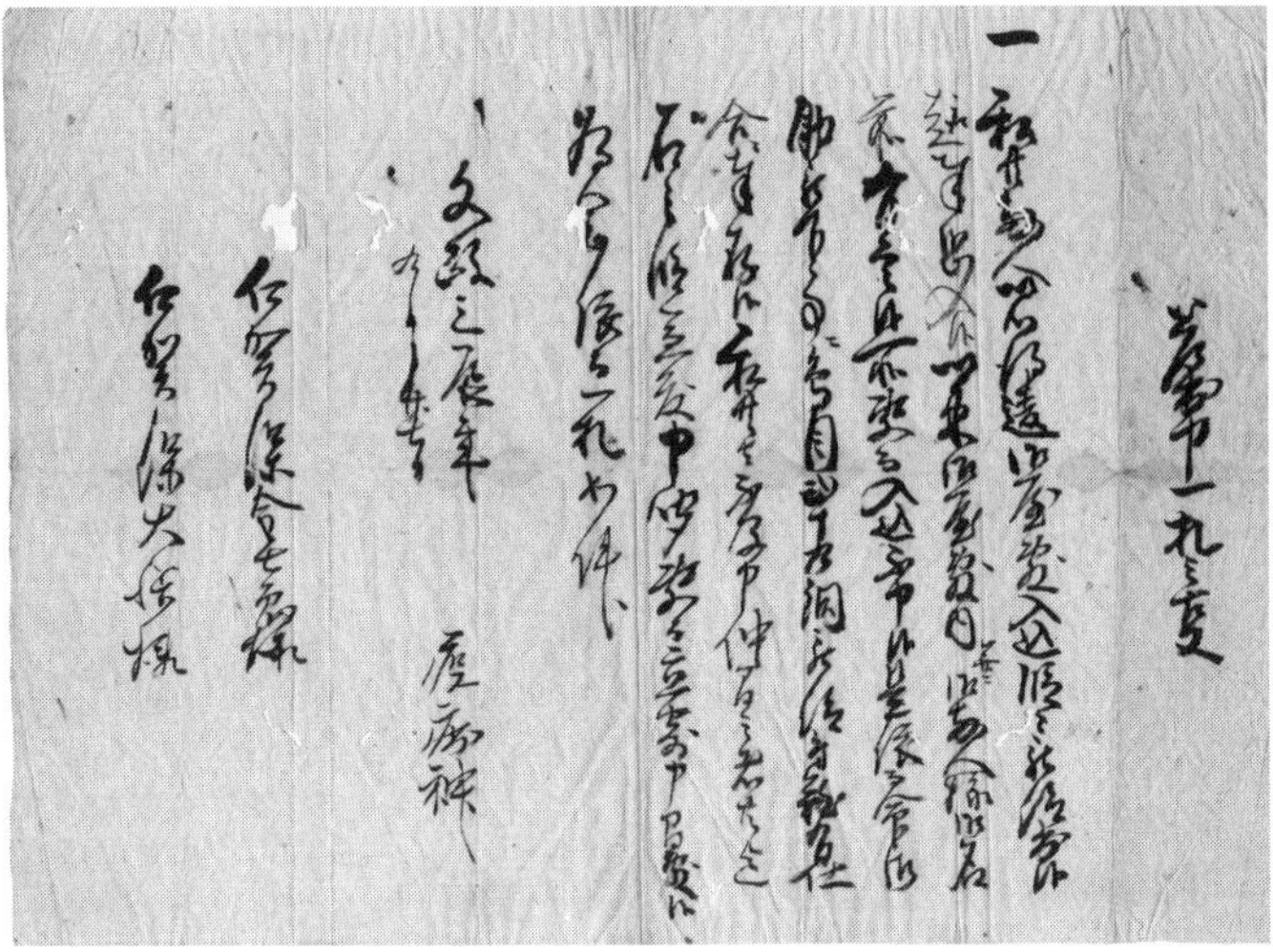

図 25　仁賀保金七郎・大膳宛の詫び証文

以来出していたほか、雑司ヶ谷鬼子母神境内の鷺明神は疱瘡の守護神として知られ、付近の小石を拾って疱瘡の御守にする風習があった。

こうしたことから考えれば、疱瘡平癒の願いをもって笠森稲荷に参詣する人々を相手にする茶屋が賑わうのも頷けよう。そこで喜田川守貞の『守貞謾稿』に収録された次の記述に注目したい。

願かけするとき、人々は土の団子を献じる。そして願いが成就したら、改めて米の団子を供えるのである。そのため門前にある四、五軒の水茶屋ではこの供物を売っているのだが、参詣人を見ると「米のか土のか」「米のか土のか」と呼び立てる声がうるさいくらいである。

右では笠森稲荷に願掛けが存在し、祈願する者は土の団子を供え、無事治癒すれば御礼参りをしたうえで、今度は米の団子を供えたというのである。つまり、笠森お仙は疱瘡平癒の祈願掛けで訪れる参詣客に団子を売る水茶屋の集客競争を有利に勝ち抜くために、売り子として器量のよいお仙が店頭に立ったということになる。お仙の人気はこうした参詣客の評判から発したものだったのである。

なお、お仙はその後幕府の御庭番馬場五兵衛信富の養女という名目で、明和七年（一七七〇）に笠森稲荷の地主である同じく御庭番の家柄の倉地政之助満済《まずみ》に嫁いでいる。お仙は子宝にも恵まれたようで、孫の久太郎は幕末に天璋院（一八三五～八三、十三代将軍家定正室）・和宮（一八四六～七七、十四代将軍家茂正室）の用人を務めたほか、斎藤月岑とも交流があり、月岑の日記にしばしば登場している。

4　能勢の黒札

江戸ではまじないとして野狐に化かされることを防ぎ、狐憑《つ》きを落とす効果があることで知られていた護符があった（図26参照）。これは「能勢の黒札」と呼ばれ、表面を黒々と塗った札で、旗本能勢家が二月の初午の大祭の時に屋敷内を開放し、一枚一二文で頒布していた。黒札は当時有名だったようで、『東都歳事記』でも初午の日に「鉄炮洲、和泉橋通、両所能勢家鎮守稲荷社にて黒札《クロフダ》と称し、狐惑《キツネツキ》を避る札を出さる。」と紹介されており、旗本能勢家二家の屋敷内に稲荷があり、狐つきに効のある黒札を発行していたことが記されている。

そこで嘉永四年（一八五一）刊行の切絵図「東都下谷絵図」をみると、能勢熊之助の屋敷（現千代田区神田和泉町和泉公園の一部）が外神田にあったことがわかる。能勢家は中世以来摂津国能勢郷を領し、江戸時代も旗本として本家は能勢の地周辺に四〇〇〇石余を知行し、一四の分家を輩出していた。なお、能勢には妙見山があり、妙見信仰で知られているが、本家は本所北割下水に下屋敷をもち、こちらには妙見社が祀られていて、参詣者に公開し繁昌していたことで知られている。しかし、黒札を出していたのはこちらではなく、和泉橋通の能勢本家の上屋敷内に祀られた鵰稲荷で発行していたのである。

また、この能勢本家では、狐憑きを落とす祈祷のような行為を臨時的に受け付けていたともいわれている。『古今雑談思出草紙』によれば、狐憑きの者は「黒札」をみせればたちまち狐が落ちるはずだが、それでも落ちない場合は能勢家に連れて行き、能勢の当主が一喝すればたいていはそこで落ちるという。しかし、それでも落ちない場合が稀にあって、その時には「焼き落しの法」という灸による秘法を用いれば必ず狐は退散するのだと述べている。

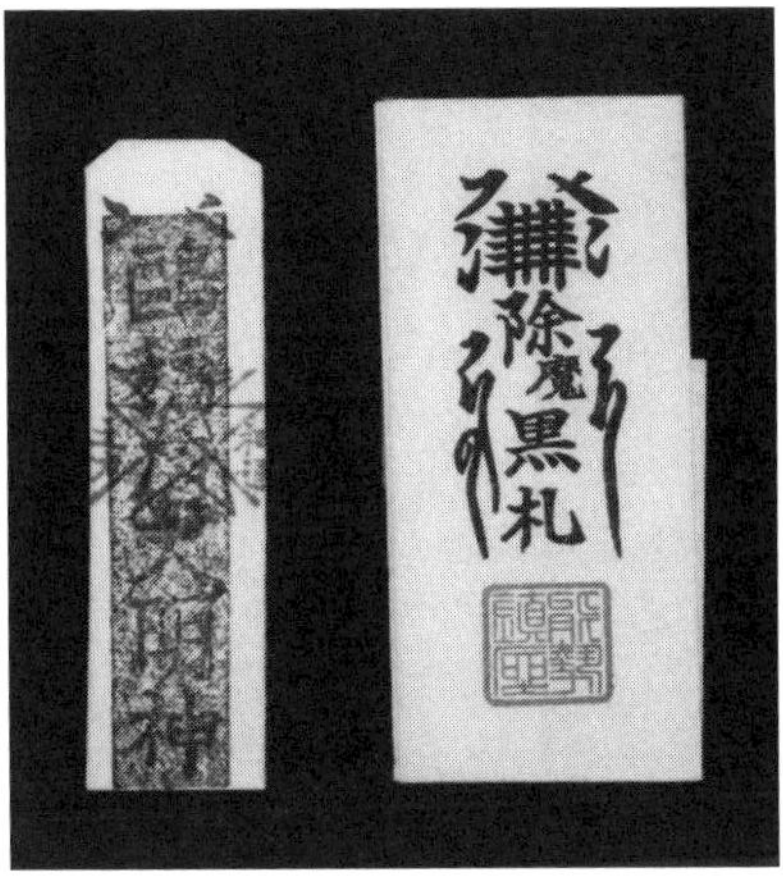

図 26　黒札（現在）

なお、明治維新後旗本能勢家の屋敷は取り払われるが、下屋敷内の妙見堂（現墨田区本所四丁目）だけは残り、上屋敷内の鵰稲荷もこの境内に移され、現在に至るまで黒札は発行され続けている。また、ここでいう鉄炮洲の能勢家とは、分家の禄高六〇〇石の能勢十次郎家と思われるが、こちらの詳細はわかっていない。

5 「上の字様」

交代寄合五〇〇〇石の旗本山崎家では、火傷《やけど》のまじないに効くという「上の字様」のお札を家臣の名前で発行していた。交代寄合とは、いわば参勤交代をする別格の旗本であり、同家は万治元年（一六五八）以来備中国成羽《なりわ》（現岡山県高梁郡成羽町）に陣屋を構え、江戸では十八世紀後半以降麻布一本松に屋敷を構えていた。屋敷内には蝦蟇《がま》池と呼ばれる池があり、このお札にまつわる伝説があった。

すなわち、ある日の深夜、池の主の大蝦蟇が山崎家の家臣を池に引きずり込んで殺してしまうという事件が起きた。それに激怒した当主山崎主税助は、池の水を掻き出して大蝦蟇を退治しようとすると、蝦蟇の精が山崎の夢中に命乞いに現れ、助命のお札に、今後池の水を使って書いた札を火除の札として発行すると効があることを告げたという。これが「上の字様」の札の起源だといい、この札はのちに火傷《やけど》に効く札として人々に知られるようになったというのである。

この山崎家の「上の字様」には、「上」の字が書かれ、朱の印を捺した札（図27参照）とともに、呪法や効能などを解説した説明書が配られていた。これはたびたび改訂がなされていたようで、管見の限りでは七種類の存在が確認できる。これらのうち最も古いと思われるのが、文政四年（一八二一）九月の年紀のあるもので、七箇条にわたる説明がなされ、その内容は、①「上」の字が書かれた札で火傷の患部を撫でると、忽ち治ってしまうこと、②灸治のあとすぐに撫でれば痕が残らないこと、③毒虫に刺された痕を撫でれば完治すること、④火難除や火防にも効果があること、⑤けっして麁末に扱わず、札を燃やしてはならないこと、⑥この札は何度でも使用可能なこと、⑦本来このまじないは秘法であったが、近年懇望する人が多くなったので、世の助けのために広く頒布するのだということ、といったものである。これをみても明らかなように、火傷以外にも灸治や虫刺されの痕や、火防といった広範な効果が期待できると拡大解釈されているのが特徴といえる。

この「上の字様」は実際に屋敷内の蝦蟇池の水を用いて発行されたもので、これを直接山崎家が頒布するのを憚って、当初は家臣の林氏がこれを任せられていた。その後、同じく家臣の清水氏が引き継いで担当し、維新後に山崎家が大名となるにおよんで、一時期「翠露堂」の名で発行を続けるが、廃藩置県後は清水氏が単独で発行するに至った（なお、現在は麻布十番の十番稲荷神社で発行している）。こうして「上の字様」のお札は江戸庶民の支持を獲得するとともに、山崎家の家計を潤す重要な存在として機能していったのである。

図 27　「上の字様」の札（江戸時代後期）

6　武家屋敷内神仏の公開

江戸には大名家の江戸屋敷や旗本屋敷が建ち並んでいたが、これらのなかには邸内に国元の大社や氏神を勧請し、特定の日に江戸市民に一般公開する場合があった。浅草新堀の柳河藩（一〇万九六〇〇石）立花家下屋敷の太郎稲荷、赤坂表伝馬町の西大平藩（一万石）大岡家下屋敷の豊川稲荷、赤羽の久留米藩（二一万石）有馬家上屋敷の水天宮、霊岸島の福井藩（三二万石）松平家中屋敷の孫嫡子社、虎ノ門の讃岐丸亀藩京極家上屋敷の金毘羅社などがよく知られているほか、前述の『願懸重宝記』には、木挽町築地の稲葉家（安房館山藩一万石）の上屋敷内の老婆の石像や、八代洲河岸大名小路の織田家（天童藩二万石）上屋敷に住む家臣の熊井戸氏発行の守札が紹介されている。また前述の能勢家の妙見社など一部の旗本家にも公開の事例がみられる。

このような武家屋敷内の神仏は、斎藤月岑がほぼ毎月水天宮や金毘羅社に参詣していた（「斎藤月岑日記」）のをはじめ、江戸庶民は現世利益のほかに大名屋敷内に入るという知的好奇心や、わざわざ遠方の大社に行かなくても参詣できるという利便性もあって、公開日にに群参する現象が生まれた。無論、こうした参詣者からの賽銭や守札の収入が藩財政を潤すことにもつながるわけで、むしろ積極的な公開を目論む大名・旗本もいたようである。

一例として上総久留里藩黒田家の騒動を取り上げておきたい。天保四年（一八三三）、下谷広小路の黒田家上屋敷で「出現不動尊略記」という略縁起が発行された。これには上野国で発見された黄金の不動尊を屋敷内の不動堂に安置し、毎月二十八日に開帳することなどが記され、実際に五月二十八日には庶民の群参がみられ、多くの収益を上げることができた。ところが、その後この発見譚が藩側の作為的なものであることが露見し、九月には家老以下の関係者が幕府によって処罰されたのである（『甲子夜話』）。この一件の背景には、仕掛け人としての藩の存在があり、略縁起による宣伝効果で悪化する財政を回復する意図があったと思われる。

つまり、このような神仏の公開には武家屋敷の空間的開放だけでなく、寺社の興行にも通じる積極的な経営戦略を読み取ることができるのである。そしてこれが屋敷出入りの商人・職人に支えられていたことが近年明らかになってきている。

旗本屋敷の神仏公開で思い起こされるのが、江戸の武家屋敷には稲荷が祀られているという実態である。十八世紀末から明治初年におよぶ一三一の旗本屋敷の図面が「旗本上ヶ屋敷図」（東京都公文書館所蔵）として現存している。これらは外堀より内側の地に屋敷を構えていた旗本の屋敷図面がほとんどで、小身の旗本でも屋敷内に稲荷を祀っているところに大きな特徴がある。

稲荷社の存在を図面上で確認できる旗本屋敷は半数強である。図28は裏二番町に屋敷を構えた五〇〇石の旗本小笠原家の屋敷図面である。これをみると、六五九坪余の屋敷内には母屋が一〇六坪五合、家臣の長屋が三八坪七合五勺、他に庭などがあって、屋敷境には生垣がめぐらされ、そして隅には稲荷社が祀ら

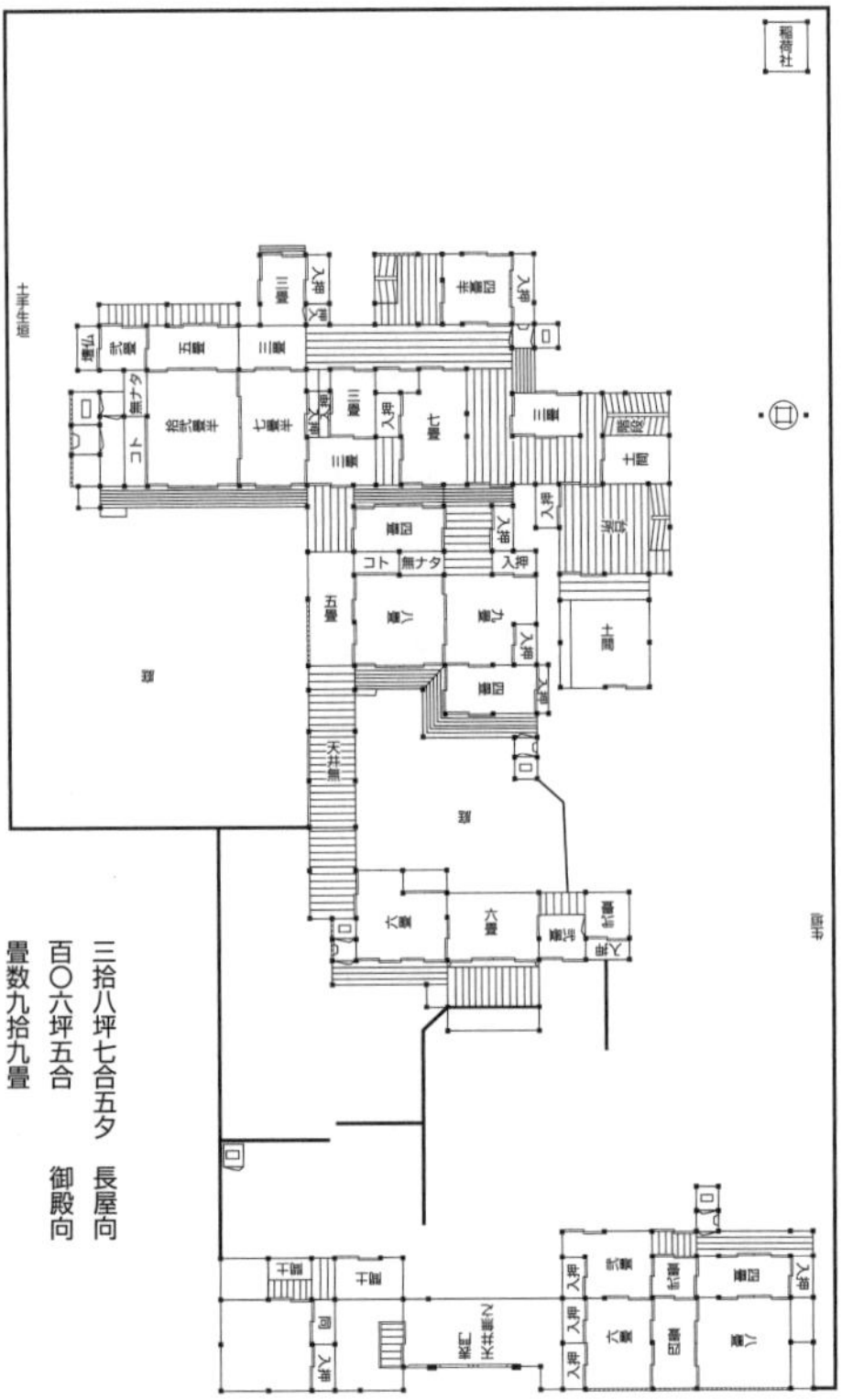

図 28　旗本小笠原家屋敷図

れていたことがわかる。なお、この稲荷社は同家に伝来した史料から、来狐稲荷大明神といい、安政三年（一八五六）に伏見稲荷から勧請され、「正一位」の位階を授与されたことが明らかになっている。このように、江戸の旗本屋敷では、母屋裏手の庭の土蔵の奥に稲荷社が祀られているという事例が一般的だったらしい。

また、『藤岡屋日記』によれば、寛政八年（一七九六）秋頃、麻布笄橋《こうがいばし》の大番杉田五郎三郎の屋敷内にある杉田稲荷は、突如霊験あらたかで諸願成就すること疑いなしという評判が立ち、一般参詣者が押し寄せたという。杉田五郎三郎は『寛政重修諸家譜』によれば、二〇〇俵の大番杉田忠孝のことで、同家は幕末の切絵図では麻布西之台に屋敷を構えていた。この流行にも霊夢が介在していることから、背景に何らかの宣伝活動があったものと考えられる。このことは武家屋敷の鎮守稲荷が独自の利益を創出し、市中に信仰圏を拡大する際に、霊夢による宣伝活動が効果的に作用する場合が少なくなかったことを示している。

このようにみていくと、江戸では町方・寺社・武家屋敷のいずれにおいても、檀家を軸とする寺請制度の枠を超えた多彩な宗教的文化の展開がなされていたのであり、こうした実態が江戸市民の生活や文化を把握するうえで欠かせない要素となっているのである。

二　富士講・大山講と流行神

1　富士講の流行

富士講とは、富士山麓の人穴（静岡県富士宮市）で四寸五分の角材の上で一〇〇〇日間の修行をしたという長谷川角行（一五四一～一六四六）によって、江戸時代初期に創出された民間宗教で、祭神は木花咲《このはなのさく》耶姫命《やひめのみこと》としている。富士講は既成の仏教や神道とも異なる教義をもち、講集団を基盤に組織された宗教勢力で、食行身禄《じきぎょうみろく》（一六七一～一七三三）の布教活動によって江戸市中に急速に広がっていった。

食行とは「食は元なり」、身禄とは「弥勒の世」の意に基づくといわれ、伊勢国一志郡（現三重県津市）に生まれた身禄は、江戸に出て市中で油を売り歩く棒手振《ぼてふり》として生活するかたわら、富士講行者（角行から五代目あるいは六代目の弟子という）となった。そして身禄は江戸の長屋で暮らす裏店層を中心に「人は心を平らにして、正直・慈悲・堪忍・情け・不足を旨とし、各々の家職を熱心につとめるならば、末の世は神の加護により幸せを得る」と説いて廻り、富士仙元大菩薩の教えによって都市下層民の生活の改善を目指す活動を精力的に行った。

江戸で打ちこわしの起きた享保十八年（一七三三）、身禄は庶民の苦しみを救おうと、富士山七合五勺の烏帽子岩近くの石室で断食入定した。身禄の教えは弟子たちに受け継がれ、吉田平左衛門の山吉《やまよし》講、高田藤四郎の丸藤《まるとう》講、永田長四郎の永田講などが現われ、それぞれに枝講（支部）ができて広まっていった。その後富士講は「江戸八百八講」といわれるほどに拡大し、江戸では天保十三年（一八四二）の段階で九二種の講紋をもち、三〇〇以上の枝講に分かれた。

富士講の組織は先達・講元・世話人などから構成される。すなわち、先達は富士に七度以上登った行者で、経を読み、九字を切り、焚き上げなどの祭事を行う。また講元は先達の補佐をし、財務面をつかさどった。そして世話人は複数人からなり、講員間の連絡や、講金集めなどを行う存在だったのである。富士講は基本的には五年を一期として講員から月々集金し、毎年講員の五分の一を登山させるシステムをとっていた。彼ら講員は毎月一定の日を定めて夜に集会（月拝み）を行った。ここでは先達と講員の話し合いがもたれ、日常生活の相談などまで先達が行ったという。こうした活動が長屋住まいの江戸庶民を中心に大きな支持を得て発展していったのである。

富士への登山は山頂の仙元大菩薩を拝し、身禄の墓に参詣するのを主な目的とする。あらかじめ上吉田の特定の御師と宿泊の契約がなされていて、出発日・到着日や途中の休泊所も毎年変わらないことになっていた。御師（約八〇軒）は先達の認許や「行名」の授与のほか、山役銭（入山料）の徴収や神事も行った。

代表的なコースは、江戸―内藤新宿―（甲州街道）―八王子―高尾山―小仏峠―大月―（富士街道）―上吉田―山頂―須走口―箱根―道了権現―大山（阿夫利神社）―伊勢原―藤沢―（東海道）―品川―江戸といったもので、往路と復路を変え、箱根や大山、さらには鎌倉、江の島をあわせてめぐる場合もあった。

町触をみると、江戸では寛保二年（一七四二）に「富士之加持水」と称し門弟を増やす行為が禁止され、安永四年（一七七五）には富士信仰の禁止が申し渡されている。「富士講」という名称が町触に記載された初例は寛政七年（一七九五）正月で、以後享和二年（一八〇二）・文化十一年（一八一四）・天保十三年（一八四二）・嘉永二年（一八四九）にも禁令が出される。また文政四年（一八二一）には、葬礼の際に木魚を叩き騒がしくすることを禁じられている。こうした動向をみても、富士講が幕府の規制する宗教の枠を超えた機能を獲得していったことを物語っているとともに、幕府は富士講の活動が民衆と結びついた反体制的な勢力に発展することを何よりも危惧していたのである。

ところで、彼らは富士塚を築造したことでも知られる。これは安永八年（一七七九）、高田の植木職藤四郎が師の身禄追慕の記念として、地元水稲荷の境内に富士の築山を溶岩（黒ボク）で造ったことに由来する（高田富士）。その後富士講が発展するのにともなって各所の寺社境内に人工の富士塚が築造されるようになり、講員によって祭祀が営まれたのである。

富士塚は実際に富士山に登ることが難しい老人・子供・女性・足腰の弱い者などを主な対象に参詣者を集めた。そして富士講では六〇年に一度の「庚申」を縁年とし、この時は女人禁制が解かれ、万延元年（一八六〇）にはとりわけ賑わった。

2　江戸の大山信仰

一方、大山はもともとは修験者の行場で、縁起では天平勝宝四年（七五二）に東大寺の僧良弁《ろうべん》が開いたといい、雨降山《あふりさん》の山号をもつことからもわかるように、古来より雨乞いの霊山として知られていた。中腹に阿夫利神社の下社が、山頂には本社（石尊本宮）があり、麓には宿坊が軒を連ね、不動尊を祀る大山寺と一体化した山岳霊場だった。

江戸時代には、授福防災の神である石尊大権現としての信仰を集め、関東一円に流布した。その背景には幕府による大山の再編があり、慶長十四年（一六〇九）に三箇条の掟書が出されている。これによって男坂・女坂の分岐点にあたる前不動堂を境に、山上と山下に分けられ、山上は清僧（妻帯しない僧）のみが居住（十二坊）することとなり、将軍家祈願所の古義真言宗寺院として再編成されていった。これにより、修験者など宗教者は下山し、山麓の坂本・蓑毛に大山御師が形成されていくこととなる。

大山の御師は宿坊の運営と信者の取次を行い、各地に大山講を組織し、定期的に檀家廻りを行うのが主な活動で、天保期には一九七もの宿坊があった（『新編相模国風土記稿』）。庶民は「大山講」を結成して、大山に参詣し、江戸では六月二十八日の初山、七月十四〜十七日の盆山（夏山）の大山詣が盛んだった。

『東都歳事記』には、七月二十六日の記事に、大山参詣に向かう者たちが大川（隅田川）で川垢離《せんごり》をしている様子を取り上げている。同書では川垢離は特に「中人以下」の人々の独特な習俗であるとして紹介されており、彼らは半纏に鉢巻というスタイルで、梵天（幣束）と一丈余の木太刀を押し立て、奉納する御神酒箱（御神酒枠）を天秤で担ぎ、大山参詣に向かうのだが、その途中に両国橋東詰で川垢離をする慣習があったというのである。なお、川垢離は大山詣に限らず、富士山やその他の霊山などに登る際には必ず行われたといわれる。

大山参詣は日本橋から大山まで一八里、片道二日かがりの旅で、帰路に江の島や鎌倉に足を伸ばすか、あるいは富士と大山をセットで参詣することも多かったようである。とくに江戸時代後期には大山と富士山のどちらか片方を参詣しないと、「片参り」とされる風潮が強くなり、江戸からは、表街道といわれる東海道を下るコースと、裏街道の矢倉沢往還（大山街道）を下るコースが主流で、往路と復路を変える場合が少なくなかった。

3　流行神

流行神とは、ある特定の霊験を契機ににわかに信仰を集め、しばらくの間は人々の群参が続くものの、やがてすっかりすたれてしまい、以後はひっそりと祀られるようになる神仏をいう。人口過密都市である江戸には多くの流行神が登場し、さまざまな文化現象を生み出していった。

宮田登氏によれば、流行神の出現には、①神が空中を飛来、②海上から神像・仏像が漂着、③地中から神像・仏像が出現という三つの形式があるという（『近世の流行神』）。

このうち①には、享保十二年（一七二七）六月に「六月上旬より、本所香取太神宮境内へ、常陸国阿波《あんば》大杉大明神飛び移り給ふとて貴賎群集し、万度、家台、練物を出し、美麗なる揃ひの衣類を着して参詣す。程なく此の事を停めらる。」（『武江年表』）とあって、本所の香取太神宮（現江東区亀戸二丁目亀戸香取神社）に大杉大明神が飛来した事例が知られる。この時は祭礼のような派手なパフォーマンスをする人々が現れたこともあり、役人の取り締まりが入ったため、間もなく沈静化している。

また③としては、宝暦頃に江戸橋広小路周辺の道路拡張で土中から出現した「古銅にして、老翁の稲を荷ひ給ふ神像」を付近の元四日市町の火除明地に祀った翁稲荷（現在、中央区日本橋茅場町一丁目日枝神社日本橋摂社境内の明徳稲荷神社に合祀されている）の事例がある。粗末に扱う者に祟りを引き起こすこの稲荷の霊験が説かれるようになると、またたく間に参詣者が群集をなしたという（『わすれのこり』）。

この翁稲荷が再び流行りだしたのが、嘉永二年（一八四九）の春から夏にかけてである。この時は同時に内藤新宿正受院の「奪衣婆《だつえば》」・両国回向院で開帳中の「お竹大日如来」への信仰が急激に高まり、参詣者で賑わった。『武江年表』には「今年より四谷新宿後正受院安置の奪衣婆の像へ諸願をかくる事おこなはれ、日毎に参詣群集し百度参等をなす」と記されており、これらに関する錦絵が相次いで出されるなど、一時的な社会現象となった。

流行神は現世利益の観念に支えられており、その流行りすたりには日常生活の不安や社会不安の高揚と解消が大きく関係していた。幕末期に流行神が多いのは政情不安に起因するものと思われるが、幕府政治への批判と表裏一体となる場合もあった。

例えば、天明四年（一七八四）三月に旗本佐野善左衛門が若年寄田沼意知（意次長男）に斬りつけ、意知は翌月死亡したが、佐野が切腹を命じられた際には、彼は「佐野大明神」と崇められている。すなわち、「佐野善左衛門事佐野大明神と神ニ相祝申候ニ付、所々より奉納物御座候由ニて、其奉納物評判〱と所々へ売あるき申候よし。」（『よしの冊子』）とあるように、江戸庶民は佐野を神のように崇め、奉納物が相次ぎ、その評判記（番附）がかわら版のように売られたという。田沼父子による政治への批判が佐野を神へと祀り上げたのである。

三　絵馬の奉納と絵馬堂

1　絵馬の機能

江戸時代、絵馬の奉納が習俗として庶民の間で定着していくが、その起源は太古の昔にさかのぼる。長い年月の間に本来的な意味合いが大きく変化していったが、おおよその推移を示すと、以下のようになる。

①祈願や神祭に神の降臨を求めて生馬を献上する。

②生馬を簡略化した馬形（土馬・木馬）を献上（古墳などから出土している）。

③馬形を簡略化した板絵馬が登場（奈良時代、板絵馬を神社に奉納する習俗が生まれる）。

④神仏習合思想が強まった影響で、寺院にも奉納されるようになる（鎌倉時代以降、共同体の共同祈願として奉納される）。

⑤室町時代中期に馬以外の図が登場し、形状・図柄・仕様が多種多様となる。そして大型化した扁額形式の大絵馬と、民間信仰的要素の強い小絵馬とに二極分化していく。

⑥豪華な大絵馬が現われ、絵馬堂（額堂）が登場（桃山時代）。

⑦江戸時代になると個人祈願・現世利益を反映して図柄が多彩になっていく。

⑧文化文政期（一八〇四～三〇）になると、江戸庶民の間で小絵馬が流行し、祈願内容が多彩になっていく。

右のような流れを経て、江戸時代には扁額形式で著名な絵師が描く大絵馬が発展し、浅草寺・神田明神・富岡八幡宮など絵馬堂を設ける寺社が現われる一方、吊り掛け式で名もない絵師や絵馬屋・絵馬師が描く四角型・屋根型（五角形）の小絵馬を奉納する文化が庶民の間で広まっていったのである。

2　江戸の絵馬

ところで、江戸町人の年中行事にも絵馬が登場する。一つは二月の初午で、他にも十二月の荒神祭が知られる。すなわち、初午には「初午の以前、絵馬太鼓商人街に多し」（『東都歳事記』）とあるように、初午の少し前になると、江戸市中で絵馬や太鼓が売られるようになるのだという。そして「貧家の小児五、七人連なり、狐描きたる絵馬板を携へ、市店戸口に来りて、十二銭あるひは一銭、三銭を与ふ、その詞に、稲荷さんの御勧化、御十二銅おあげと云ふ、多くは一銭を与ふのみ」（『守貞謾稿』）とあって、初午当日には狐を描いた小絵馬を携えた子供が町内を廻り、町内や長屋などで祀る稲荷への寄付を募る風習があり、その際に小太鼓をたたいて廻ったのだろう。

また荒神祭に関しては、「日不定　此節より煤竹売ありく、荒神のゑまうりありく」（『東都歳事記』）や、「江戸にては、鶏を画ける絵馬を兼ね売る、これまた荒神に供するの料なり、鶏の絵馬を荒神に供するは、油虫を除《はら》ふの 咒《まじない》と江俗云ひ伝へ、これを行ふ」（『守貞謾稿』）とあるのがそれである。こちらは鶏を画題にした小絵馬で、江戸ではこれを台所の荒神棚に供えてゴキブリ除けとする風習があった。

浅草三社権現（現浅草神社）に奉仕する神事舞太夫の田村家では、文化十三年（一八一六）十二月に許可されて以来、毎年正・五・九月に名代の者が絵馬札を配ることを許可されていたが、江戸には絵馬を専門的に販売する絵馬屋が知られる。すでに享保六年（一七二一）八月、幕府が細工物などを商う商人にたいして組合を結成するように命じた一〇〇ほどの業種のなかに「絵馬屋」がみえるほか、享保二十年（一七三五）刊行の『続江戸砂子温故名勝志』には、「茅町一丁目　浅草御門の外、千住海道の大通り也、土人形・風車等、子共のもてあそび物問屋、はご板・せうぶかたな問屋、作り花屋多し、絵馬屋、火打石問屋あり」と記されていて、浅草橋周辺に五節句で用いる道具や人形などとともに、小絵馬を商う店が建ち並んでいたことがわかる。その後寛永寺御用絵師野々宮東斎犬山の子孫という貝屋や、貝屋の分かれと伝える千住の吉田東斎などが活躍し、嘉永頃（一八四八〜五五）には、浅草茅町の日高屋・ゑま半、八丁堀の吉田屋、銀座の山口亭、数寄屋橋の伊勢権が有名だった。

3　絵馬堂と大絵馬

絵馬のなかでも大絵馬は奉納者が絵師に依頼し制作された上で奉納するもので、境内堂社の内陣・外陣に掲げられたほか、江戸の寺社では大絵馬を掲示するために絵馬堂や額堂と呼ばれる建物が設けられる場合があった。十九世紀に刊行された『江戸名所図会』などの地誌類の挿絵や錦絵をみると、仁王門をくぐって本堂向かって右側に描かれている浅草寺の絵馬堂（図29参照）のほか、神田明神・富岡八幡宮・赤坂氷川明神などにその存在を確認することができる。

実際に浅草寺では寛政三年（一七九一）十一月に八間×四間の絵馬堂が建てられる記事が日記にみえ（『浅草寺日記』）、神田明神では天保年間（一八三〇〜四四）に描かれた図30に、本殿向かって右側の男坂寄りに描かれている。

多くの参詣者が見るだけに、絵馬堂はさながら美術展覧会のようであった。なかには話題の名作も少なくなかったが、ほとんどは風雨にさらされ、経年とともに絵が変色・剥落する運命にあった。名品が消滅していくことに危機を感じ、江戸市中の寺社の大絵馬を模写し、若干の解説を付して一書にまとめた人物が、先述の斎藤月岑である。彼は町名主の公務の合間に精力的に寺社をめぐり、自らの眼で選んだ大絵馬を「武江絵馬鑑」（国立国会図書館所蔵）にまとめている。

ここには五八の大絵馬が取り上げられており、各内容は表11の通りである。いずれも江戸の人々が参詣・行楽で立

図 29　浅草寺の絵馬堂（『江戸名所図会』）

図 30　神田明神の絵馬堂（長谷川雪旦「神田明神全景図」）

表 11　『武江絵馬鑑』掲載の大絵馬

	掲示場所・画題	絵師／作成・奉納年代／奉納主	特記事項
1	浅草寺観音堂の内不動堂の上(馬)	伝狩野元信／文久年間より 600〜700 年以前のものか／不詳	「江戸第一の古絵馬也」「桂林漫録の図を以再縮図す」
2	浅草寺観音堂	屠龍翁高嵩谷藤原一雄／天明 7 年(1787) 5 月／不詳	
3	浅草寺観音堂	高嵩渓藤原信宜／享和 3 年（1803） 7 月／不詳	
4	浅草寺観音堂	不詳／不詳／不詳	「落款なし」「見事にてありしか　惜むへし今ハ見えす」
5	浅草観音堂	不詳／不詳／不詳	
6	浅草寺観音堂正面「御厩喜三太之図」	菊池容斎／嘉永元年（1848） 9 月／小山新兵衛	「小山新兵衛ハ佐久間町の米商人也　其家今絶たるよしなり」
7	浅草寺観音堂「さるわかかん三郎」	不詳／寛文 4 年（1664） 6 月／不詳	「文久二戊年　挙」
8	浅草寺観音堂「楊香の図」	雅楽助岸良／天保 14 年（1843）／不詳	「岸良か父岸駒虎を画て名あり、岸良も扁字えかゝんとて、この楊香の図をまうけしなるへし、但江戸に来りて此図を画きたり」
9	浅草寺観音堂「予譲図」	北嶺江貫／天保 13 年（1842）／不詳	
10	浅草寺観音堂（常盤御前）	長雲斎龍淵／弘化 4 年（1847）／不詳	「龍淵ハ浮世絵師にて始□□といひし人なり」
11	牛御前社（常盤御前）	佐竹永海／安政 6 年（1859）／江戸中の料理屋	「安政六己未春開帳の時江戸中の料理屋より捧る所なり、開帳中参詣写之、或人言応挙の図に拠りて画く所と」
12	三囲稲荷拝殿(牛若丸と弁慶)	楽只斎高嵩谷／不詳／不詳	
13	三囲稲荷祠額堂（大原女）	山斎素絢／不詳／不詳	「山斎素絢筆にて見事なり」「素絢字ハ伯陵俗称山口武次郎、京師ノ人ナリ」
14	神田明神社額堂「江戸一覧図」	鍬形蕙斎／文政始め（1820 頃）／不詳	
15	神田明神社額堂「河津股野相撲之図」	谷文晁／文政 4 年（1821） 9 月／上州屋藤八	「願主上州屋藤八ハ三河町三丁目裏町の干鯛屋にて、文政中額堂新建の時（翌年）さゝけたるなり」「按るに、寛永中鎌倉鶴ヶ岡若宮八幡の社へかくる所のうつしなり」
16	王子稲荷額堂	（土佐家の画人か）／不詳／不詳	
17	柳島妙見堂	嵩涛／不詳／浜野屋喜十郎	

	掲示場所・画題	絵師／作成・奉納年代／奉納主	特記事項
18	屏風坂下稲荷神社	酒井抱一・池田孤村他／文政年間（1818～30）か／不詳	
19	王子稲荷額堂「綱か伯母」	柴田是真筆／天保6年（1835）／不詳	「天保未申掲之」
20	堀の内妙法寺額堂「清正公韓人ヲ捕フル図」	旭雄斎橘嵩暁／寛政5年（1793）10月12日／羊遊斎原久米次郎更山	「羊遊斎神田鍛冶町二丁目蒔絵師の高手なり」
21	赤羽水天宮	不詳／文政～天保年間（1818～44）／不詳	
22	上野清水堂「景清図」	雪仙斎藤尚徳／宝暦7年（1757）2月／不詳	「近キ頃開帳ノ時着色ヲ改メテ古色ヲ失ヒ筆力ヲ損セリ」
23	京極殿金毘羅権現社手水屋	英一珪／不詳／不詳	
24	富ヶ岡八幡宮額堂（韓信の股くぐり）	平安南岳源巌／寛政・享和の頃（1789～1804頃）／不詳	
25	目黒瀧泉寺弁天祠	不詳／不詳／不詳	
26	西新井大師堂	抱一揮真／文化11年（1814）3月／八百屋善四郎	
27	雑司ヶ谷明神社	不詳／延享4年（1747）3月／霊巌島南新堀笹部氏娘	
28	雑司ヶ谷稲荷社鬼子母神境内	不詳／正徳6年（1716）2月／中村吉兵衛	「此額近キコロマテ稲荷社ニ掛テアリシカ、万延中普請ノ後見エス」
29	雑司ヶ谷明神社「趙雲図」	英一蜂／享保19年（1734）2月／三河町河岸一丁目美濃屋清四郎	「此図筆太に画きてすこやかの出来なり」
30	護国寺鎮守今宮明神拝殿	素人斎伯喬／寛延元年（1748）9月／不詳	「按ニ品川大龍寺ニ呉道子筆ノ観世音ヲ挙シテ碑ヲ建シ人の筆トナルヘシ」
31	神田社額堂「将門裁」	鍬形蕙斎／文政始め（1820頃）／不詳	
32	神田社額堂	雪仙／文政5年（1822）5月／不詳	
33	神田社額堂他35カ所（鏡餅）	不詳／弘化4年（1847）か／皆川町二丁目民作店八十七事飾職半次郎	
34	湯島天満宮	鳥山石燕豊房／天明（1781～89）／不詳	「文久癸亥ノ災ニ罹り今ハナシ」
35	本郷真光寺天満宮	寿香亭藤原専一／享和2年（1802）／不詳	
36	湯島天満宮	長谷川雪旦／不詳／不詳	「長谷川法眼雪旦宗秀六十五歳画」
37	湯島天満宮	長谷川雪旦／不詳／田中敏徳	「文久三年ノ災後ナシ」
38	浅草観音堂	月香斎石田半兵衛正豊／不詳／福田氏	
39	柳島法性寺妙見堂（勧進帳）	高嵩渓／文化6年（1809）／不詳	

	掲示場所・画題	絵師／作成・奉納年代／奉納主	特記事項
40	愛宕社額堂「洛陽祇園会山鉾略図」	春川秀蝶／延享4年（1747）5月／桜田久保町つちや幸助	「中の火災に罹りて今ハなし」「安永と文化の年号ハ彩色をあらためし年なり」
41	白金樹木谷覚林寺清正公社（加藤清正）	法橋玉山修徳／不詳／不詳	「災後今ナシ」
42	高田水稲荷社（境内図）	不詳／宝永3年(1706)9月(天保8年＜1837＞修復）／霞舫館儁（館霞舫、天保8年修復時）	
43	高田水稲荷社（境内図）	不詳／宝永3年（1706）10月／西久保切通越後屋藤兵衛	「宝永三年ハ今文久二年より百五十七年の昔なれとも、その質朴思ふへし、麁相の額なれとも頗る古色ありておもしろし」
44	神田社額堂「為朝図」	法橋玉山修徳／文政3年（1820）3月／三河町三丁目家主中	
45	藤沢縮清浄光寺観音堂	不詳／元禄元年（1688）／不詳	「文政十亥年春江の島開帳へ参詣の時当寺へ詣して此品を筆す」
46	湯島額堂	篁雪／不詳／不詳	「文久三亥年の災にかゝりて今は無し」
47	麹町平河天神「西王母の図」	雪臥／不詳／不詳	
48	大川端細川侯御邸清正公社額堂「石橋能」	千戴／不詳／不詳	「壬戌春新たに勧進あり」
49	大川端細川侯御邸清正公社額堂「遍路図」	柴田是真／不詳／不詳	
50	神田社額堂	玉蕪／不詳／不詳	「女の筆にしてさせるものにはあらされと、巻末を祝して此図にうつしけり」
51	伝通院地中福聚院大国堂	南川在富／不詳／不詳	
52	芝増上寺境内芙蓉洲弁財天祠	梅隠斎寛一（荒木寛一）／不詳／不詳	
53	御蔵前八幡宮	淡島椿岳／不詳／不詳	「馬喰町なる軽焼屋のあるし、淡島屋何某号椿岳の筆なり」
54	浅草観音堂	法橋玉山修徳／文政5～6年（1822～23）頃／不詳	「今はなし」
55	王子稲荷額堂	沖一峨／天保年間（1830～44）／富田屋甚助	
56	三囲社額堂	雀嶺／不詳／不詳	「此図ハまのあたりに見て模したるにハあらす、暗記によりてかりそめに図したる所なれは、原図にくらふれハ大なるたかひあるへし」
57	浅草寺観音堂	鈴木芙蓉／不詳／不詳	「今なし」「これも前の図に同しく暗記をもて画く所なれハ真写にあらす」
58	高田感通寺毘沙門堂「狂言福の神」	高直房／安永5年（1776）9月／三枝守雄	

ち寄る名所に存在したもので、後世に名の伝わる絵師も多い。なかでも最も古いのが、浅草寺観音堂の内不動堂の上に掲げられていた古絵馬で、狩野元信（一四七六～一五五九）が描いたといわれていた。月岑はこれを「江戸第一の古絵馬也」と評し、これを紹介した『江戸名所図会』では「実に六、七百年を経たる古物うたがふべからず」と述べている。

谷口月窓（一七七四～一八六五）に絵を学び、『江戸名所図会』以来絵師長谷川雪旦・雪堤父子との交流が深い月岑の観察眼は鋭く、「近キ頃開帳ノ時着色ヲ改メテ古色ヲ失ヒ筆力ヲ損セリ」（上野清水堂「景清図」）や「按ニ品川大龍寺ニ呉道子筆ノ観世音ヲ挙シテ碑ヲ建シ人の筆トナルヘシ」（護国寺鎮守今宮明神拝殿）など、その筆遣いに言及しているほか、三囲社額堂や浅草寺観音堂の大絵馬などは、記憶に基づいて描いたと記しているのである。また、制作の経緯や絵師・奉納者の詳細、いつ焼失し、あるいは取り外されたかなどの情報も記している。

いずれにせよ、大絵馬は寺社を参詣する者にとって見物の楽しみを提供するものであり、他の絵師や、知的好奇心の強い人々の注目の対象ともなっていたわけである。

なお、これを手本に明治四十三年（一九一〇）に日本画家の山内天真が同様の手法で編纂したのが「東都絵馬鑑」で、明治初年の神仏分離・廃仏毀釈を経て残った東京市中の大絵馬を紹介している。それによれば、浅草寺の大絵馬のほかに、神田明神（神田神社）には文久三年（一八六三）に菊池容斎が描いた大絵馬などがあり、また山王権現（日枝神社）にも寛政元年（一七八九）六月に三輪花信斎が描いた猿の大絵馬があったことなどがわかる。

四　千社札の誕生

1　稲荷千社参り

初午は二月の最初の午の日をいい、とくに稲荷の祭礼が行われることで知られる。これは『山城刻風土記』逸文において、和銅四年（七一一）二月の初午に、稲荷神が稲荷山三ヶ峰に鎮座したという記述に由来している。京都の伏見稲荷神社をはじめとして、多くの稲荷がこれに因み、人々は五穀豊穣や招福、商売繁盛を祈願する。稲荷社が多かったといわれている江戸の町でも同様に神楽台を設置し、幟を立てて祭を行った。王子稲荷・妻恋稲荷などは大きな社殿を構えて参拝客で賑わい、また、武家や裕福な商家などの屋敷稲荷を解放して、参拝客をもてなしたという記録も多く残っている。

江戸の特徴として、よく取り上げられる要素の一つに、稲荷の多さが挙げられる。江戸の稲荷は、概ね次の五種類に分類できる。

A単体の稲荷
B寺社の境内末社としての稲荷
C武家屋敷内の稲荷

D町人持ちの稲荷

E町内（長屋）持ちの稲荷

このうち、Aは王子稲荷や妻恋稲荷・三崎稲荷・柳森稲荷・烏森稲荷など、単体の神社として存在し、神主がいて神事などを行う稲荷で、これはそれほど多くない。しかし、Bは寺社の境内に他の祠とともに稲荷がある場合で、寺社の絵図や地誌などをみると、こうした稲荷が非常に多いことがわかる。

また、Cは大名藩邸や旗本・御家人の屋敷にある稲荷で、たいていの屋敷には隅に鎮守として稲荷が祀られていた。なかには浅草田圃にあった柳川藩立花家下屋敷の太郎稲荷や、赤坂の西大平藩大岡家下屋敷の豊川稲荷など、特定の日に一般公開し人気を集める稲荷もあった。

町人社会でも地主や家持は敷地内に屋敷神として稲荷を祀ることが多く、Dはそれを示しているが、長屋で共同管理するEについても、たいていの長屋にあったものと思われる。

このように考えていくと、江戸の稲荷は寺社地のみならず、武家地・町人地という、近世都市江戸を構成するあらゆる空間に存在するもので、初午では江戸全体が盛り上がったことが想像できる。

この点について、斎藤月岑は天保九年（一八三八）に刊行した『東都歳事記』の初午の項でその特徴を述べている。その内容は次の七点に整理できる。

①江戸の稲荷は初午前日から賑わっている。

②江戸には稲荷が多く、武家屋敷には必ずといってよいほどに勧請されていて、町内には三〜五社ほ

ど、そして寺社の境内にもしばしばみられる。
③寺社境内の稲荷については幣帛《へいはく》を捧げ神楽をともなうもので、市中の稲荷についても挑灯や行灯を灯し色とりどりの幟を立て、神前に灯火を捧げ供物を供える。
④市中の稲荷に男児が集まり、終夜太鼓を打ったり笛を吹いたりする。
⑤「千社参り」と称して、小さい紙に自分の住所や名前を記した札を市中の稲荷に貼って歩く「中人以下」の者が多い。
⑥二月は小宮や鳥居を制作・販売している神田紺屋町辺の店にこれを求める人が非常に多い。
⑦初午の前には市中に絵馬や太鼓を売り歩く者が現われる。

要するに、江戸の初午は鳥居や絵馬を奉納し、子供が参加者として重要な役割を果たしていたことがわかる。稲荷小祠の多い江戸では、初午が特徴的な習俗であることを物語っているが、⑤にあるように、とりわけこの初午に多くの稲荷をめぐる「千社参り」に由来する江戸特有の寺社参詣形態が、千社札であることに注目したい。

2　千社札の体系化

千社札は古くは明和・安永頃（一七六四～八一）の洒落本・黄表紙などの挿絵に貼られた札が描かれているので、この時期より以前に現われていて、江戸の人々にとってもおなじみの光景になっていたことがわかる。

前項で取り上げたように、当初は初午で稲荷をめぐる際に、参詣した証として自分の名前や居所をもじったもの（「題名」という）を直接鳥居・柱や壁などに書いていたのが、そのルーツと考えられる。その後、多くの稲荷社をめぐる利便性から、あらかじめ題名を書いた紙片をたくさん用意しておくようになり、さらには題名も木版摺で制作し、書体やデザインを凝らしたものが登場していく。また、稲荷千社参りに発した千社札は、初午にとどまらず、一年中貼られるようになり、貼る対象も稲荷社だけでなく、あらゆる寺社に広がっていった。

前述のように、十八世紀後半以降、江戸には札所や六阿弥陀・六地蔵・五不動など、一定の決まった寺社をめぐるコースが次々に誕生しており、寺社めぐりの大衆化にともなって、千社札を貼るという行動も普及していったのである。

その後、寛政二年（一七九〇）刊行とされる『題名功徳演説』（悦翁田定賢編、蘭華子守法刊行、実際の刊行年はこれより二十年程度下るものと考えられ、後世の仮託と推測される）では、札を貼るという行為を「題名納札」として、古来の札所巡礼の際の納札という行為に結びつけ、行為の正当性が付与されており、すでに一定のルールが出来上がっていたことを示している。こうなると日常的にさまざまな寺社に参詣するたびに札を貼る人々が増えていき、ついに千社札は寛政十一年（一七九九）七月に禁令が出るほどの流行をみる。

その内容は、「近年『千社参』と称して講のようなグループを組んで神社仏閣に札を貼り歩く者がいる。このグループでは世話人がいて、金銭を集め、茶屋などに集まって札の交換などもしている。彼らは手広く札を貼ることを名誉のように思って競っている。実にけしからぬことなので町役人はきちんと取り締まるように」というものだった。

この町触の指摘からわかるのは、千社札を貼り歩く人々はしだいに仲間を作り、集団で行動するようになったことと、寺社に貼る以外に仲間の間で札を交換するという、新たな展開が生まれていることである。講といえば、何らかの信仰を土台にした集団をいうが、この町触を出した町奉行所側では、千社札のサークルが信仰の枠を超えた逸脱行動に出ていて、独自の行動文化を生み出していると認識したのだろう。

そして千社札を貼り歩く人々は、より多くの寺社に札を貼ることを競い自慢し合うのが大きな特徴だった。これがときにエスカレートして社会問題化しはじめていたわけである。

3　千社札の変化

この頃活躍した人物には、町人と思われる「麹五吉」「てんかう」のほか、松江藩士の「天愚孔平」（萩野信敏）、小身旗本の部屋住「源加一」（服部武次郎加一）などが知られ、さらに不二道の創始者小谷三志も、富士講に参加する前の若い頃は「鳩三思」として活躍していたことがわかっている。彼らは千社札の体系化に大きな役割を果たし、千社札に信仰に基づく文化的な行動という価値や意義を与えたのである。

しかし、千社札が流行し参加者が増えていくと、中心になる層が徐々に変化していった。

右の『東都歳事記』で斎藤月岑は、こうした千社札に興じる人々を「中人以下」と位置付け、暗に江戸庶民層で広がる文化であることを指摘しているが、実際の札に書かれた職業や人物名称、地域を分析していくと、千社札の参加者には職人層が多く、神田・日本橋のほか、浅草・本所・深川・芝・本郷など周縁部に分布していることが明らかとなっている。

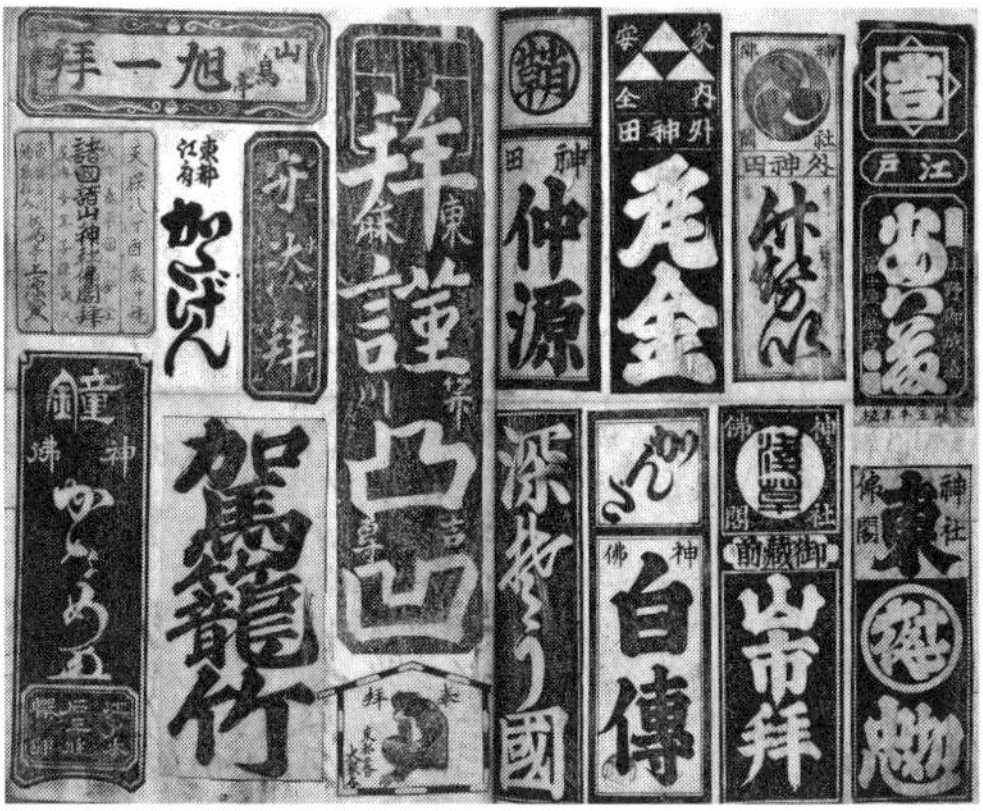

図 31　江戸時代の貼り札

当初は図31のような墨摺一色の札（貼り札）で、寺社に貼り歩く（題名納札）際に用いる貼札ばかりであったが、やがて同好の者同士で挨拶代わりに交換する際に用いられた、多色摺の交換札が現われ、さらに天保頃には同好の者が「連」というサークルを結成し、「連」ごとに共同制作した続きものの連札が生み出されていく。

この連札などは、その多くがデザインや彫・摺の技術を駆使した、錦絵さながらの作品となり、幕末以降の千社札は、錦絵制作に携わる職人や戯作者に支えられ、独特のデザイン・文字や社会を構築して発展していった。とりわけ幕末期になると、千社札には歌舞伎の勘亭流をはじめ、相撲や寄席の世界とともに独特の文字が現われた。千社札特有の字体は現在「江戸文字」と呼ばれているが、これは連札などに意匠を提供した梅素亭玄魚（宮城喜三郎）が創出したものだといわれている。

このように、千社札は寺社参詣の発展のなかで生み出され広がっていき、先述のように「中人以下」に支持層を広げた室内文芸や、富士講・大山講の進展と合流して独自の文化を作り上げていったといえるだろう。

第六章　盛り場化する寺社境内

一　開帳の賑わい

1　幕府の寺社助成策と開帳

開帳とは、寺社に安置される秘仏・霊宝などを期間を限って公開することをいい、江戸時代は建物の維持・修復・再建費用捻出のための助成として、寺社奉行所の許可を得て行われた。

開帳はその寺社で公開する居開帳と、遠方の寺社が他所の寺社を借用してこれらを公開する出開帳とに大別できる。これらは三三年に一度の割合で許可される基本的なもので、順年開帳と呼ばれるが、このほかにも将軍・将軍世嗣や輪王寺宮などが参詣した際に許可される御成跡開帳や、災害復興支援などの名目で臨時的に行われる開帳があり、これ以外にも実際にはいろいろと理由をつけて興行の許可を得る場合が少なくなかった。

江戸時代における幕府の寺社への助成策としては、拝領金・拝借金・御免勧化・相対勧化・御免富・名目金貸付などが代表的なものとして挙げられるが、幕府財政の傾きはじめた元禄期には直接的な公金を用いる拝領金・拝借金に代ってこの開帳が重要な機能を果たしていくようになる。開帳は幕府の許認可を得て行われるものであるため、幕府としては財政の懐を痛めることなく公儀の恩恵を示すことができ、寺社側としても経営的な助成のみならず、新たな信者獲得や、知名度を上げ教線拡大につながる期待が持てるものとして歓迎されたのである。

例えば不動明王を本尊とする新勝寺は、出開帳で有名な寺院の一つである。同寺は歌舞伎役者市川団十郎家が深く信仰していたことで知られ、しばしば歌舞伎でも取り上げられたことから、十八世紀以降江戸庶民に絶大な人気を誇った。なお、江戸では出開帳の大半を深川の永代寺で引き受けているが、文化三年（一八〇六）は参詣客が少なく、同十一年・文政四年（一八二一）は天気もよく繁昌したという（『遊歴雑記』）。

一方、江戸屈指の盛り場両国に隣接する回向院は、出開帳の受け入れ先として最も有名であった。図32は同所での開帳の賑わいを描いたもので、画面右手奥には賽銭箱が設けられ、中央の座敷では御影や開運の守札などが売られている。また、右手前には小屋掛けした奉納所があって奉納金や奉納物を受け付けているほか、ごったがえす境内には旗や挑灯、米俵などの奉納物がところ狭しと飾り付けられている様子もうかがえる。

図 32　回向院開帳場の光景（『江戸名所図会』）

開帳の主な収益は、①参詣者からの賽銭収入、②守札や、寺社の由緒を簡略に記載した摺物である略縁起などの販売、③奉納物・奉納金の三つに大別できる。このうち①および②は参詣者が多いほど多額の収益が見込まれる性質があり、それゆえに興行は集客力のある寺社が選ばれる傾向にあった。そのため、境内や門前が盛り場として賑わう両国の回向院や深川の富岡八幡・永代寺、芝神明・湯島天神・浅草寺・護国寺・茅場町薬師・蔵前八幡・市ヶ谷八幡・愛宕円福寺などは出開帳の受け入れ場所として人気があった。ただ、実際には開帳は参詣者の多寡に大きく依存していたため、興行の成功は天候に左右されやすかったようである。

2　開帳行列と群集

他国の寺社が江戸で出開帳を行う場合、都市江戸の玄関にあたる千住宿・品川宿・板橋宿・内藤新宿のいわゆる「四宿」や、人通りの多い通り沿い、盛り場などに開帳予告の目的で開帳札が立てられた。とくに善光寺や嵯峨清涼寺の出開帳などは多くの参詣者を集めたが、こうした人気の寺社の開帳の際には、前夜から参詣者が開帳場に詰め掛けたり、朝参りと称して手に手に高提灯をもち集団で参詣することもあったという。また近隣諸国から訪れる者も多く、開帳の時期には旅籠の集中する馬喰町や小伝馬町が大変賑わった。

図33は四谷大木戸を描いた挿絵で、同所のように多くの人が日常的に行き交う場所には、興行場所や会期を知らせる開帳札が複数立てられていた。そこで信州善光寺の場合を例にとると、同寺は享和三年（一八〇三）六月一日から八月二十一日の八〇日間（二〇日間延長）、浅草寺伝法院で興行を行ったが、すでに前年八月六〜十七日に開帳札を立てている。開帳札には三種の大きさがあり、大札は浅草雷門前・矢大臣門前・上野黒門前・両国

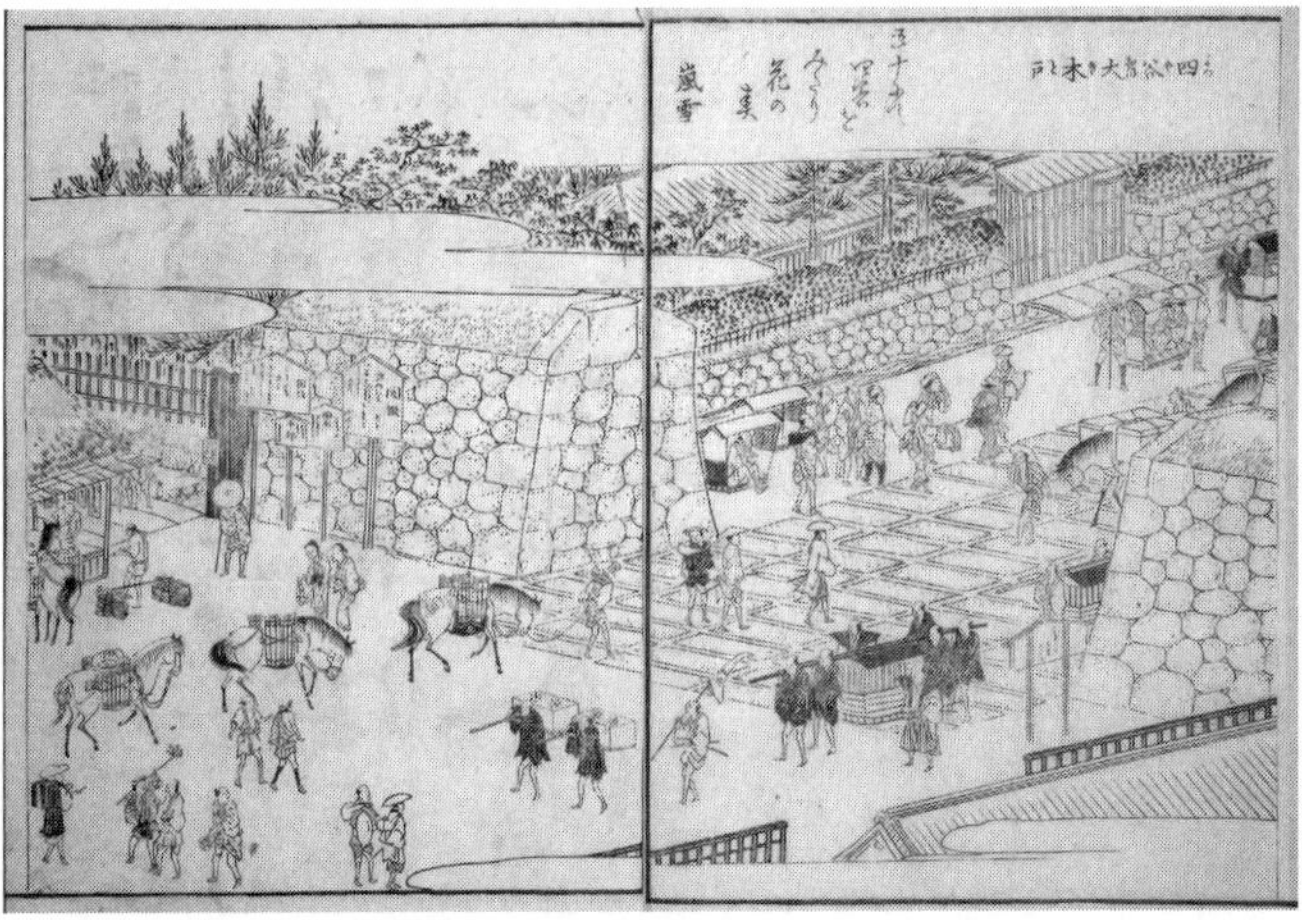

図33　四谷大木戸の開帳札（『江戸名所図会』）

橋之西・湯島天神境内・芝高輪（大木戸外東之方西向）に、中札は日本橋（橋際東之方南向）・永代橋（橋際南之方北向）に、そして小札は千住（橋際東之方西向）・護国寺門前・四ツ谷大木戸口・麹町平河天神前・青山口（三ツ辻南木戸際）に立てられた。これらはいずれも人通りの多い交通の要衝で、幕府の許可を得て設置されたのである。

出開帳の場合、「四宿」周辺から講中が高張提灯や幟・旗などをもち、大人数を仕立てて派手な行列で開帳神仏を出迎え、練り歩く場合がしばしばあり、町奉行所ではたびたびこれを取り締まっている。このような現象は純粋な信仰による盛り上がりと同時に、できるかぎり華美な行列を編成し、人々の耳目を引くことが集客力を高めることに直結していたためでもあろう。しかし、送迎の行列に加わった者たちが市中通行の際に他の町人などと喧嘩や口論に発展するケースが相次いだほか、一部の開帳では行列に木魚講や富士講の者たちが加わって、集団で念仏を唱えながら木魚などを打ち鳴らしたため、この過剰な演出がしばしば社会問題化していた。また江戸の町なかでは日蓮宗の信徒も多く、題目講による出開帳の送迎はしばしば大行列になったことが諸書の記述にもみえる。

こうした開帳の送迎行列は、しばしばラシャやビロードを用いた派手な揃いの衣装を身にまとったり、鉦や太鼓を叩き、歌い踊るようなパフォーマンスをともなうこともあったほか、なかには附祭のような大がかりな造り物を出すなど、あたかも祭礼行列のような盛り上がりをみせる現象が巻き起こったのである。

また、この時行列が用いた派手な飾り物の一部が開帳場にそのまま奉納され、会期中はずっと飾られることも多かった。
このようにみていくと、江戸の開帳は徐々に神仏への純粋な信仰による盛り上がりというよりも、むしろ開帳の場をきっかけに町人たちが独自の文化表現をしはじめたことがわかるのである。

3　奉納物の流行

開帳は庶民にとっては信仰心による現世利益を得ると同時に、境内に解放された娯楽の場でもあった。時代が下るにつれて幕府から開帳を許可される寺社が増え、それとともに参詣客も目が肥えて開帳本来の意義・目的だけでは満足できなくなっていく。これは開帳が飽和状態に達したため競合状態となり、開帳にも他と差別化できる特徴が求められていったためといえる。これに対して寺社側はこれまでの秘仏や御神体以外に、さまざまな由緒や伝承をもつ宝物を同時に展示するようになっていった。

しかし、参詣客は寺社側が用意した神仏や宝物ばかりでなく、興行場所に奉納されたさまざまな奉納物や見世物にも関心を向け、注目するようになっていく。これを端的に表しているのが、十九世紀に登場した開帳奉納番附である。

これは簡易な木版摺のかわら版の一種で、一枚から数枚続きのものまであって、なかには絵草紙問屋が版元になる場合もあったが、主に番附売りによって開帳の始まる時期に街頭で売られていた。これはあらかじめ開帳場に展示される奉納物の情報を版元が仕入れ、それをもとに絵入りで紹介したもので、奉納者や奉納物、あるいは多額の奉納金の場合に設置される立札などが描かれている。

このような奉納番附は深川永代寺（成田不動の出開帳）・回向院（大坂四天王寺・紀州加太淡島大明神の出開帳）・深川浄心寺（身延山久遠寺の出開帳）・浅草寺・牛御前・王子稲荷・市ヶ谷茶の木稲荷・平河天神・亀戸天神の各開帳などで出されたが、いずれも奉納物が開帳の開始以前にかなり集まっていることと、これを手に開帳場で奉納物を見て回る人々を当て込んでいる実態を示している。つまり、開帳場を訪れる人々は、そこに奉納物の展示という新たな意義を見出したのである。

一例をあげると嘉永五年（一八五二）二月に平河天神の菅原道真九百五十年忌の居開帳が行われたが、その際に出された奉納番附には、挑灯・幟・旗・幕のほかに、発句額面・狂歌額面・盆栽・玄蕃桶・鉄水溜・衝立・筆塚・撫で牛・マネキ・龍吐水・敷石・張天井・鰐口・能舞台・花咲爺の造り物・松と鶴の造り物など多彩な奉納物が描かれている。天神信仰には手習や芸事の上達を願う要素があるため、手習師匠や書家・常磐津師匠などの奉納が多くみられるところに特徴があり、奉納物にも奉納対象となるそれぞれの寺社や開帳神仏を反映した特徴が表れている。なお、現在同社境内に残っている①石工弥兵衛・留三郎が製作し、手習師匠の雲龍堂充囿の門弟らが奉納した石灯籠、②書家高橋丈鯉が奉納した百度石、③麹町に住む常磐津の岸沢右和左門弟中が奉納した石牛（撫で牛）、④麹町の手習師匠をしのんで門弟たちが奉納した筆塚、⑤狛犬（享和元年三月に製作されたものを再建）は、いずれもこの摺物に紹介されている。

江戸の開帳はことに十九世紀になると、奉納物自体に奉納者の名前を記載する傾向が顕著になり、提灯・

幕・旗・額・灯籠・天水桶・狛犬・大塔婆（回向柱）・絵馬・植木・銭細工（寛永通宝を並べて文字絵を描いたもの）・造り庭（庭付の造り物）など、次第に多様化・大型化していく傾向があった。このことは、奉納者が自らの存在を表現する場を奉納物の展示という行為に求めるようになったことを表しているのである。

4 浅草寺の開帳奉納物

浅草寺では、三三年に一度の順年開帳以外にも、御成跡開帳・本堂落成開帳・縁起開帳などさまざまな居開帳を行っており、史料をみるだけでも江戸時代には三二回の事例を確認できる。その最後となる万延元年（一八六〇）の開帳は、安政二年（一八五五）以来の興行であった。

開帳は三月十五日から無事に始められた。これは安政二年十月に江戸を襲った大地震と、翌三年八月の風災による本坊・境内諸堂社大破のため、修復費用を助成する目的で年限未満（前回の開帳から三三年経っていないことをいう）でありながら、六〇日間許可されたものである。開帳は順調に進んだようで、閏三月二十一日には開帳期間の延長を寺社奉行所に願い出ており、当時の通例である二〇日間の延長が認められ、五月五日まで開帳は行われた。斎藤月岑はこの開帳について、「日毎に参詣群集せり」（『武江年表』）と記し、開帳は成功を収めたようである。そこで以下に『浅草寺日記』から開帳奉納物の記載のいくつかをみてみよう。

この年正月、遠江国榛原郡御前崎の名主松林久平は、所持する山林から切竹二〇〇〇本の奉納を申し出るが、海路遠路でいろいろ差支があるということで、浅草寺の本山である寛永寺側の指示で却下されてしまう。二月になると、開帳の大塔婆について、龍塘という者が、以前の開帳で師匠龍眠が大塔婆を認めた先例をもとに今回の認方を願って許可され、大塔婆三本を認めることとなった。龍塘は黒田龍塘といい、その師匠である龍眠は正木龍眠（墨斎・四郎左衛門、一七八七～一八五九）のことをいう。龍眠は『萬葉假字　小倉百首』（安政三年）や『大日本国州名　名頭字彙』（安政六年頃）を著し、彼には龍塘のほかに福井藩士の書家青木龍峰（一八三〇～一九〇九）などの弟子の存在が知られている。

ここでいう大塔婆とは、お前立本尊の右手に結ばれた手綱を結ぶために境内に設置された三本の開帳塔婆（回向柱）のことで、参詣者はこの大塔婆に触れることで観音様と結縁することができるというものである。それゆえ雑踏のなかでひときわ目立つシンボル的存在のこの大塔婆に揮毫することは、書家にとって最大の名誉であったに違いない。

師匠の龍眠について、嘉永二・三年（一八四九・五〇）に刊行された畑銀鶏『現存雷名　江戸文人寿命附』には、彼が浅草並木町に住んでいることと、「広沢の　池よりいでゝ　おほ江戸に　其名も高き　書家の親玉」とその人物評が狂歌で紹介されている。また安政七年刊行の『安政文雅人名録』には、「書　龍眠　安政六己未十二月廿三日　寿七十三歳、葬浅草八軒町仙蔵寺　浅草並木町　正木墨斎」と記されており、彼は今回の開帳の直前に死去したことが知られる。つまり、龍塘は師匠の後継として大塔婆奉納の大役を志願したことになる。

では、龍塘はどこに住んでいたのか。この点について、安政四年刊行の『安巳新撰　文苑人名録』には「書　同（江戸）　松井町　黒田龍塘」と記載されていて、本所松井町に居を構えていることを伝えているが、彼はすでに天保三年（一八三二）刊行の畑銀鶏『書画薈粋』に「書　名行義　字信卿　号龍塘　又富春堂　吉原江戸町二丁目　黒田源二郎」と紹介されており、若い頃は新吉原江戸町に住んでいたことや、書家としての長い経歴をもっていることがわかるのである。そして同書には続けて「江戸ノ人、書ヲ龍眠ニ学ヒ、其名都下ニナル、又篆刻ニ妙ヲ得タリ、閑アルトキハ琴ヲ皷シテ楽ム、実ニ風流ノ一才子也」と記されていて、彼が早くから龍眠の高弟として知られていただけでなく、篆刻にも長じており、琴を嗜むなどかなり教養の高い文化人であったことがわかる。江戸屈指の参詣客を集める浅草寺の開帳とあれば、やはり当代一流の文化人でなければこのような申請も許可されなかったのであろう。

浅草寺の開帳ではこのほかにも、新吉原の山口巴屋が花籠皿三六枚を、ち組頭取金太郎ら三名が随身門外側の左右に鉄鋳物水溜を、また駿河屋甚右衛門・花屋五兵衛・稲屋岩次郎が本堂西坂下に鉄鋳物水溜鉢一対と金一〇両を、そして新門辰五郎・橘屋新次郎らは、御宝前御戸張縫仕立をそれぞれ奉納している。ことに水溜などは開帳中に飾っておいて、閉帳後設置することになっていたようである。つまり、これらはあえて開帳中に多くの参詣者の目にふれるよう意識されていたのであって、奉納者に鳶や商人の名前がみえるところが興味深い。浅草寺は江戸時代後期になると奉納物番附などの摺物が多く出されていることを考えれば、開帳の際の奉納物には一定の宣伝効果もあったと考えてよいだろう。

また信徒の講による奉納もみられ、二月には開帳奉納物の世話に骨を折った挑灯講の世話人一〇人に料理が振舞われている。そしてこの挑灯講の他に永代高盛講や西高盛講の記事もみえる。開帳を通して講が経営的にも浅草寺を支えていたことがわかるが、奉納はこのような金銭や奉納物ばかりではなかった。安政大地震で大破したまま、いまだ修復・再建されていない堂社などの費用を奉納するという事例も見出せるのである。

すなわち、二月、境内淡島社脇の太神宮の鳥居、および六角堂日限地蔵尊の屋根を、材木町越後屋甚兵衛・田原町二丁目遠州屋幸七がそれぞれ修復する記事があり、神田松枝町の吉五郎と庄田屋金蔵・山屋喜八が随身門の修復を、伊勢屋安兵衛・湊屋佐兵衛が本堂内陣の修復を、東御高盛講頭取野田屋市郎右衛門は、大破している本堂外陣の神農祠を、材木町・山之宿町・花川戸町と護摩木講は、十社権現の社殿の修復を、それぞれ奉納しているのである。ことに本堂内陣の修復については、日記の記載から、実際に請け負ったのは、宮殿を仏師吉村安五郎、ほかは下谷長者町一丁目の仏師屋（仏具屋）主馬蔵と、湯島天神社地門前の錺師紋次郎だったことがわかり、あくまで修復料の奉納という形式だったようである。

こうした行為は、『浅草寺日記』に閉帳後も修復料を奉納・負担する記事が散見されるので、通常行われている奉納の前倒しという意味が含まれていると解釈できる。いずれにせよ、開帳は奉納金を集める重要な契機になっていたことを物語っている。

二　一獲千金の夢・富突（富くじ）

1　富くじのルーツと御免富の登場

富くじは江戸時代、「富突」「突富」「富」などといわれ、直接のルーツは摂津国箕面（現在の大阪府箕面市）の瀧安寺の正月の富法会である。これは当初特別の祈祷をした護符を天皇家に献上するものだったが、やがて護符を一般庶民にも除災与楽のために抽選で授けるようになったといわれ、江戸時代には「箕面の富」として人気を誇った。

その抽選方法が独特で、参詣者は自分の名を書いた木札を富箱と呼ぶ大きな箱に入れ、箱の上の小穴から寺僧が錐で突き、錐に刺さって取り出された木札の名の者に牛王宝印の護符を授けるというスタイルであった。

以後このやり方が十七世紀に京・大坂を中心に広がっていき、江戸の富突は谷中感応寺の記録によれば、牛込戸塚（現在の早稲田）の宝泉寺が京都鞍馬山の毘沙門天の富にならって開始したといわれる。その後、元禄十二年（一六九九）に日蓮宗不受不施派から天台宗に改宗を命じられた感応寺が改宗直後にこの富突を始めたようである。

なお、この時期、江戸市中でも富突に類似した賭博が流行したらしく、元禄五年・同十七年・正徳元年

（一七一二）に相次いで禁令が出されている。

宝泉寺・感応寺の富突が幕府の取り締まり対象とならなかったのは、あくまで宗教行事として行われたからであった。しかし、以後幕府はこの古参二寺院以外の興行を禁じ、さらに享保十五年（一七三〇）には富突の仕法を寺社助成策の一環として導入した御免富を開始するのである。

享保の御免富は二件だけではあるが、江戸では仁和寺の興行が護国寺で、興福寺の興行が浅草寺でそれぞれ行われた。当時は毘沙門天像の開帳とあわせて行われていたようで、かなり宗教行事色の強いものだったことがわかる。また、護国寺の例では、富札一枚が一二文で販売され、当選者には金銭を授与する形式がとられている。これは御札や供物を景品として当選者に授与する当初の形式がこの頃に変質したことを意味している。

しかし、享保期の御免富は周知不足のためか、数年で興行の中断を余儀なくされている。その後江戸では元文〜宝暦期は宝泉寺・感応寺のみ興行に戻っている。ただこの時期に「銭富」から「金富」へ移行がなされたことに注目したい。この時期、先の護国寺の例のように、富札一枚の販売価格が安価なものであったのが、金一分（一両の四分の一）に引き上げられたのである。これによって、富突は庶民が気軽に手を出せるものではなくなったといえよう。

2　御免富の流行

その後明和～天明期（一七六〇～八〇年代）に再び御免富は幕府の寺社助成策の一つとして積極的に導入されるようになる。このとき江戸では①古参の宝泉寺・感応寺、②江戸の寺社から一件、③他国の寺社から出張興行一件、④宮門跡方（主に皇族が住職を務める各宗派の本山クラスの寺院）から三件という興行定数を定め、許可された寺社は五年から一〇年間ほど毎月一度特定の日に興行を行うこととなった。また、興行は寺社の境内で行い（ただし、他の寺社を興行場所とすることも可能）、富札も一部の例外を除き、その興行場所で定価販売することが義務付けられていた。

これによって御免富の興行システムが急速に浸透していき、興行の規格化や興行場所に選ばれる集客力のある寺社の定着化がなされていったのである。

御免富に冬の時代が訪れたのが寛政期で、それまでの興行は中断を余儀なくされ、改革の影響で感応寺が断続的に興行するにとどまっている。ようやく再開にこぎつけたのが、「両山御救富」、すなわち日光山輪王寺・東叡山寛永寺の経営救済の目的で、双方の住職を兼務する輪王寺宮の強い働きかけによって始められた文化九年（一八一二）のことである。このときの興行場所は谷中感応寺に加え、湯島天神（別当喜見院）・目黒不動瀧泉寺の三ケ所で、いずれも寛永寺の末寺にあたり、以後「江戸の三富」として江戸定番の興行場所となっている。

これを機に幕府は規制緩和に乗り出し、文政四年（一八二一）適用範囲を拡大し、三都で最長で五・六年、興行件数を合計一〇ヶ所まで許可すると、同八年にはさらに三ヶ月ごとに一度の興行とする代わりに一ヶ月一五ヶ所、計四五ヶ所まで許可件数を増やしていった。これによって江戸は御免富の最盛期を迎え、定番で「江戸の三富」を中心とする毎月興行型と、「年四回×三年」の単発興行型とが併存するようになる。江戸で富くじが最も盛んに行われたのはこの時期で、落語の「富久」や「御慶」などもこの頃の情景を題材としている。

3　当選規定

図34は天保初年の谷中感応寺（天保四年に天王寺と改称）の興行の光景を描いた挿絵で、向こう側に参詣客が集まるなか、柵の手前では中央に木札を突く役の僧や、当選番号を読み上げる役の者がおり、左側には検使として派遣された寺社奉行所の役人が控え、右側では当選番号が記録されている。こうして興行は手続きから実施まで厳正な管理のもとに行われたはずであるが、実際には違法行為も少なくなかった。

また、販売される富札には札の番号や組を表す札印のほかに、興行場所や興行日などの印が捺され、これに世話人などが割印を数ヶ所捺すのが通例であった。当選金引き換えの際には、割印帳と照合がなされ、当選金（宝金という）が一両以上の場合は一割を奉納金として差し引かれる慣例があった。なお、図35に掲げた富札は、鹿島明神の興行が上野広小路の常楽院で卯年（天保二年か）三月二十六日に行われることを示している。

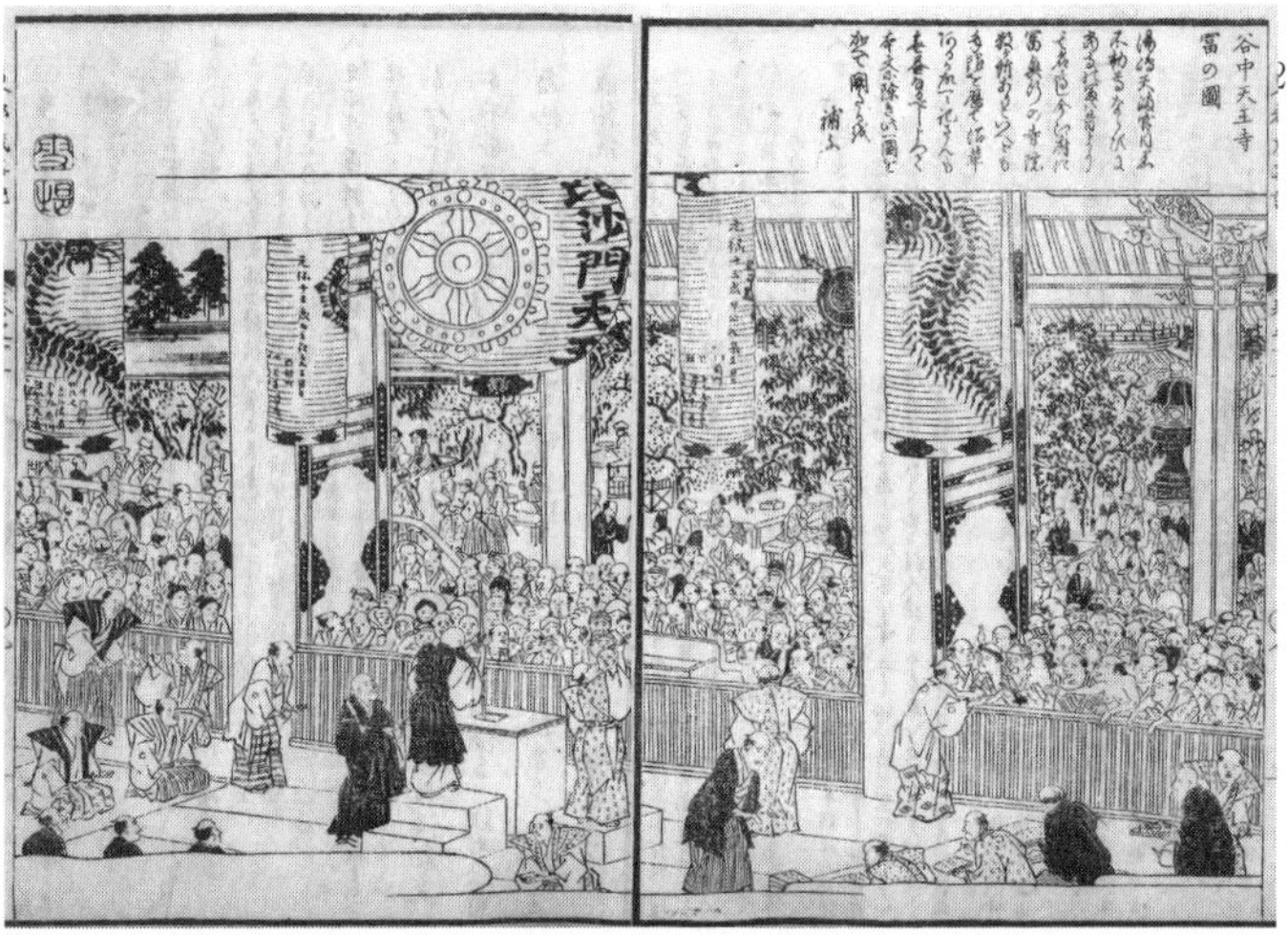

図 34　谷中天王寺富の図（『東都歳事記』）

図 35　富札（上野広小路 常楽院）

御免富は一回の興行につき一〇〇回木札を突くのが通例で、各興行では一番から一〇〇番までの当選金額に対し、個別にさまざまな規定を設けていた。

まず一番から三番あるいは五番までと、「節」といわれる五番・一〇番ごとや五〇番、そして「突留」の一〇〇番は当選金も高額である一方、他は「平」あるいは「花」と呼んで低額だった。これに「両袖」という前後賞が付くのが最もシンプルな形式で、三富などはこのパターンであった。

ところが新規参入で一回の興行における富札の販売枚数が多い「年四度×三年」型の場合はいくつか

図 36　湯島天神門前の札屋（「江都名所　湯しま天満宮」の一部分を拡大）

の札印によって組に分けられ、「記し違ひ」や「合番」と称する組違い賞が設けられた。また、興行によっては組違いの前後賞の相当する「合番両袖」や、二番違いの「又袖」などが設定されている場合があって、豊富な当選バリエーションが人々を惹きつけていた。

4　御免富の破綻

ところが、この規制緩和には大きな落とし穴があった。すなわち、新規に許可された単発興行型には地方寺社の出張興行も多く、興行を請負人に委託する構造が一般的になっていったのである。彼らは興行場所の選定から興行に必要な人員や道具の調達、富札の売り捌きまでを組織的に行ったが、富札の販売場所や興行場所を寺社境内に限定し、民衆の射

札　料	最高賞金額	売上高	賞金支払高	奉納金	総利益	必要販売枚数
金２朱	100両	500	354	31	178	2,580
金２朱	100両	500	354	31	178	2,580
金２朱	100両	625	403	36	259	2,932
金２朱	100両	375	289	25	111	2,112
銀２匁５分	100両	850	529	162	483	8,820
銀２匁８分	300両	1,400	818	91	673	15,575
銀６匁	300両	2,000	1,297	135	837	12,627
金１朱	150両	1,531	1,044	100	587	15,111
金１朱	300両	1,875	1,316	167	726	18,387
銀２匁	90両	667	397	33	303	10,918
銀２匁５分	150両	1,125	680	66	510	14,757
銀２匁５分	90両	1,038	545	54	546	11,787
銀３匁２分	300両	1,867	1,006	103	964	16,924
銀２匁５分	150両	1,042	568	76	550	11,792
金１朱	150両	1,250	765	58	543	11,313
金１朱	300両	2,250	1,545	229	934	21,061
銀２匁７分	150両	1,103	615	51	539	12,529
銀３匁３分	150両	1,485	989	103	599	16,112
銀３匁	150両	1,050	600	56	506	10,883
銀１匁８分	90両	750	460	51	341	13,637

幸心を表向きは宗教行事の枠内に閉じ込めたい幕府の思惑に反し、富札売り捌きのための札屋が江戸市中に次々と現われていった。

江戸の札屋は盛り場などに簡素な床見世を構える場合と、茶屋・小間物屋・煙草屋などが副業として内々に富札を販売する場合とがあった。こうした札屋では興行中のさまざまな富札が売られ、定価ではなく時価で富札を販売し、「割り札」という一枚の富札を数人から十数人で権利を分割した仮札を廉価で売る場合も多かった。また湯島天神などは別当の喜見院の力が強く、喜見院は天台宗寛永寺の末寺であることから、その集客力を見込

表12　『江戸大富集』にみる富興行一覧

興行場所		興行寺社	興行月	興行日	発行札数	札　印
①	目黒不動	目黒不動	毎月	5日	4,000	−
②	湯島天神	湯島天神	毎月	16日	4,000	−
③	両国回向院	両国回向院	毎月	9日	5,000	−
④	谷中感応寺	谷中感応寺	毎月	18日	3,000	−
⑤	浅草金龍山	浅草金龍山	毎月	22日	20,400	−
6	茅場町天神	山王御神主	3・6・9・12月	4日	30,000	松竹梅鶴亀
7	銀町白籏社	嵯峨御社	1・4・7・10月	27日	20,000	鶴亀大富
8	愛宕前薬師	富士山本宮	2・5・8・11月	13日	24,500	七福神
9	神　明	南山科御殿	2・5・8・11月	25日	20,000	鶴亀松竹
⑩	西久保八幡	西久保八幡	1・4・7・10月	13日	20,000	春夏秋冬
⑪	神田御社	神田御社	2・5・8・11月	26日	27,000	雪月花
12	福徳稲荷社	足利金剛山	3・6・9・12月	7日	24,900	一富士　二鷹　三茄子
⑬	室町福徳稲荷	室町福徳稲荷	2・5・8・11月	7日	35,000	五節句
14	杉ノ森稲荷	陸奥一ノ宮	2・5・8・11月	11日	25,000	鶴亀松竹梅
15	杉ノ森稲荷	江ノ島岩本院	1・4・7・10月	7日	20,000	キリン鳳凰
⑯	根津神社	根津神社	3・6・9・12月	26日	36,000	花鳥風月
17	杉ノ森稲荷	氷川明神	3・6・9・12月	11日	24,500	七福神
18	茅場町薬師	上州一ノ宮	3・6・9・12月	23日	27,000	福禄寿
19	杉ノ森稲荷	三州妙心寺	3・6・9・12月	13日	21,000	福寿梅
⑳	麻布東福寺	同所(七仏薬師)	1・4・7・10月	19日	25,000	五節句

まれて「江戸の三富」の一つとなった。三富の富札は江戸の人々に人気だったため、門前の茶店などが札屋として富札の取次販売をしていた。図36では、湯島天神の坂上の茶屋の店先で富札が売られている様子がうかがえる。

この時期の御免富はさらなる問題に直面していた。すなわち、興行件数が増えるあまり過当競争が起こり、富札が高額で三〇〇〇〜五〇〇〇枚発行の三富に比べ、単発興行型の寺社は比較的安価な富札を数万枚発行し、当選規定も複雑にして購買意欲を駆り立てるのに躍起になっていく。また文化九年の三富登場前後から三富の当選番号をもとに少額を賭ける「影富」という博奕が流行し、さらにこれを簡略化した「第附」が裏店住まいの庶民層の圧倒的な支持を受けて広がる実態もあった。

表12は文政十二年（一八二九）前後の江戸で行われた御免富の当選規定を紹介した『江戸大富集』を分析したものである。この頃には江戸で二〇ヶ所もの興行が行われていた。番号に〇が付いているのは自らの境内で興行している場合で、他の寺社を借用している場合と半々であったことがわかる。毎月興行型は一回の富札の発行枚数が少なく、「年四回×三年」型は発行枚数が多いため札印によって組分けされる場合がほとんどであった。各興行が富札を完売し、当選金をすべて支払い、前述の一割の奉納金を徴収すると仮定した場合の損益分岐点を示す「必要販売枚数」欄からも明らかなように、これだけ大量の富札を江戸で売り捌くには、違法の札屋を使っても捌ききるのは困難で、興行が完全に飽和状態に陥っていたことがわかる。

これをみても明らかなように、結果として御免富は飽和状態による富札の売れ行き不振が続き、興行が失敗に終わる寺社が少なくなかった。それに加えて違法とされる富札の市中での販売や、影富・第附の流行が年々活発となり、老中首座となった水野忠邦主導の改革がこれを見逃すはずはなかった。すなわち、天保十三年（一八四二）、幕府は一切の例外なく御免富を全面禁止とした。それゆえ、以後は幕府の助成策としての御免富は行われることはなく、しばしば富突に手法を真似た興行が摘発されるばかりで、江戸の富くじはこうして終焉を迎えたのである。

三　勧進相撲

1　勧進相撲の発展した江戸

相撲はそもそも争うことや張り合うことを意味する「すまふ」に由来するといわれる。古代の相撲には五穀豊穣を神に祈る神事と、死者の鎮魂を行う儀式という二つの要素があって、神の代理として力を授けられた存在が力士であると考えられた。奈良時代には、天皇が相撲を観覧する朝廷の儀式として「相撲節会《すまいのせちえ》」が始められ、平安時代末期に廃止されるまで、毎年七月七日の行事として行われていた。

武家による政権が誕生した鎌倉時代以降、相撲は武術として奨励されていく一方、室町時代に入ると、寺社の維持・修復・再建費用を募るための興行として相撲が行われるようになった。これが勧進相撲で、当初は京都、のちに大坂で盛んに行われたが、江戸時代中期以降は江戸にその中心が移っていった。

勧進相撲は寺社奉行所の許可を得て行われる興行で、当初は人々に喜捨を求めるスタイルだった。しかし、江戸では町中の治安を悪化させるとの理由から、慶安元年（一六四八）・寛文元年（一六六一）に禁令が出されている。その後貞享元年（一六八四）には許可され、深川の富岡八幡境内で興行しているが、次第に勧進目的から離れ、宝永年間（一七〇四～一一）にはすでに相撲渡世集団の営利目的の興行として行われ、観客から木戸銭を集める方式になっていたようである。

ところで、勧進相撲の興行日数は当初七日間だったが、元禄元年（一六八八）に八日間となり、さらに安永六年（一七七七）三月以降、興行は毎年春・冬の二回、晴天一〇日間行われるようになった。興行は野外で行われるため晴天の日が選ばれ、雨天の場合や将軍や将軍世嗣の御成、興行場所となる寺社の行事などによって順延となることが多く、嘉永五年（一八五二）の冬場所は二一日と比較的短期間だったものの、翌六年の春場所は四八日かかるなど、日程の消化には苦心させられている。

興行場所は勧進相撲が相撲渡世集団の運営に移ってからも、あくまで寺社の助成という名目のため、集客力のある寺社の境内で行われた。実際には富岡八幡・蔵前八幡・芝神明・茅場町薬師・回向院で行われることが多く、天保四年（一八三三）十月からは回向院に固定していった。

なお、こうした正規の興行以外にも、寺社境内を借用し、「稽古相撲」や「花相撲」と称した興行がしばしば行われ、彼らの重要な収入源になっていたようである。

2　相撲場の構造

勧進相撲に当初土俵はなく、江戸時代初めには「人方屋」という丸く囲んだ人垣を作り、そのなかで取り組みをしていた。この時代の勝敗は相手を人垣のなかに押し出すか、地面に倒すことで判断されていたが、トラブルも絶えないため、そこで境界を示すため誕生したのが土俵である。

土俵の形は当初は一定したものではなく、四角型などのものもあったが、江戸時代中期に丸型の二重土

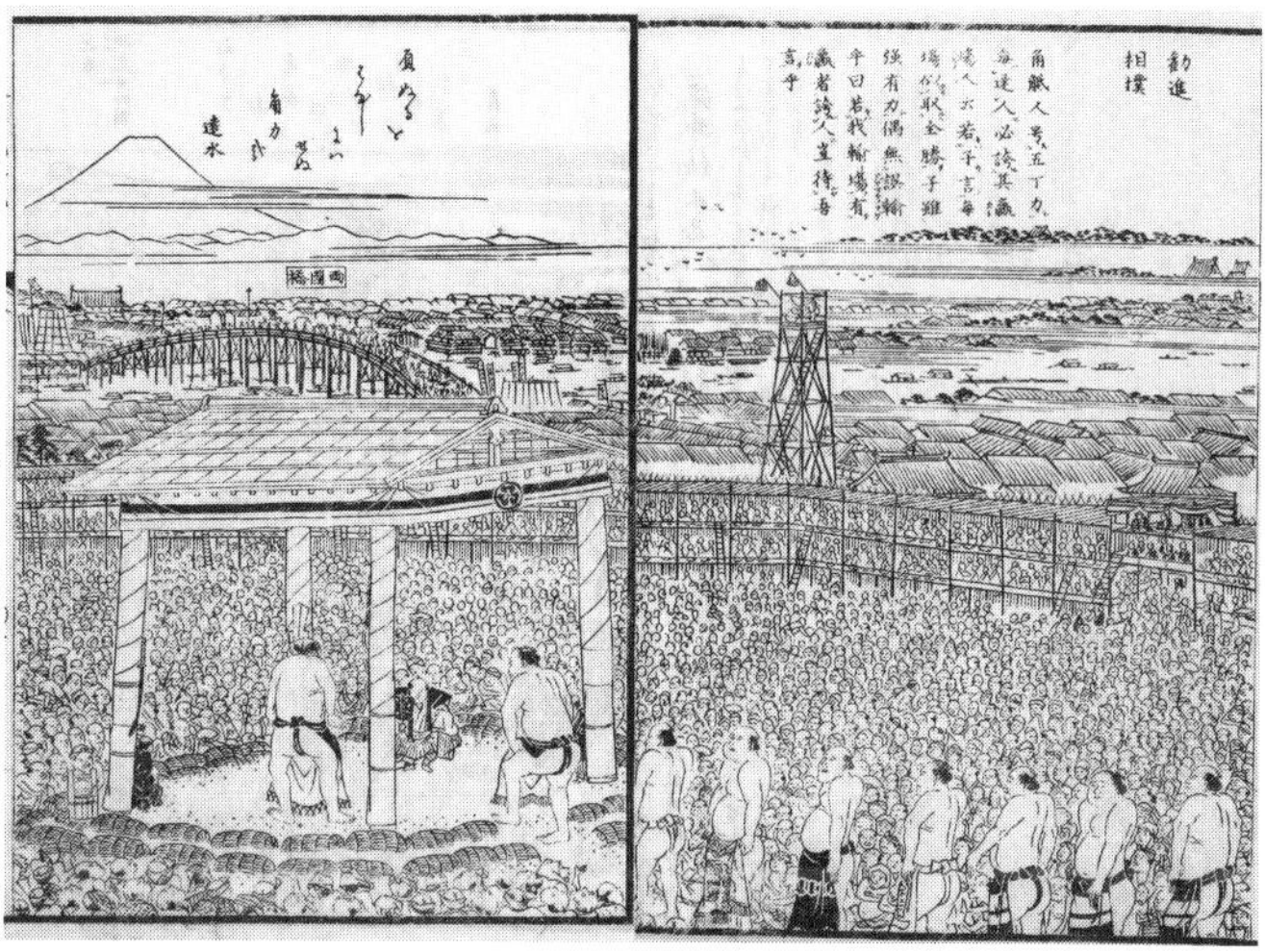

図 37　勧進相撲（『東都歳事記』）

俵が主流になっていった。また、当時は土俵の上に屋根があり、それを支える四本柱があった。

この丸型土俵の登場により、「寄り切り」「押し出し」「うっちゃり」など新しい技が次々に生まれた。そして勝敗も早く決まるようになったため、人気が高まった。

客席は土俵に近い土間よりも桟敷席のほうが高級席で、とくに二階・三階の桟敷席は場内の相撲茶屋から酒や肴を注文できた。また、女性の見物は稽古相撲に限られ、本場所の見物は許されていなかった。

こうして「取る相撲」から「観る相撲」へと発展した勧進相撲は、十八世紀後半には歌舞伎と並んで江戸を代表する娯楽に発展し、多くの有名力士を生み出していく。

図37は回向院で行われた勧進相撲の土俵入りの光景で、勧進相撲は興行の面で歌舞伎との共通点が多

く、興行免許を得ることを「櫓を上げる」といい、枡席に当たる土間や桟敷席を設け、興行の進行には拍子木を打ち、花道や幕の内という概念があるのも同様だった。

3 相撲取りと相撲部屋

相撲部屋が制度的に成立したのは、江戸時代中期のことで、現役を引退した力士が年寄となり、自分の屋敷に弟子を集めて相撲部屋を作り、専業の相撲取りを育てるシステムが形成されていった。

相撲取りたちは相撲年寄によって部屋ごとに統括されたが、大名のお抱えとなる者も多かった。例えば谷風梶之助は仙台藩、小野川喜三郎は久留米藩、雷電為右衛門は松江藩のお抱え力士で、彼らには藩から士分の格と衣服や刀などが贈られ、数十俵から一〇〇俵以上の手当を支給された。

勧進相撲では、勧進元が彼らを抱え先の藩から借り受けるかたちをとっていた。また、彼らは藩の威信を背負っていたこともあり、藩の印紋を付けた化粧まわしを締めて取組にのぞんだほか、同部屋対決はあったものの、同じ藩の抱え力士同士の取り組みはなかった。

図38の雲龍久吉（一八二三～九一）は柳川藩立花家のお抱え力士で、安政五年（一八五八）に大関となり、文久元年（一八六一）に後述の吉田司家から横綱免許を受けた。横綱土俵入りの「雲龍型」は彼が行った型に由来している。また図39の不知火光右衛門（一八二五～七九）は熊本藩細川家のお抱え力士で、文久二年（一八六二）に大関となり、翌年吉田司家から横綱免許を受けた。こちらも横綱土俵入りの「不知

火型」にその名をとどめている。

江戸の勧進相撲の大きな特徴としては、十一代家斉・十二代家慶の二代にわたって将軍の上覧相撲があったことである。すなわち、寛政三年（一七九一）六月・同六年五月・享和二年（一八〇二）十二月・文政六年（一八二三）四月・同十三年（一八三〇）三月・天保十四年（一八四三）閏九月・嘉永二年（一八四九）四月の計七回行われ、とりわけ寛政三年の上覧相撲での結びの一番、谷風と小野川の両大関の取り組みは歴史的名勝負として知られる。

この取り組みの行事は熊本藩家臣の吉田追風が務め、「待った」をかけた小野川に対し、谷風の気合勝ちとして谷風に軍配を上げ、双方の抱え主である藩へ面子を立てたわけである。

吉田追風は文治年間（一一八五～九〇）に後

図 38　雲龍久吉

図 39　不知火光右衛門

鳥羽天皇が節会相撲を再興した際、先祖が行司の家に定められたといわれ、この上覧を機に相撲家元の地位を確立した。この家は「吉田司家」と呼ばれ、代々追風を名乗ったが、寛政元年十一月に谷風と小野川に故実と横綱免許を授与して以来、横綱免許の権限と、行司の最高位である立行司の免許の発行を独占した。

なお、当時の横綱とは現代のような力士の地位を表すものではなく、白い麻で編んだ太い注連縄をいい、最高位の大関のなかで技量や品格の最も優れた者に授与されるものだった。この横綱免許をめぐっては、かつて相撲節会の相撲司を務めた家柄である公家の五条家が吉田司家に対抗して陣幕久五郎などに横綱を授与するようになり、明治維新期まで両者の競合関係が続いた。

田沼時代(田沼意次が幕政の実権を握っていた一七六七〜八六年頃)、勧進相撲の勝敗にはしばしば手心が加えられていたようで、寛政改革期に江戸のさまざまな風聞を収集した『よしの冊子』によれば、大関の谷風や小野川は金銭を積まれてあえて負けることがあったが、このたびの改革以降は金銭を受け取ることを辞め、谷風などは「これからはもう負けない」と語ったとしている。また、田沼時代は総じて相撲のやり方がいい加減で、金銭を積まれると、興行当日に予定されていた取り組みが急に変更されたり、一〇日目の最終日には多くの取り組みを残したまま興行を予定より早めに切り上げることもあったが、改革後は寺社奉行所の取り締まりが厳しくなったため、あらかじめ予定された通りに興行を行うようになったと述べている。このことは、勧進相撲の取り組みを賭け事の対象とすることが慣習化していたことを示して

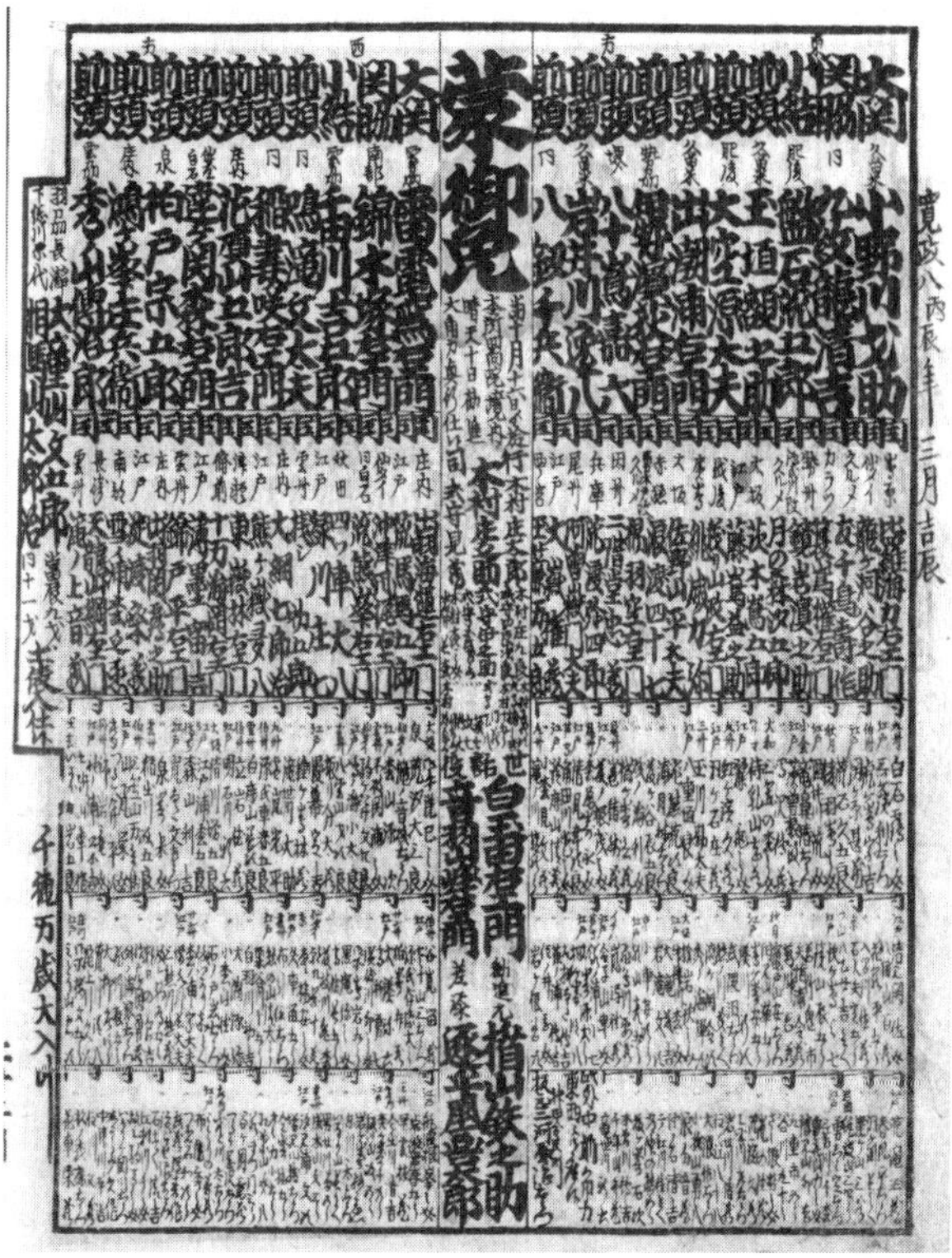

図 40　寛政 8 年（1796）3 月の番附（『相撲起顕』）

いる。その傾向は取り締まりが緩むと常態化したようで、取り組みの勝敗を一覧にした勝負附と呼ばれる摺物が出されたほどである。これについては、上覧相撲でも出されたようで、嘉永二年（一八四九）四月中旬頃に姫路藩の江戸詰藩士が内職でこれを制作し、売り子ともども摘発される事件があった（『藤岡屋日記』）。

いずれにせよ、寛政改革は勧進相撲の取り締まり強化で興行熱を停滞させたかにみられたが、上覧を機に人気を回復し、「世上ニてハ角力しきりニはやり。小児共迄所々ニて角力のまねいたし候由。先日の上覧ニてよほど人の元気も出候よし。奇妙ナものじや。とさた仕候よし。」（『よしの冊子』）とあるように、むしろ上覧によって子供がまねするほどの相撲ブームとなったことがわかる。

ところで、勧進相撲が生み出したものとしてもう一点忘れてはならないのは、番附であろう（図40参照）。かつて番附は東西別々に一枚ずつ書かれていたが、宝暦七年（一七五七）に一枚にまとめられ、最高位の大関を筆頭に、関脇・小結・前頭といった序列が一目瞭然となった。中央上部には寺社奉行所の公認であることを示す「蒙御免」の字が大きく書かれ、その下に行司・世話役・勧進元の名前が記載されていた。なお、この番附には、地の白い部分をできるだけ少なくなるように太く書く「相撲字」が用いられた。

番附の形式はその後、さまざまな事物をランク付けする際にも用いられるようになり、これらを見立番附といい、現在でも「長者番附」などにその名をとどめている。

四　勧進能

1　江戸町人と能

江戸時代の能は観世・金春・金剛・宝生の各座と、喜多流（四座一流）が幕府の保護を受け、江戸城内の儀式や公式行事などにおいてもしばしば能が演じられた。また町人世界では、将軍家の慶事の際などに特定の町人たちを城内に招待する「町入能」が知られる。

このほかに、神田明神では、九月十五日の祭礼の後に神事能が行われていた。これについて斎藤月岑は、天保九年（一八三八）に刊行した『東都歳事記』のなかで、次のように述べている。

同社神事能　今はなし。享保のころまでは祭の年十六日（又十八日ともいふ）に興行す。或は日さだまらずともいふ。其頃は観世金春宝生金剛の四座より出、江戸中桟敷割ありて貴賤こゝに集ひしが、同じ頃より絶たり。

これによれば、享保年間までは隔年で九月十五日に開催される神田祭のあと、十六日あるいは十八日あたりに行われたらしいというのである。この時の特徴は、四座の者が招かれ、江戸中に桟敷割をしたのだという。つまり、神田明神ではそのつど境内に舞台・桟敷などを設けた大掛かりな小屋を用意したのであろう。その費用は相当な額に及んだと考えられ、恐らくは町方に費用負担が重くのしかかり、享保改革によって中止となったと推測される。

一方、幕府は観世太夫などに橋詰で一世一代の勧進能の興行を許可することもあった。この時にも大掛かりな小屋が設けられ、町名主も取り締まりなどに従事している。勧進とは、僧が仏寺・仏像を造営するために信者に寄付を勧めて集めることで、勧化ともいう。勧進能は元来、建物の維持・修復・再建費用捻出のための助成として行われる建前で、当初は人々に喜捨を求めるスタイルであったが、江戸の勧進能は十八世紀中頃には木戸銭を集める興行形式になっている。

江戸の勧進能は①慶長十二年（一六〇七）に観世太夫・金春太夫が江戸城内で行ったの嚆矢として、以後②元和七年（一六二一）に幸橋門外（興行主は観世太夫）、③明暦二年（一六五六）に筋違橋門外（観世太夫）、④貞享四年（一六八七）に本所（観世太夫）、⑤寛延三年（一七五〇）に筋違橋門外（観世太夫）、⑥文化十三年（一八一六）に幸橋門外（観世太夫）、⑦天保二年（一八三一）に幸橋門外（観世太夫）、⑧弘化五年（一八四八）に筋違橋門外（宝生太夫）と、合計八回行われている。興行期間は当初四日間であったが、寛延三年（一七五〇）以降は晴天一五日と定められた。興行場所は当初は江戸城内に設けられたようだが、以後は幸橋御門外か筋違橋御門外にほぼ定着している。これは橋詰に設定された火除地が広い興行スペースを必要とする勧進能に適していたからだろう。また、どちらも繁華な町人地に隣接していることが集客に効果的だった。

興行場所には歌舞伎や勧進相撲同様に大規模な小屋が建設された。櫓を設け、木戸銭を取り、桟敷席と楽屋に囲まれた空間には、中央にせり出した能舞台を囲むように畳席、その外側に入込席が配置されていた。主に武家は桟敷席から観覧し、町人はこの畳席と入込席で観覧することとなっており、これに対応して入場券として二種類の札が発行されていた。寛延三年の例をあげると、畳席は一畳に五人が詰め、一畳ごとに金二分で、畳札が一日三〇〇枚ずつ発行された。また、立見席を意味する入込札は銀三匁で一日三〇〇〇枚の発行だった。

なお、畳席と入込席は事前に前売りされ、町ごとに半ば強制的に割り当てられたこれらの席札の代金を町名主ごとに取り集め、町年寄役所に納めるシステムになっていた。また、こうした前売札は町ごとに観覧日が決められており、これとは別に当日券に相当する相対札も興行場所で販売されていた。

また、興行は連続して行われることはまれで、さまざまな理由で次の興行まで数日から十数日空くことが多かった。ことに文化十三年（一八一六）の興行は長期間に及んでいる。すなわち、この年観世太夫の勧進能が閏八月上旬に許可を得て、幸橋外の四〇八〇坪余の地で行われた。初日は九月二十二日に行われたが、斎藤月岑が『武江年表』で「興行の間場中より失火して、舞台桟敷楽屋一円に焼亡す、再び普請をなして興行し、翌年九月に至りて終る」と述べているように、途中で舞台・桟敷などが火事で焼失したため、終演を迎えたのは翌年九月十八日のことだった。なお、この時はトラブル続きで集客はうまくいかなかったようである。

次の天保二年（一八三一）の勧進能は盛況だったったようで、月岑は『武江年表』において次のように述べている。

> 幸橋御門外に於いて、観世太夫勧進能興行あり。十月十六日を初日として、晴天十五日の間興行の定なりしが、雨天其の外にて翌年へかゝり、日数の外日延興行あり。辰の六月に至りて停む（興行の日貴賤群集せり）。

実際、この興行は晴天一五日のところを延長して、二五日間行われ、十月十六日から開始され、翌年六月二十六日に興行を終えている。当時の記録によれば、畳札・入込札・相対札を合計すると、最初の五日間は毎回一万数千人の観客があり、その後は減少して毎回平均五〇〇〇人ほどになったものの、二五日間でのべ一七万人余を動員したことがわかっている。これは町人の数値であり、これに桟敷席を入れれば、江戸の住民の何割かはこの勧進能を見物したことになるわけで、「天下祭」と称された山王祭・神田祭に匹敵する動員力を誇っていたと推測されるのである。

この天保二年の興行について、月岑は日記に準備から興行までの様子を断片的ながら記している（『斎藤月岑日記』）。まず、三月二十二日に鍛冶町の山吹という料亭で勧進能の寄合が行われ、四月二十八日には前売札の集金で同所に集まっている。そして八月二十六日に畳札・入込札の割り当てについての寄合があり、十月二日に勧進能の出来栄えの見分があり、同月十六日に初日を迎えている。

このとき月岑は単なる一町名主として札の割り当てや集金に関わっていただけのようで、興行についてのは淡白な記述が続いている。月岑は十月二十六日に見物に出かけており、次のように記している。

天気よし、勧進能三日目、見物に行、上田氏懇意太田助市殿世話ニ而、二階桟敷南の十六ニ而見物いたし候、割合壱人前八匁五分、但弁当共、外ニ供弁当壱匁

月岑は国学の師匠である上田兼憲のつてで、上田氏の懇意にしている太田助市という人物の仲介で南側の桟敷席の二階十六番で見物している。この時の代金が弁当付きで銀八匁五分、これとは別に月岑の連れてきたお供の弁当代が銀一匁だった。これは町人席の畳札・入込札よりもやや高額のようである。なお、天保三年分の日記が残っていないので、興行期間の後半部分の内容については残念ながら不明である。

2　江戸時代最後の勧進能

一方、弘化五年（一八四八）の勧進能については、日記から詳細にうかがうことができる。すなわち、宝生太夫の懇願により、弘化五年二月六日から五月十三日にかけて全一五日間の興行が筋違橋門外で行われた。外堀の神田川沿いの火除地二一四二坪に興行場所が設けられ、畳札・入込札から計算すると全一五日間でのべ八万人余を動員したこととなり、江戸時代最大規模の勧進能となった。

このときの興行について、月岑は前年にあたる弘化四年の日記からその経緯を記している。それによれば、月岑は興行前年の八月七日に勧進能取扱掛を拝命し、以後段取りから当日の興行の監督まで重要な役割を果たしていくことになる。なお、この興行は町年寄舘（奈良屋）市右衛門が総括していたようである。ここでは興行場所の入念な見分と、「勧進能出銀納メ」、すなわち前売札として各町に割り当てられた分の集金が行われ、町年寄の舘は回収した前売札の代金から、一五〇〇両を事前に宝生家側に渡していたことがわかる。

次に、弘化五年（二月二十八日から嘉永元年）の記述をみてみると、勧進能二日目に南町奉行遠山景元が見分に訪れ、西の桟敷席で観覧していることがわかる。そして三日目を迎える前に興行場所の修復をしている。興行は野外で行われたこともあって、順延になることも多かったようだが、四日目の三月十九日は雨天ながら最後まで行い、九日目の四月二十二日、および一四日目の五月九日は雨のため途中で切り上げになっている。また、月岑は知人に札の手配をすることもあったようで、寺社奉行久世広周家来の池田兆という人物に町人席の畳札を渡している。

勧進能は五月十三日に一五日目の舞納めを済ませ、興行はこれで終わるが、同月十七日には「稽古能」と称する興行が行われ、月岑は息子や娘、湯島町名主の山本六右衛門とともに観覧しており、その後に興行場所の撤去が行われたようである。囲いが取り払われたのは六月五日のことで、翌日に場所の引き渡しが行われ、同月二十八日には月岑は南町奉行所に呼び出されて、勧進能の監督を無事に終えた褒美として、遠山から金三百疋（すなわち、金三分）を頂戴している。

月岑の日記の一連の記述のなかで特筆されるのが、勧進能絵巻であろう（図41・42参照）。月岑は二月二十日に漢学の師匠日尾荊山に序文を依頼している記述からはじまり、四月十三日に自分の住む雉子町の住民である表具師の新八に表装を頼み、同月二十三日には北町奉行所与力秋山久蔵に「勧進能絵図」を、同月二十六日に長谷川町名主鈴木市郎右衛門に「巻物」を貸している記述がみえる。この「勧進能絵図」と「巻物」は別のものとも考えられるが、「巻物」は今回の勧進能について描いた絵巻であることに間違いないだろう。

以後、この絵巻は北町奉行所同心持田太郎助・町年寄喜多村氏（手代小野氏が取り次ぐ）・信濃高遠藩主内藤頼寧《よりやす》（家来深山弥八郎が取り次ぐ）・宝生太夫・支配町の三河町四丁目裏町吉左衛門・与力秋山久蔵らに貸しているのである。

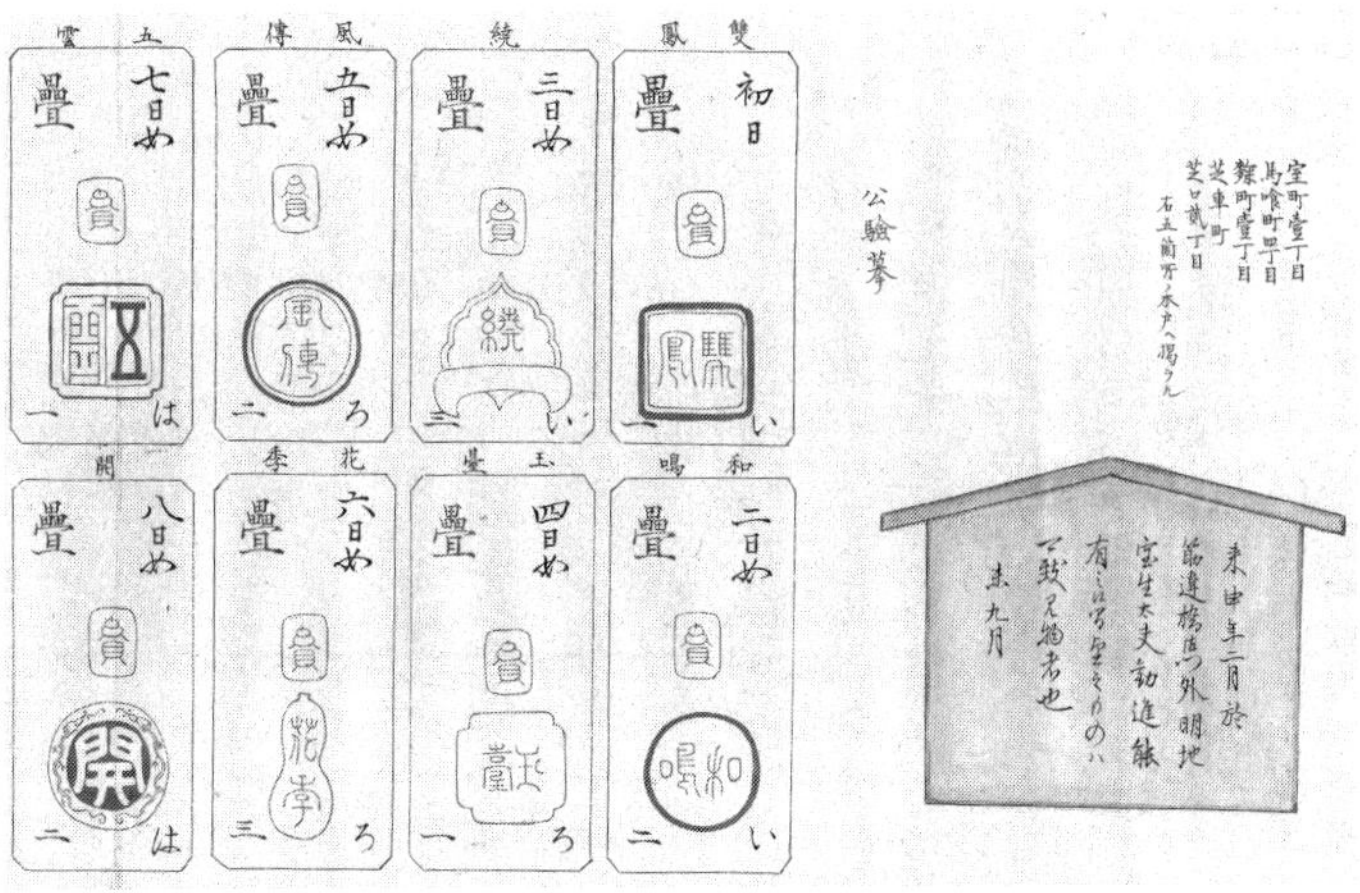

図 41　興行札と畳札（「宝生太夫勧進能之絵巻」）

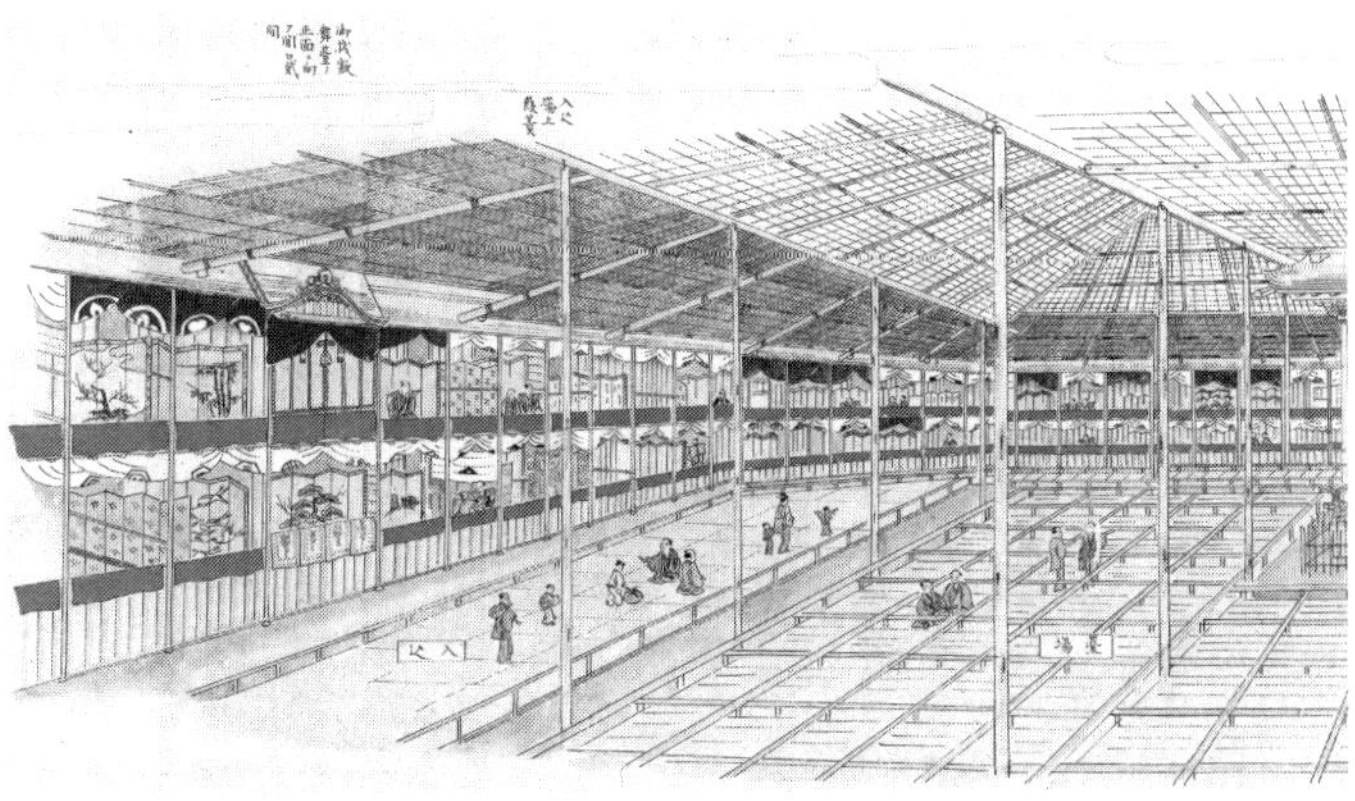

図 42　小屋内の図（「宝生太夫勧進能之絵巻」）

恐らく月岑が勧進能の絵巻を制作していることは、町内の者たちだけでなく、町奉行所や町年寄の間で話題になっており、さらにはこれを大名の内藤家までが聞きつけて借用しているほどの評判・評価を得ていたことになろう。なお、この時内藤家からは鮑《あわび》・鯒《こち》・鱸《すずき》を返礼に受けているほか、宝生家でも加賀藩前田家から頂戴した干海鼠《なまこ》を返礼に贈っている。絵巻はいずれも今回の興行場所の詳細を記録的に描き残したものであり、小屋の構造から使用される道具、入口や楽屋の様子、さらにはなかで売られていた弁当や食べ物・土産物などについても絵に残している。記録魔としての月岑はこうして当時の興行の様子を後世に伝え、今日我々は江戸時代最後の興行で、最も大規模に行われた勧進能の実像を知ることができるのである。

五　江戸屈指の盛り場浅草寺

1　寛永寺の傘下へ

浅草寺は推古天皇三十六年（六二八）三月十八日、漁師檜前浜成《ひのくまのはまなり》・竹成兄弟が宮戸川（のちの隅田川）で、投網のなかに観音像を得て、これを土地の豪族である土師中知《はじのなかとも》に相談し、中知の屋敷に祀ったのが由来といわれる。平戸藩主を務めた松浦静山（一七六〇～一八四二）の随筆『甲子夜話』に「観音像は一寸八分ありて、浅草川より網にかゝり引き揚げたるといふは、世普く伝ふるなり」と記されているように、江戸時代後期には、この伝説は広く知られていた。

浅草寺は中世、江戸周辺では有力な天台宗寺院として発展していた。徳川家康が江戸に新たな拠点を定めた天正十八年（一五九〇）八月、当時の住職にあたる別当は忠豪という人物で、浅草寺は天海の進言により、徳川家の祈願所として寺領五〇〇石の朱印を得た。その後慶長五年（一六〇〇）に徳川家康が関ヶ原に出陣する際には、武運長久を祈願しており、元和四年（一六一八）には境内に東照宮を造営し、別当が江戸城紅葉山別当職を兼ねるようになった。なお、現在の二天門は、かつてこの東照宮の随身門であった。

こうして幕府との結びつきを深めた浅草寺は、寛永八年（一六三一）に観音堂を焼失すると、幕府の援助を受けて同十二年に復興しているが、この頃から徐々に寛永寺の傘下に入っていくことになる。寛永寺は寛永二年（一六二五）、天海によって江戸城の鬼門にあたる上野の地に建立された天台寺院で、比叡山延暦寺に倣って東叡山と号した。寺域三六万五〇〇〇坪余、寺領一万一七九〇石を有し、承応三年（一六五四）には後水尾天皇第三皇子守澄（尊敬）法親王が入山して以降は代々皇族が住職（門主）を務めた。歴代住職の法親王は輪王寺宮の称号を勅許されて日光山・比叡山を合わせた三山の住職となることにより、寛永寺が事実上の天台宗の総本山となった。輪王寺宮は寛永寺の本坊に居住していたが、毎年正月・四月・九月に日光に赴き、祈祷や輪王寺の寺務に当たるのを常としていた。寛永寺には歴代将軍のうち、四代家綱（厳有院）・五代綱吉（常憲院）・八代吉宗（有徳院）・十代家治（浚明院）・十一代家斉（文恭院）・十三代家定（温恭院）の墓所（霊廟）があることで知られているが、この寛永寺の創設によって浅草寺の幕府における位置付けが変化していったのである。

寛永十九年（一六四二）、浅草寺は再び火災に見舞われ、東照宮も失うと、東照宮は江戸城紅葉山に遷座することとなる。慶安二年（一六四九）十二月には家光によって、本堂・五重塔・仁王門・雷門が再建されているが、綱吉の時代に以後の浅草寺の位置付けを決定づける事件が起こった。

すなわち、貞享二年（一六八五）八月六日、浅草寺別当忠運は綱吉の不興を買い、突如浅草寺および紅葉山の別当職を解任されたのである。これについて幕府編纂の『徳川実紀』には、「浅草観音別当知楽院忠運、日光門主に対し本末の訴論をなし、并に門番の犬を殺したる事ども、釈徒の法にそむけばとて、紅葉山の役事并に観音の別当職共にうばゝる」と記されていて、輪王寺宮と本末関係をめぐるトラブルを起こし、さらに当時生類憐みの令が推し進められているなかで、門番が犬を殺してしまったことも問題視されたのである。この時伝来の古文書の多くを失い、この一件以後浅草寺は寛永寺の末寺に完全に組み込まれていく。

その後、浅草寺は元文五年（一七四〇）からは輪王寺宮が別当職を兼帯することとなった。そして以後は浅草寺の実質的な運営は門跡の選出によって任命された別当代が担うようになるのである。

なお、幕府と浅草寺との関係はその後も希薄になったわけではなく、歴代将軍の廟所のある江戸城紅葉山に子院住職から祈祷僧を派遣（紅葉山代僧）し、天下安泰の祈祷を行っている。

2　浅草寺の聖と俗

浅草寺にはこの別当・別当代のほかに二名の役者がこれを補佐し、会計等をつかさどる御納戸と、観音像の発見者檜前浜成・同竹成・土師中知の子孫である斎頭坊・常音坊・専堂坊の三譜代、二名の堂番、二名の代官などの細分化された職掌があった。そして三四の子院、一九の末寺、他にも門徒寺・又末寺、子院末寺を有する巨大な組織であった。

浅草寺には五〇〇石の朱印地のほか、境内からの年貢や地代・店賃・運上金・冥加金収入があったが、『浅草寺日記』の記載をもとに年間の経常収支を試算すると、化政期には年間平均三五〇両ほどの経常損失を抱えていたことがわかる。そしてそれを補うものとして開帳をはじめとする臨時収入があった。比留間尚氏の研究によれば、浅草寺では、確認できるだけでも居開帳七四回・出開帳の宿寺二六回、操芝居・勧進相撲各一回の興行が行われたことがわかっている（「江戸の開帳」・「江戸開帳年表」）。このほかにも勧化による資金獲得の方法が想定できるが、「浅草寺儀者上野御兼帯御座候得者勧化ヶ間鋪義ハ不仕、全信心ニ而奉納致度」（『浅草寺日記』）とあるように、輪王寺宮が別当をつとめる浅草寺では勧化は一貫して行わず、もっぱら寄進による奉納に依存していたようである。

浅草寺は江戸時代初期から多くの参詣客を集めたが、そこには将軍・宮様や柳沢信鴻《のぶとき》・池田定常（松平冠山）などの大名や多くの文人をはじめ、江戸町人や諸国から江戸にやってきた人々をも包摂する多彩な

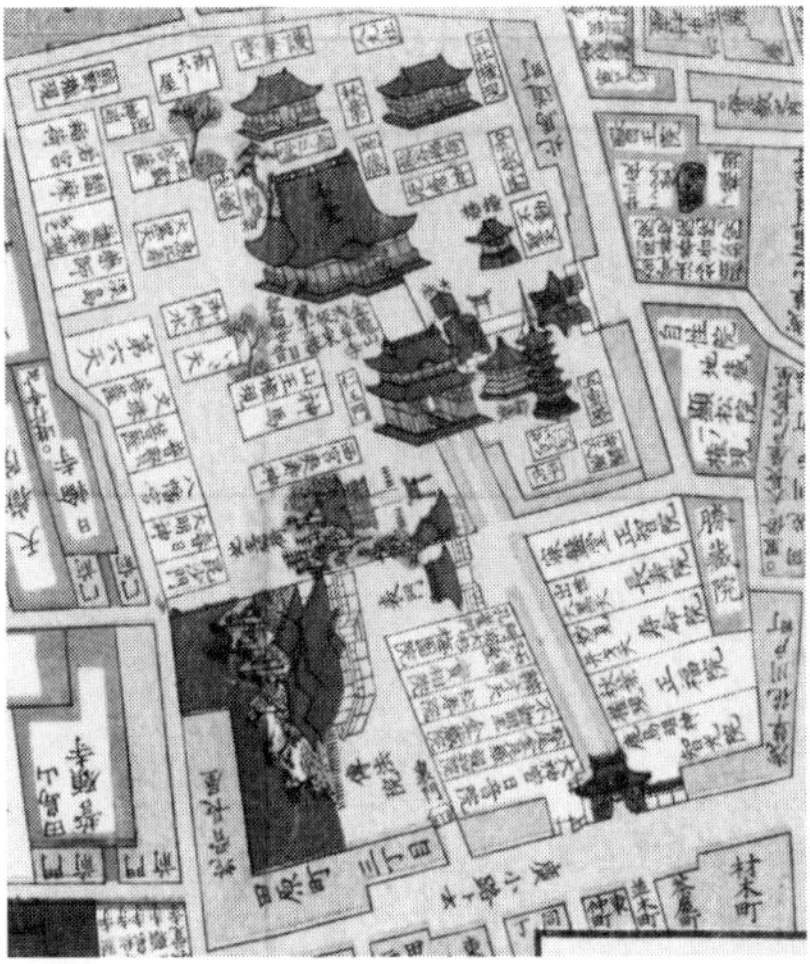

図 43　幕末の浅草寺（「今戸箕輪浅草絵図」）

魅力があった。それは門前町や安永九年（一七八〇）には二六三軒もあった（「浅草寺地内惣見世名前帳」）という境内の床見世に名物や評判娘が生まれ、稲荷・地蔵・不動・薬師・弁財天・恵比寿・大黒天などさまざまな末社や小祠が境内の各所に所狭しとあって、あらゆる現世利益に対応していたことや、本堂裏手の奥山を中心に見世物などの興行が盛んに行われていたことなどに現われている（図43参照）。そして浅草寺では開帳や御免富、そして相撲などがしばしば行われ、多くの参詣客を集中的に集めるイベントにも事欠かなかったことに加えて、隅田川沿いに名所が多く、北に吉原があり、天保改革で芝居町が近隣の猿若町に移転してきたことも大きく影響している。

　このような浅草寺の賑わいは、江戸屈指の盛り場として経済効果も莫大であった。盛り場としての浅草寺の集客力は賽銭収入に如実に反映されており、例えば『浅草寺日記』に記載されている化政年間の賽銭高をもとに計算すると、毎年銭一、〇〇〇貫文近い収入があったことがわかる。とりわけ開帳のあった文化四・十一・文政十三年はかなりの額に達している。

浅草寺は江戸庶民にとって年中行事でもなじみの深いところだった。大晦日から正月六日にかけて行う修正会《しゅしょうえ》（追儺《ついな》・節分）、三月十八・十九日に雷門の前で行われる蓑市、七月九・十日の千日参（四万六千日）、七月十四日の施餓鬼《せがき》、十二月十七・十八日の年の市などはことに賑わったという。なかでも千日参は「昼夜参詣の老若引もきらず」（『東都歳事記』）というほどで、この時境内で赤いトウキビを売ることで知られていた。これを買い求める人々は、天井や軒端にこれを吊るして雷除けの守札とした。また、年の市は師走に注連縄・三方・裏白・橙・鯛・海老など正月用品などを売る市のことで、正月飾りから食品、台所用品などがそろうため、多くの人が集った。江戸では十九世紀になると市を行う場所や日取りが固定化していき、十二月十四・十五日は深川八幡宮境内、十七・十八日は浅草寺、二十・二十一日は神田明神、二十二・二十三日は芝神明、二十四日は芝愛宕下、二十五・二十六日は平河天神で市が立った。なお、浅草寺では正月十六日、二月の彼岸中日と十五日、四月八日に仁王門の内部を一般に公開し、楼上に上ることを許している。

また奥山を中心とする浅草寺境内は数多くの床見世とともに、見世物興行でも知られていた。そもそも見世物とは、仮設の小屋を構え、木戸銭を取って各種の芸や奇物を見せる興行をいう。広義では、寄席・小芝居・大道芸なども含まれるが、大別して軽業・曲芸、細工物、動物の三つに分類できるようである。

すなわち、軽業・曲芸はすでに江戸時代前期には歌舞伎と混在するかたちで現われ、幕末には早川虎市・早崎竹之助・早竹虎吉など、大坂下りの軽業師が江戸で活躍した。また細工物は、紙細工・糸細工・硝子細工・竹細工・菊細工・人形細工・藁細工・籠細工など、竹・籠・糸・縄・皿・花・人形などを使って、一種のパノラマを演出するもので、文化・文政期以降に大きく発展し、多くの名工を生んだ。その背景には植木屋職人・人形師の技術的発展があり、嘉永期の園芸ブームや祭礼における山車人形と密接な関係にあった。そして動物については、狐・狸・猪・豚・鯨・鶴・海亀・鯉・カブトガニ・山椒魚など国産のものが見世物に出されていたが、幕末の開国後に舶来の象・虎・豹・ロバ・孔雀・オウム・ダチョウなどが登場し、大流行することとなる。

浅草寺で江戸時代最後の居開帳のあった万延元年（一八六〇）は舶来見世物ブームの時期で、松本喜三郎・秋山平十郎・竹田縫之助の人形見世物も人気だった。この年一年間でみてみると、浅草寺境内では目の玉で力持ちをする「眼力」や怪談、異国渡来のヒョウなど、少なくとも一六種類の見世物の存在が確認でき、興行は基本的には五〇日間を単位とし、好評の場合は場所をそのまま継承しつつ、マンネリ化しないよう、内容を変更する工夫がなされていた。

十八世紀後半以降、参詣者の関心が奉納物・見世物に移行し、流行を生むといわれ、浅草寺が多くの参詣客を集めたのは、諸人結縁という開帳本来の信仰的要素以外のさまざまなイベント（相撲・御免富・奉納物・見世物など）が大きく作用しているのではないだろうか。幕末に開帳奉納物番附が盛んに出されたのは、このような世相を反映しているのであろうし、そして何よりも浅草寺にとっては、天保十三年に御免富が全面廃止となり、相撲興行が回向院に固定していたこの時期、集客を見込めるのは、開帳と一体化した見世物・奉納物にあったのではないかと考えられるのである。

このように、浅草寺は信仰空間と娯楽空間が併存するところに大きな特色があり、まさに「聖」と「俗」を兼備する江戸随一の寺社であったのである。

終　章　寺社から社寺へ―存在意義の変化―

一　江戸から東京へ

慶応四年（一八六八）の江戸は激動の一年だった。この年四月十一日、江戸城が無血開城すると、五月十二日に江戸府の設置、十九日に江戸鎮台および市政裁判所などの設置がなされ、二十四日に徳川家の静岡移封が決まり、七月十七日には「江戸ヲ称シテ東京ト為スノ詔書」が発せられて江戸が東京と改められた。八月十七日に東京府庁を幸橋門内の元大和郡山藩柳沢家上屋敷に定め、九月二日に東京府制が制定されると、最後は十月十三日に天皇が東京に到着し、十二月八日に京都に向けて出発するまでの間、江戸城西丸に入り、これを東京城と改称している。

また、その間の九月八日には明治と改元されていたが、翌年三月二十八日に再び天皇が東京に到着すると、以後東京城は皇居としての役割を果たしていくのである。

東京は当初「とうきょう」とも「とうけい」とも呼ばれ、その表記も「東京」と混用される時代が長かったが、そこには近世都市江戸を引き継ぐ新都市東京を、京都とともに東西両京とする意図があった。この遷都は大久保利通が旧幕臣前島密の提言を容れて実行に移されたものといわれ、その理由として挙げられたものには蝦夷地開拓・東北の平定の必要性のほか、衰微した江戸の復興があった。ことに江戸は諸藩が国元詰めとなり、幕臣の多くが徳川家とともに静岡に移転したことなどによって人口が激減し、明治二年（一八六九）四月には市街人口はかつての半分の約五〇万人にまで落ち込んでいた。交通の便がよく、幕府施設や武家屋敷を再利用できる江戸は、かえって新しい首都として機能を集中させる条件がそろっていたのである。

これらの経緯のなかで注目されるのが、明治天皇の東幸である。改元間もない九月二十日、明治天皇一行は新政府が治める千代田の城を目指して京都を発ち、東海道を下っていった。三、三〇〇人余の行列とともに京都御所を出発した明治天皇一行は、十月十三日に江戸城西丸に入り、その直後の十一月四日、明治新政府ではこの東幸を祝して東京市中一、五九二町に二、五六三樽の酒を下賜した。これによって東京市民は十一月六・七日の両日家業を休み、「天酒頂戴」（「天盃頂戴」）と称して祭礼のような盛り上がりをみせたといわれる。

斎藤月岑はこれについて、十一月四日に朝六つ時（午前六時頃）に支配町内の地主・家主とともに東京府に召し出され、東幸の祝儀として御酒を賜ったことを記している。『武江年表』では、一町ごとにスルメ一連と盃を木の台に載せて渡され、町名主には徳利を二つずつ与えられたと記している。そしてこれを自分たちの町内に持ち帰る町名主一行は、幟や旗を用意し、竿の上にさまざまな造り物を飾り付けて先頭に押し立てたほか、荷車に酒樽を載せて太鼓や鉦を叩いて町内に戻ったという。このとき途中からは大勢の男女がうち混じり、大変な賑わいとなった。月岑は同月六日の日記に「今明日市中商売休、酒のむし、頂戴した酒樽を空けて町内の者に配分している。そしてこの時の光景について、「町々祭の如く出し・ねり物等出す」（『斎藤月岑日記』）と述べて、あたかも神田祭さながらに、町内の者たちは山車や附祭のようなものを出して盛り上がったとしているのである。これについて月岑は、『武江年表』でも同様の光景を紹介していて、日夜をいとわず騒ぎ続け、なかには獅子頭を引き出す町もあって、三、四日間は祭礼と変わらない賑わいだったとしている。東京ではまさに同年に東海道周辺で起こった「ええじゃないか」の狂乱に似た現象が起きたことを物語っているのである。

こうして東京遷都はこの「天酒頂戴」によって住民の明治新政府への反発心を和らげ、東京市民は政権交代を実感させられることとなり、以後市街の再編も段階的に行われていった。すなわち、同二年二月十九日に東京府が朱引内と朱引外に区別されたのを受け、三月十六日に朱引内が五〇区に分けられ、さらに同四年六月十三日に朱引内が六大区四十四小区に編成された。こうして導入された大区小区制は、東京府を最終的には一一大区一〇三小区に分けたが、同十一年十一月二日には廃され、新たに一五区六郡が定められると、同二十二年五月一日に一五区部分が東京市となった。

二　神仏分離と廃仏毀釈

江戸時代の寺社は中世以来の神を仏の化現とする本地垂迹の思想に基づく神仏習合の状態を示している場合が多く、神社の神体が仏像であったり、神社に鰐口・梵鐘・仏具・経典があるなど神仏不分離であったほか、多くの神社が同一の敷地内に建立された別当寺院に従属していた。

このような状況に大きな変革をもたらしたのが、明治初期の新政府の主導による神仏分離政策である。これは神社から仏教色の排除を意図するもので、慶応四年（一八六八）三月十七日に「神祇事務局ヨリ諸社へ達」として神社の別当・社僧に還俗を命じ、同月二十八日には神名に仏教的用語を用いている神社を書き上げさせ、仏像・仏具などの取り払いを命じる神仏判然令が出されている。

この神仏分離政策によって境内は神社と寺院に分けられ、還俗した別当・社僧は神職に転じ、神道式の葬祭を行うようになる。この時「浅草寺境内は殊に神祠仏堂数多ければ、神社は大かた三社の境地へ移せり」（『武江年表』）とあるように、境内に仏教的なお堂や、神道的な神を祀る祠が混在する浅草寺の境内は、観音堂を中心とした寺院の浅草寺と、檜前浜成・竹成と土師中知を祭神として祀る三社権現改め浅草神社とに分けられたのを機に、これらの諸堂末社をどちらかに配属させて整理している。また、浅草の鷲明神（鷲神社）や早稲田の穴八幡なども別当寺と境内を二分し存続する道を歩むが、山王権現（日枝神社）や赤坂氷川明神（赤坂氷川神社）・湯島天神など別当寺院が廃寺となる場合も少なくなかった。

一例として麹町の平河天神を挙げると、同社は文明十年（一四七八）六月二十五日に太田道灌（一四三二～八六）が川越三芳野の天神を江戸城に勧請して数株の梅を植えたことに由来し、天正十八年（一五九〇）の徳川家康入国直後に江戸城平川口の外に移された。社名はこれにちなんで名付けられ、慶長年間（一五九六～一六一五）に行われた江戸城本丸造営にともなって麹町の現在地に移転したのちも旧名のままを用いている。江戸時代、同社は隣接する別当寺の龍眼寺の管理下に置かれていた。龍眼寺は寛永寺の末寺にあたる天台宗寺院で、正月に江戸城内で単独で年賀の礼を述べる格式をもつ有力寺院だったが、明治三年（一八七〇）四月に神主平河常啓が書き上げた絵図面（図44参照）をみると、北東部分にあるはずの龍眼寺はすでに廃寺となっていて、描かれていない。天保五年（一八三四）刊行の『江戸名所図会』収録の挿絵と比較してみると、その場所には新たに庫裏と神主住居などが建設され、拝殿・御供所・仮殿と廊下続きに接続する造りに改められているほか、境内末社の配置がかなり変更された様子がうかがえるのである。

一方、一部ではこれを機に堂塔・伽藍・仏像・什物・経典などを徹底的に破却・焼却する廃仏毀釈運動が展開された。この運動ではとくに修験が大きな打撃を受けたといわれるが、高村光雲が遭遇した次の話はこれを象徴的に物語っている。

本所《ほんじょ》の五ツ目に天恩山羅漢寺《らかんじ》というお寺がありました。その地内《じない》に蠑螺堂《さざえどう》という有名な御堂がありました。形は細く高い堂で、ちょうど蠑螺の殻《から》のようにぐるぐると廻って昇り降りが出来るような仕掛けに出来ており、三層位になっていて大層《たいそう》能《よ》く出来た堂であった。もし今日これが残っておれば建築家の参考となったであろう。堂の中には百観音が祭ってあった。上《のぼ》り下《くだ》りに五十体ずつ並んで、それはまことに美事《みごと》なもので、当寺の五百羅漢と並んで有名であります。

（中略）

右の如く、羅漢寺は名刹《めいさつ》でありましたが、多年の風霜のために、大破損を致している。さりながら、時代は前に述べた通り、仏さまに対しては手酷《てきび》しくやられたものであるから、さながらに仏法地に堕《お》つるという感がありました。で、このお寺を維持保存するなどは容易のことではない。部分的にちょっとした修

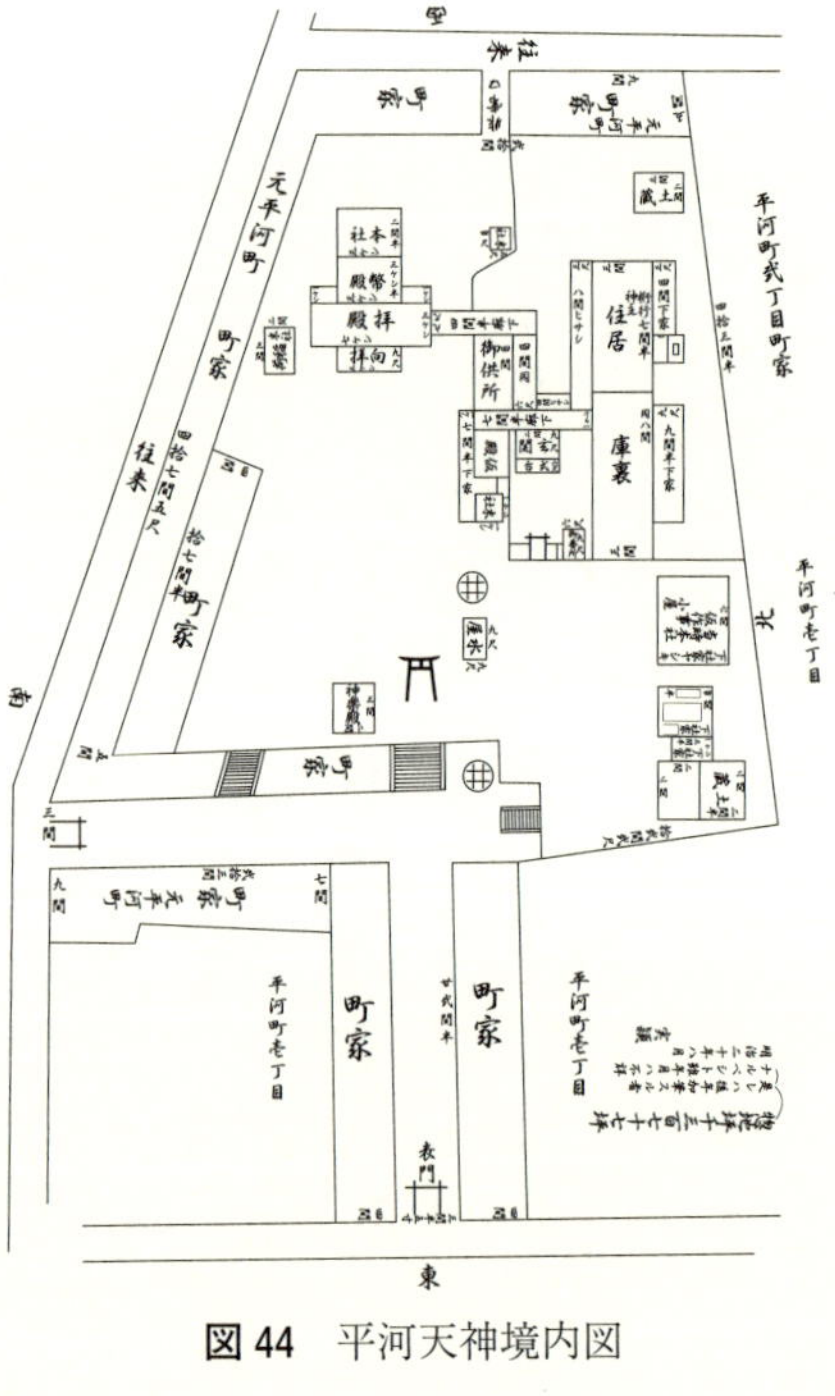

図 44　平河天神境内図

繕をするということさえむずかしい。彼の百観音を納めてある蠑螺堂のある場所を、神葬祭場にするという評判さえあって、この霊場の運命も段々心細くなるばかり……その中、とうとう蠑螺堂は取《と》り毀《つぶ》すことになって、壊《こわ》し屋に売ってしまいました。

ところが、この売るということが、お話しのほかで、買い手もないといった頃、その頃の堂々たる大名、旗本の家屋敷、あるいは豪商大家の寮とか別荘とかいうものでも、いざ、売り払うとなると二束三文、貰ってもしようがないと貰い手もない時節であるから、この蠑螺堂を、壊し屋が買った値段も想像されます。とにかく、その建築物の骨をば商売人が買ったが、その中に百観音が納まっている、さあ、この観音様の処分をどうしましたか。これが涙の出るようなことでありました。

蠑螺堂《さざえどう》は壊《こわ》し屋が買いましたが、百観音は下金屋《したがねや》が買いました。下金屋というのは道具屋ではない。古金《ふるがね》買いです。古金買いの中でも、鍋《なべ》、釜《かま》、薬缶《やかん》などの古金を買うものと、金銀、地金《じがね》を買うものとある。後《あと》の方のがいわば高等下金屋である。これに百観音は買われました。……というのは、観音の彫刻にはいずれも精巧な塗り彩色がしてありますので、その金箔を見込んで買ったのである。単に箔だけを商売人たちは踏んでいるので、他には何んの見込みをつけているのではない。

下金屋は本所枕橋《ほんじょまくらばし》の際《きわ》、八百松《やおまつ》から右へ曲がった川添いの所にあった。その川添いの庭に、百観音のお姿は、炭俵や米俵の中に、三、四体ずつ、犇々《ひしひし》と詰め込まれ、手も足も折れたりはずれたり荒縄《あらなわ》でくくって抛《ほう》り出されてある。これは、五ツ目からこの姿のままで茶舟《ちゃぶね》に搭《の》せられ、大河《おおかわ》を遡《さかのぼ》って枕橋へ着き、下金屋の庭が荷揚げ場になっているから、直《す》ぐ其所《そこ》へ引き揚げたものである。

そうして、彼らはこれをどうするのかというと、仏体はそのまま火を点《つ》けて焼いてしまい、残った灰をふいて、後に残存している金を取ろうというのです。今、彼らはその仲間たちと相談して、やがて仕事に取り掛かるべく、店頭で一服やっている所でした。

これは『幕末維新懐古談』の一節である。本所の羅漢寺は「本所の五百羅漢」として親しまれ、五百羅漢と蠑螺堂（三匝堂）で知られる江戸近郊名所で、元禄八年（一六九五）本所五ツ目通り（現在の江東区大島四丁目）に創建された黄檗宗寺院である。その後明治二十年（一八八七）に本所区緑町に移転し、同四十二年には下目黒に移ったが、江戸時代には本尊以下五百羅漢像五三六体が存在していた。これらはいずれも松雲元慶禅師（一六四八～一七一〇）が各方面から浄財を受けて十余年を費やして彫刻したもので、このうち現存する「木造釈迦三尊及び五百羅漢等像の計三〇五体」が東京都指定有形文化財（彫刻）となっている。

また、蠑螺堂は内部が螺旋階段になっていて、一堂に仏像を拝見できるのが魅力だったが、明治八年に取り潰され、百観音像とともに売却されてしまったのである。若き日の光雲は百観音像を買い取った本所枕橋の下金屋がこれから仏像を燃やそうとしている場面に立ち会い、師匠東雲に頼んで炭俵や米俵に押し込められた百観音のなかから五体だけ撰り出して一体を一分二朱、五体で一両三分二朱（一円八十七銭五厘）で買い取ったという。光雲からしてみれば、少し前まで仏師修行のため、しばしば彫刻の研究に訪れた場所だっただけに、毀誉褒貶の衝撃はよほどのものがあったに違いない。こうした光景は各地で見られたものと思われ、明治初年の神仏分離政策は江戸東京の寺社にも甚大な影響を与えているのである。

三　娯楽場所の変化

江戸時代、神仏習合の状態にあった寺社の境内には、さまざまな娯楽空間を提供するという要素があった。しかし、前述のように維新直後の神仏分離令とその後の新政府の政策によって、多くの寺社の境内は縮小されて急激に変化していった。それに加えて、明治維新による政権の交代によって、殖産興業・富国強兵をはかる新政府による制度や社会基盤の整備が次々と強力に進められていくなか、首都となった新都市東京には文明開化の波が一気に押し寄せていった。西洋の技術や制度のみならず、文化や風俗習慣までも吸収することにより、交通・通信といったインフラ面ばかりでなく、服飾文化・食文化・洋風建築の普及といった衣・食・住に関するものや、教育・医療・出版・学問・芸術などさまざまな分野に変化がみられた。

こうしたいわば「下からの変化」は、従来の文化との衝突をもたらしつつ、江戸以来の市街の風景は大きく変貌をとげていくことになった。その結果、娯楽の場の多くは寺社を離れて市中に進出し、明治期に劇場など新たな建物や組織を生み出して行った。

例えば、神田区に誕生した三崎三座もそうした歌舞伎劇場の一例で、三崎神社（三崎稲荷）周辺にできた三崎座・川上座・東京座のことをいう。

このうち三崎座は明治二十四年（一八九一）に開設し、東京で唯一女優が常に興行する劇場である。大正四年（一九一五）に神田劇場と改称し、戦災により廃座となった。また川上座は、明治二十九年（一八九六）に「オッペケペー節」の新派俳優川上音二郎によって設立された。彼はここで自由民権思想の普及を図ったが、同三十一年（一八九八）に川上の手を離れ、同三十四年（一九〇一）に改良座と改称した。しかしその後同三十六年（一九〇三）に襲った火災で焼失し、再建されなかった。そして東京座は明治三十年（一八九七）三月に設立され、三座最大規模を誇り、九代目市川団十郎や初代市川猿之助をはじめ市川門下の若手俳優や幅広い層の役者が興行を行ったが、大正四年（一九一五）一月に廃座となっている。

ところで、これまで江戸の人々に信仰と娯楽的要素を提供してきた年中行事も変化に迫られることとなった。江戸庶民の間で行われていた年中行事は斎藤月岑編纂の『東都歳事記』に紹介されており、本書でも度々引用してきたように、寺社にまつわる行事も少なくない。すでに祭礼文化について取り上げてきたように、明治維新期の寺社世界の急激な変化がこうした行事に影響を及ぼしていることは無論だが、明治五年（一八七二）十二月二日をもって太陰太陽暦が廃止され、その翌日を明治六年一月一日として太陽暦が採用されるようになったことや、曜日を基準として日常生活が営まれるようになったことも大きい。

すなわち、新暦と旧暦を区別する概念が生まれ、東京においては、それに準じて多くの行事が新暦に合

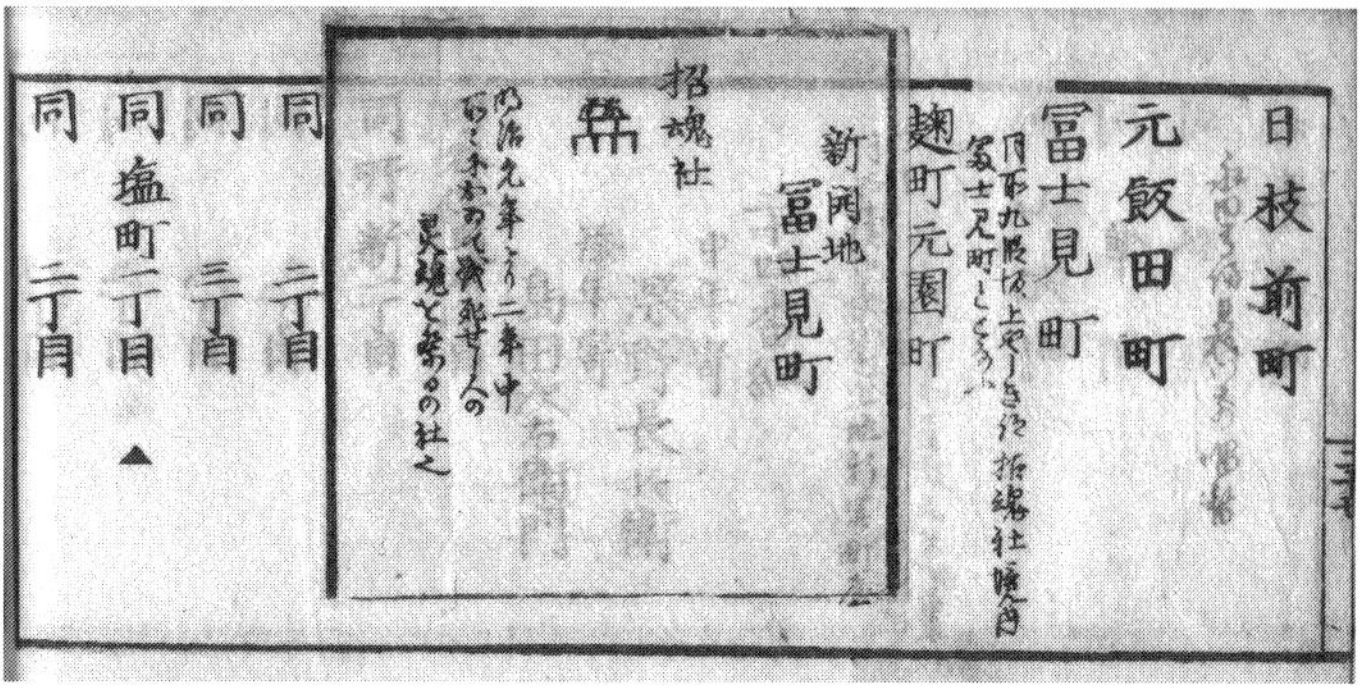

図 45　『改正東京新町鑑』（明治 2 年〔1869〕 7 月刊）

わせて移行していったが、「旧正月」「旧盆」などという概念も同時に誕生している。例えば冬至は十一月二十二日前後に訪れていたが、新暦採用後は概ね十二月二十二日前後となり、冬至祭が行われたり柚湯につかったりする風習が伝えられている。さらに、節分の豆撒きは江戸時代は立春の前夜に行われていたが、その年によって日程が異なり、場合によっては旧年中に立春・節分がきてしまうこともあった。ところが新暦採用以降は、節分を二月三日と定めて現在に至っている。

その一方で、明治維新を迎えると江戸時代にはなかった行事が多く誕生したことも事実である。とくに、宮中行事や陸軍の観兵式や軍旗祭、除隊式や入営式などの軍事に関する行事が増え、それらが無理なく東京市民の生活に組み込まれていった。

なかでも注目すべきは、靖国神社の登場だろう。同神社は、明治二年（一八六九）、戊辰戦争で殉じた霊を祀るために創建され、同十二年五月までは東京招魂社と呼ばれた。この場所は江戸時代は旗本屋敷の建ち並ぶ一角であり、明治初年の東京の町名を紹介した書（図

45参照）に「同所九段坂上やしき跡、招魂社境内、富士見町となふ」と紹介されていているように、九段坂上一帯の旧武家屋敷を開発して富士見町を開き、ここに創建されたことがわかる。また、貼紙には招魂社について「明治元年より二年中所々におゐて戦死せし人の霊魂を祭るの社也」と紹介されている。

これについて『武江年表』の明治二年の項には、「夏の頃より、九段坂上馬場の跡へ招魂社御創立あり。（中略）今年は未だ仮建にて、翌年に至り三町余り奥へ移され、悉く筋内となし給ひ、五年に至り壮麗なる社頭御建立あり。毎年正月三日、五月十五日より十八日迄、九月二十三日祭礼の式御執行あり」とある。この記述の通り、明治二年の段階では、六月十二日に大村益次郎が現在地である九段坂下を実地検分し、そのわずか二週間後の六月二十八日には仮殿での招魂式が行われたが、本殿の竣功は明治五年を待たなくてはならなかった。

また、東京招魂社の例祭は創建時に、一月三日（鳥羽伏見戦勃発の日）、五月十五日（彰義隊鎮圧の日）、五月十八日（箱館の戦平定の日）、九月二十二日（会津藩降伏の日）という年四回の祭日が設定されていた。その後、同社が明治十二年（一八七九）に靖国神社と改称してからは、年二回の五月六日、十一月六日に改定された。祭日にはいずれも競馬・幌引撃剣・相撲・神楽・花火・サーカス・物産会などが開催された。さらに、西洋風の高灯籠や噴水器のある池、煉瓦造りの遊就館などが順次設置されていき、靖国神社の境内は軍国主義的要素のみならず、新しい文化に触れる空間にもなっていったことがうかがえる。なお、昭和二十一年以降、例祭は四月二十二日、十月十八日と改められ、現在に至っている。こうして靖国神社は新たな文化的機能を担う場となっていった。

さらに縁日の存在も近代では大きな要素として挙げられる。縁日とは、本来、神仏の特別な縁がある日のことをいい、神仏の祭の行われる日のことである。この日に参詣すれば普段に参詣するよりも大きな御利益を受けることができるとされていた。縁日は、その神仏によって決まった日にちがあり、例えば十日は金比羅、二十四日は地蔵、二十五日は天神などというように毎月その日に行われる。次第に人気が出てくると、地蔵なら四のつく、四日、十四日、二十四日というように縁日が増えていくこともあった。さらに十干十二支に基づいて、子の日は大黒、巳の日は弁天、寅の日は毘沙門などという縁日の設定もあった。

表13は明治三十二年（一八九九）に刊行された『東京土産番附集覧』に紹介されている縁日のうち、東京の中心部千代田地域（麹町区・神田区）の縁日を一覧にしたものである。二七不動は二と七のつく日に、五十稲荷は五と七のつく日に毎月縁日を行うというもので、これらは江戸時代に武家屋敷内にあったお堂や祠にルーツがあるものも少なくない。

例えば五十稲荷は正式には栄寿稲荷神社（現千代田区神田小川町三丁目）といい、同社は、慶長年間（一五九六～一六一五）に伏見稲荷から分霊して祀られたのが発祥とされ、その後、正徳年間（一七一一～一七一六）にこの地が戸田長門守の上屋敷となり、同家の屋敷神として祀られることになった。戸田家の領地であった足利では、織物市が五、十の日に開かれていたことから、江戸の藩邸でも五、十の日に稲荷の月次祭を行い、この両日には一般の参詣者を招き入れたことから「五十稲荷」と称されるようになったと

表 13　明治期千代田地域の縁日一覧（明治 32 年）

日付	寺社名	所在地
1 日	世継稲荷	麹町飯田町中坂
2 日	二七不動 不動 三社稲荷	麹町三番町 神田松下町 神田松富町
3 日	三八大黒 賀来神社 稲荷	麹町七丁目 神田淡路町 神田豊島町
4 日	四九地蔵	麹町八丁目
5 日	五十稲荷 三社稲荷	神田小川町 神田富松町
6 日	毘沙門 毘沙門 靖国神社	神田富山町 神田東松下町 麹町九段坂
7 日	二七不動 賀来神社	麹町三番町 神田淡路町
8 日	三八大黒	麹町七丁目
9 日	四九地蔵 御嶽神社 金刀比羅 毘沙門 三崎神社	麹町八丁目 神田今川小路 神田龍閑町 神田富山町 神田三崎町
10 日	五十稲荷	神田小川町
11 日	世継稲荷	麹町飯田町中坂
12 日	二七不動	麹町三番町
13 日	三八大黒	麹町七丁目
14 日	四九地蔵	麹町八丁目
15 日	五十稲荷	神田小川町
16 日	毘沙門 不動	神田富山町 神田松下町
17 日	二七不動 賀来神社 不動 不動	麹町三番町 神田淡路町 神田富松町 神田東松下町
18 日	観音 三八大黒 三社稲荷	麹町八丁目 麹町七丁目 神田松富町
19 日	四九地蔵 毘沙門 金刀比羅	麹町八丁目 神田富山町 神田龍閑町
20 日	塩神社 不動 五十稲荷	麹町平河天神社内 神田東松下町 神田小川町
21 日	世継稲荷 稲荷	麹町飯田町中坂 麹町三番町
22 日	二七不動	麹町三番町
23 日	三八大黒 賀来神社 稲荷	麹町七丁目 神田淡路町 神田豊島町
24 日	四九地蔵	麹町八丁目
25 日	平川天神 五十稲荷 靖国神社	麹町平河町 神田小川町 麹町九段坂
26 日	毘沙門 毘沙門	神田東松下町 神田富松町
27 日	二七不動 賀来神社 御嶽神社 不動	麹町三番町 神田淡路町 神田今川小路 神田東松下町
28 日	三八大黒	麹町七丁目
29 日	四九地蔵 金刀比羅 毘沙門	麹町八丁目 神田龍閑町 神田富山町
30 日	五十稲荷	神田小川町
寅ノ日	毘沙門	駿河台秋元邸内

註：『東京土産番附集覧』より作成。

いう。

こうした縁日には、寺社において法会や神事が行われるが、それに合わせて門前には夜見世や露店が立ち並び、多くの参拝客で賑わった。まさに信仰と娯楽的要素が結びついた空間であったが、次第に縁日とは、門前市や露店の並ぶさまを示す意味合いが強くなってきてしまった。明治以降は、神仏分離令や私邸で祀る神祠仏堂への庶民参拝が禁じられたことなどにより、江戸から親しまれてきた神仏が消滅したり名称が変わったりするものもあったのである。こうして江戸の寺社のもつ文化的な機能は、明治期に大きく変化していったのである。

参考文献

著書・論文など

浅野秀剛『浮世絵細見』（講談社選書メチエ、二〇一七年）
天野紀代子・澤登寛聡編『富士山と日本人の心性』（岩田書院、二〇〇七年）
井上智勝『吉田神道の四百年　神と葵の近世史』（講談社選書メチエ、二〇一三年）
岩淵令治「武家屋敷の神仏公開と都市社会」（『国立歴史民俗博物館研究報告』一〇三、二〇〇三年）
植木行宣・田井竜一編『都市の祭礼―山・鉾・屋台と囃子』（岩田書院、二〇〇五年）
榎本直樹『正一位稲荷大明神―稲荷の神階と狐の官位―』（岩田書院、一九九七年）
大橋幸泰『検証島原天草一揆』（吉川弘文館、二〇〇八年）
加藤貴「江戸名所案内の成立」（瀧澤武雄編『論集中近世の史料と方法』東京堂出版、一九九一年）
神田明神史考刊行会編『神田明神史考』（一九九二年）
亀川泰照「祭礼番附と江戸地本問屋森屋治兵衛」（江戸東京近郊地域史研究会編『地域史・江戸東京』岩田書院、二〇〇八年）
亀川泰照「江戸の鎮守祭礼と山車屋―四谷稲荷・天王両社祭礼を中心に―」（『駒沢史学』八九号、二〇一七年）
菅野洋介『日本近世の宗教と社会』（思文閣出版、二〇一一年）
岸川雅範『江戸天下祭の研究―近世近代における神田祭の持続と変容―』（岩田書院、二〇一七年）
北村行遠『近世開帳の研究』（名著出版、一九八九年）

木下直之・福原敏男編『鬼がゆく―江戸の華　神田祭―』（平凡社、二〇〇九年）
栗原東随舎『古今雑談思出草紙』（『日本随筆大成』第三期4巻、吉川弘文館、一九七七年）
久留島浩「近世における祭の『周辺』」（『歴史評論』四三九号、一九八五年）
江都天下祭研究会神田倶楽部編『四〇〇年目の江戸祭礼（まつり）その風景と情熱の人々』（武蔵野書院、二〇〇四年）
齊藤智美『『江戸名所図会』の研究』（東京堂出版、二〇一三年）
澤登寛聡『江戸時代自治文化史論―一揆・祭礼の集合心性と地域・国制の秩序』（法政大学出版局、二〇一〇年）
四壁庵茂蔦『わすれのこり』（『続燕石十種』第2巻、中央公論社、一九八〇年）
清水晴風『江戸町中世渡集』（一橋大学附属図書館所蔵）
鈴木章生『江戸の名所と都市文化』（吉川弘文館、二〇〇一年）
台東区教育委員会編『浅草寺絵馬調査報告書』（二〇一五年）
高埜利彦『近世の朝廷と宗教』（吉川弘文館、二〇一四年）
高牧實『近世の都市と祭礼』（吉川弘文館、二〇〇〇年）
滝口正哉『千社札にみる江戸の社会』（同成社、二〇〇八年）
滝口正哉『江戸の社会と御免富―富くじ・寺社・庶民―』（岩田書院、二〇〇九年）
滝口正哉「『上の字様』と『能勢の黒札』―旗本・御家人の副収入―」（『朱』五四号、二〇一一年）
滝口正哉「都市における富突・開帳・祝祭」（『シリーズ日本人と宗教―近世から近代へ　第4巻　勧進・参詣・祝祭』春秋社、二〇一五年）
滝口正哉編『赤坂氷川神社の歴史と文化』（都市出版、二〇一六年）
滝口正哉「神田祭と江戸町人文化―祭礼に関わる人々―」（『神田明神論集1』神田神社、二〇一七年）

滝口正哉「麹町三丁目伝来の山車人形・神酒所幕―山王祭解明の手掛かりとして―」（『風俗史学』六四号、二〇一七年）
竹内誠「江戸における法と民衆―『祭り』と『喧嘩』―」（『史潮』新一七号、一九八五年）
竹内誠『江戸の盛り場・考―浅草・両国の聖と俗』（教育出版、二〇〇〇年）
竹内誠『江戸社会史の研究』（弘文堂、二〇一〇年）
竹ノ内雅人『江戸の神社と都市社会』（校倉書房、二〇一六年）
千葉正樹『江戸名所図会の世界―近世巨大都市の自画像―』（吉川弘文館、二〇〇一年）
千葉正樹『江戸城が消えていく―『江戸名所図会』の到達点―』（吉川弘文館、二〇〇七年）
千代田区教育委員会編『続・江戸型山車のゆくえ―天下祭及び祭礼文化伝播に関する調査・研究報告』（一九九九年）
千代田区教育委員会編『ある商家の軌跡―紀伊国屋三谷家資料調査報告―』（二〇〇六年）
千代田区編『千代田区史』（一九六〇年）
千代田区編『新編千代田区史』通史編（一九九八年）
千代田区立日比谷図書文化館特別展図録『文化都市千代田―江戸の中心から東京の中心へ―』（二〇一一年）
千代田区立日比谷図書文化館特別展図録『馬琴と月岑―千代田の〝江戸人〟―』（二〇一五年）
土屋喜敬『ものと人間の文化史179　相撲』（法政大学出版局、二〇一七年）
東京都江戸東京博物館展示図録『江戸の絵師 雪旦・雪堤 ―その知られざる世界―』（一九九七年）
東京都江戸東京博物館展示図録『大江戸八百八町』（二〇〇三年）
中尾健次『江戸の大道芸人』（三一新書、一九九八年）
長沢利明『東京の民間信仰』（三弥井書店、一九八九年）
長沢利明『江戸東京の庶民信仰』（三弥井書店、一九九六年）

長沢利明『江戸東京歳時記』（吉川弘文館、二〇〇一年）
西海賢二『富士・大山信仰』（岩田書院、二〇〇八年）
新田一郎『相撲の歴史』（講談社学術文庫、二〇一〇年）
原淳一郎『近世寺社参詣の研究』（思文閣出版、二〇〇七年）
原淳一郎『江戸の寺社めぐり　鎌倉・江ノ島・お伊勢さん』（吉川弘文館、二〇一一年）
日枝神社編『日枝神社史』（日枝神社御鎮座五百年奉賛会、一九七九年）
比留間尚「江戸の開帳」・「江戸開帳年表」（『江戸町人の研究』第二巻、吉川弘文館、一九七三年）
比留間尚『江戸の開帳』（吉川弘文館、一九八〇年）
福原敏男『祭礼文化史の研究』（法政大学出版局、一九九五年）
福原敏男『江戸最盛期の神田祭絵巻―文政六年御雇祭と附祭―』（渡辺出版、二〇一二年）
福原敏男・笹原亮二編『造り物の文化史―歴史・民俗・多様性』（勉誠出版、二〇一四年）
福原敏男『江戸の祭礼屋台と山車絵巻―神田祭と山王祭―』（渡辺出版、二〇一五年）
藤田覚『遠山金四郎の時代』（講談社学術文庫、二〇一五年）
牧田勲「天下祭の性格―神輿行列を中心に―」（『摂南法学』創刊号、一九八九年）
宮田登『近世の流行神』（評論社、一九七一年）
森山孝盛「自家年譜」（国立公文書館所蔵）
山田徳兵衛『日本人形史』（講談社、一九八四年）
湯浅隆「江戸における開帳場の構成―享和三年善光寺出開帳の事例を中心として」（『国立歴史民俗博物館研究報告』一一、一九八六年）

湯浅隆「江戸の開帳における十八世紀後半の変化」(『国立歴史民俗博物館研究報告』三三、一九九一年)
湯浅隆「江戸の開帳札―信仰・行楽にかんする情報の発信と受容」(『国立歴史民俗博物館研究報告』六七、一九九六年)
吉田伸之『身分的周縁と社会＝文化構造』(部落問題研究所、二〇〇三年)
吉田伸之『伝統都市・江戸』(東京大学出版会、二〇一二年)
吉田伸之『都市　江戸に生きる』(岩波新書、二〇一五年)
吉原健一郎『江戸の町役人』(吉川弘文館、一九八〇年)

史料集

大田南畝『一話一言』(『日本随筆大成』別巻1～6、吉川弘文館、一九七八・七九年)
大田南畝『夢の憂橋』(『燕石十種』第四巻、中央公論社、一九七九年)
小野田一幸・髙久智広編『紀州藩士酒井伴四郎関係文書』(清文堂出版、二〇一四年)
鎌倉市史編纂委員会編『鎌倉市史　近世近代紀行地誌編』(吉川弘文館、一九八五年)
喜田川守貞『近世風俗志(守貞謾稿)』1～5(岩波文庫、一九九六～二〇〇二年)
斎藤月岑(金子光晴校訂)『武江年表』1・2(平凡社東洋文庫、一九六八年)
斎藤月岑(朝倉治彦校注)『東都歳事記』1～3(平凡社東洋文庫、一九七〇～七二年)
斎藤月岑(市古夏生・鈴木健一校訂)『新訂　江戸名所図会』1～6巻・別巻1・2(ちくま学芸文庫、一九九六～九七年)
斎藤月岑『大日本古記録　齋藤月岑日記』1～10(岩波書店、一九九七～二〇一六年)
十方庵敬順『遊歴雑記』四編巻之中(『江戸叢書』第六巻、江戸叢書刊行会、一九一六年)

高村光雲『幕末維新懐古談』(岩波文庫、一九九五年)
瀧澤馬琴(洞富雄等編)『馬琴日記』第一〜四巻(中央公論社、一九七三年)
千代田区教育委員会編『江戸の郷土誌』(二〇〇二年)
千代田区教育委員会編『原胤昭旧蔵資料調査報告書(3)―江戸町奉行所与力・同心関係史料―』(二〇一〇年)
千代田区教育委員会編『千代田の古文書2―御上洛御用留　旗本小笠原家資料他―』(二〇一三年)
東京都江戸東京博物館都市歴史研究室編『酒井伴四郎日記―影印と翻刻―』(東京都江戸東京博物館、二〇一〇年)
都市と祭礼研究会編『天下祭読本―幕末の神田明神祭礼を読み解く―』(雄山閣、二〇〇七年)
都市と祭礼研究会編『江戸天下祭絵巻の世界―うたいおどりばける―』(岩田書院、二〇一一年)
内藤鳴雪『鳴雪自叙伝』(岩波書店、二〇〇二年)
根岸鎮衛(長谷川強校注)『耳嚢』(岩波文庫、一九九一年)
松浦静山(中村幸彦・中野三敏校訂)『甲子夜話』1〜6(平凡社東洋文庫、一九七七〜七八年)
松浦静山(中村幸彦・中野三敏校訂)『甲子夜話続編』1〜8(平凡社東洋文庫、一九七九〜八一年)
万寿亭正二(大島建彦編)『江戸神仏　願懸重宝記』(国書刊行会、一九八七年)
水野為長『よしの冊子』(『随筆百花苑』第八・九巻、中央公論社、一九八〇・八一年)
村尾嘉陵(朝倉治彦編注)『江戸近郊道しるべ』(平凡社東洋文庫、一九八五年)
〈作者・著者不明〉
『江戸大富集』(国立国会図書館所蔵)
『寛天見聞記』(『燕石十種』第五巻、中央公論社、一九八〇年)

あとがき

今年は明治維新から一五〇年の節目の年である。それは同時に、江戸が終焉を迎えて一五〇年が過ぎたということでもある。また、東京オリンピックを目前に控えて、東京という地域の魅力をどのように捉え発信していくかに注目が集まっているのも事実である。

そこでよく取り上げられるのが、「現代に受け継がれた江戸の伝統や文化」といったもので、老舗の食べ物や、伝統工芸の品々などとともに、祭がその代表的な存在としてクローズアップされている。これらは観光と密接に結びついており、「江戸の賑わい」を表現する格好の行事として位置付いてきている。

しかし、山王祭・神田祭をみても、巡行路が変化し、氏子域が変わり、氏子町からの出し物から山車や附祭が消えて町御輿が登場するなど、この一五〇年の間に大きく変貌を遂げてきていることに気付かなければならない。「イメージとしての江戸」は、近世が近代・現代へと移り変わり、江戸が東京となった現在も進化し続けているのである。

私は千代田区教育委員会で資料館活動や文化財の調査・指定に携わるなかで、地域の方々と接する機会も多く、さまざまなことを学ばせて頂いた。そこでわかったのは、地域に古くからお住まいの方でも幕末まで辿れることは稀で、多くは明治〜戦前に移り住んできた方々だということである。町会の役員のなかには区内に店舗や会社を構えつつも、区外の住まいから通っているという方もけっして少なくはない。そしてこのような方々に支えられながら山王祭や神田祭が連綿と引き継がれてきたわけである。つまり、祭礼を通してみた場合、支える人たちは入れ替わりながらも、地域に根差した文化として継承してきているのである。

一方、神社や寺院のなかでも、境内を利用してコンサートをはじめ、地域の食やアートが集う行事を開催したり、巫女さん体験講座や「寺コン」（お寺でコンパ）など、新しい取り組みを進めているところも現れている。これは人々が日常的に神社・寺院を訪れるという習慣が薄れ、主な収入源である賽銭・奉納金・お布施・祈祷料といったものだけでは経営が難しくなっている現実に直面しているからである。たしかに近年の若年層を中心とした御朱印ブームは明るい話題ではあるが、この転換期にある寺社世界でも、何か次の一手を講じなければいつしかマンネリ化して閉塞的な状況に陥ってしまうことだろう。この点では、集客力を上げ、企画のマンネリ化を防ぐことに躍起になっている博物館業界の抱える問題とも共通する点が多々見出せよう。

昨年四月、某大臣が「一番がんなのは学芸員。普通の観光マインドが全くない。この連中を一掃しないと」と発言し、物議を醸したのは記憶に新しい。学芸員の活動やあり方が世間一般に十分に理解し認識されていないのは何とも悔しくもあり、残念なことであるが、それと同時に観光に直結する要素を抜き取って商品化していこうという強引な意図も看過できない。江戸文化がイメージ優先で観光向けに「稼げるツール」として商品化されていくだけでよいのだろうか。そこには改めて江戸の文化を同時代の史資料から明らかにしていく作業が必要となってくる。

ところで、江戸の繁栄を表現する資料としてよく取り上げられるものに、『江戸名所図会』がある。本書でもたびたび引用してきた斎藤月岑が、祖父や父から引き継いで出版にこぎつけた労大作である。私が江戸を研究対象としようと考えていた頃、江戸東京博物館の「江戸の絵師　雪旦・雪堤―その知られざる世界―」を見に行ったときの驚きは、未だに色あせることはない。『江戸名所図会』に紹介されている「名所」の大半が寺社だったからだ。当時の寺社には多彩な機能があり、江戸の人々は現代よりもはるかに寺社をなじみ深いものとして捉えていたに違いないと思うようになった。それ以後私が江戸の社会や文化を調べていると、必ず寺社世界にぶち当たるようになった。こうして私は江戸の人々と寺社との関わりを軸に社会・文化を分析していこうと考えるようになったわけである。

本書はそのような視点で私がこれまでに江戸の文化について寺社を切り口に探求してきた成果を暫定的にまとめたものである。このなかには千代田区教育委員会で十数年お世話になり、資料や地域の方々と地道に向き合ってきたなかで得られた知見も少なくない。幸いにも千代田区域は天下祭の重要な舞台となった地域であるばかりでなく、かの斎藤月岑も神田の住人であり、武家地・町人地・寺社地が交差する江戸の縮図的な地域であることも魅力的だった。

私が千代田区に勤め始めた十数年前、知人などからは「都心の真ん中の千代田に江戸時代の資料なんてあるの？」という質問をよく受けた。たしかに千代田区の人口は少ないが、「元住民」に対象を広げれば、かなりの広範囲におよぶ。毎年寄贈の依頼やさまざまな問い合わせなどに対応していくうちに、寄贈された民具とともに古文書が混じっていたり、展示をすると「我が家にもこれとよく似た資料がある」といった情報をしばしばいただくことがあって、いつしか相当な情報量が集積されるようになった。

私がこれまでの研究や千代田の現場で何よりも学んだのは、地域の資料にじっくりと向き合い、人とのつながりのなかで得られた成果こそ真の江戸文化を読み解くカギであるということだ。本書では明治維新を「変革」という視点で捉えるスタンスから離れ、「継続」や「継承」という視点で江戸の文化を捉え直すことを試みた。草の根活動は草莽の志士の専売特許というわけではなく、「現代に受け継がれた江戸の伝統や文化」を知るには、やはり地道な草の根活動が必要不可欠であると痛感するばかりである。

本書はこうした草の根活動で関わった多くの方々や、史料情報の提供などで何かとお世話になった神田神社の権禰宜岸川雅範氏、そして江戸学の師匠である竹内誠先生、祭礼文化研究の福原敏男先生をはじめとする諸先生方からこれまでにいただいたご指摘・御助言の賜物であり、皆々様に心より深謝申し上げたい。また、刊行にあたっては、当初の話をいただいた山脇洋亮前社長、長らく原稿をお待ちいただいた佐藤涼子社長、そして手のかかる編集を根気強く担当いただいた山田隆氏に心より感謝申し上げたい。

二〇一八年一月

滝口　正哉

挿図所蔵先一覧

図1　早稲田大学図書館所蔵　図3・21・22・36・38〜40・43　国立国会図書館ウェブサイトから転載　図10・12・13・30・41・42　神田神社所蔵　図20　徳川林政史研究所所蔵　他は著者所蔵。

江戸《えど》の祭礼《さいれい》と寺社文化《じしゃぶんか》

■著者略歴■

滝口正哉（たきぐち　まさや）

1973年　東京都に生まれる。

1996年　早稲田大学教育学部社会科地理歴史専修卒業。

2005年　立正大学大学院文学研究科博士後期課程満期退学。

現　在　成城大学・武蔵大学・立正大学・早稲田大学非常勤講師。博士（文学）。

著　書

『千社札にみる江戸の社会』（同成社、2008年）、『江戸の社会と御免富』（岩田書院、2009年）。

編著に『赤坂氷川神社の歴史と文化』（都市出版、2016年）。

2018年 4月6日発行

著　者　滝　口　正　哉

発行者　山脇由紀子

印　刷　三報社印刷㈱

製　本　協栄製本㈱

発行所　東京都千代田区飯田橋4-4-8　（〒102-0072）東京中央ビル　TEL 03-3239-1467　振替 00140-0-20618　㈱同成社

ISBN978-4-88621-788-2 C3321

江戸時代史叢書 既刊書

1	江戸幕府の代官群像	村上　直著	2300円
2	江戸幕府の政治と人物	村上　直著	2300円
3	将軍の鷹狩り	根崎光男著	2500円
4	江戸の火事	黒木　喬著	2500円
5	芭蕉と江戸の町	横浜文孝著	2200円
6	宿場と飯盛女	宇佐美ミサ子著	2500円
7	出羽天領の代官	本間勝喜著	2800円
8	長崎貿易	太田勝也著	3000円
9	幕末農民生活誌	山本光正著	2800円
10	大名の財政	長谷川正次著	3000円
11	幕府の地域支配と代官	和泉清司著	3000円
12	天保改革と印旛沼普請	鏑木行廣著	2800円
13	江戸庶民の信仰と行楽	池上真由美著	2300円
14	大名の暮らしと食	江後迪子著	2600円
15	八王子千人同心	吉岡　孝著	2300円
16	江戸の銭と庶民の暮らし	吉原健一郎著	2200円
17	黒川能と興行	桜井昭男著	2600円
18	江戸の宿場町新宿	安宅峯子著	2300円
19	江戸の土地問題	片倉比佐子著	2300円
20	商品流通と駄賃稼ぎ	増田廣實著	2200円
21	鎖国と国境の成立	武田万里子著	2200円
22	被差別部落の生活	斎藤洋一著	2800円
23	生類憐みの世界	根崎光男著	2500円
24	改易と御家再興	岡崎寛徳著	2300円
25	千社札にみる江戸の社会	滝口正哉著	2500円
26	江戸の自然災害	野中和夫編	2800円
27	地方文人の世界	高橋　敏著	2000円
28	徳川幕府領の形成と展開	和泉清司著	3300円
29	川柳旅日記—その一 東海道見付宿まで—	山本光正著	2400円
30	川柳旅日記—その二 京・伊勢そして四国を巡る—	山本光正著	3800円
31	江戸の水道	野中和夫編	3700円
32	不義密通と近世の性民俗	森山豊明著	3300円
33	国益思想の源流	落合　功著	1900円

（価格は本体価格）